# Machado, Rosa & Cia.

José Maurício Gomes de Almeida

# Machado, Rosa & Cia.
## Ensaios sobre literatura e cultura

*Copyright* © 2008 José Maurício G. de Almeida

Direitos de edição da obra em língua portuguesa no Brasil adquiridos pela TOPBOOKS EDITORA. Todos os direitos reservados. Nenhuma parte desta obra pode ser apropriada e estocada em sistema de banco de dados ou processo similar, em qualquer forma ou meio, seja eletrônico, de fotocópia, gravação etc., sem a permissão do detentor do copyright.

*Editor*
José Mario Pereira

*Editora-assistente*
Christine Ajuz

*Revisão*
Katia Santos

*Capa*
Adriana Moreno

*Diagramação*
Arte das Letras

TODOS OS DIREITOS RESERVADOS POR
Topbooks Editora e Distribuidora de Livros Ltda.
Rua Visconde de Inhaúma, 58 / gr. 203 – Centro
Rio de Janeiro – CEP: 20091-000
Telefax: (21) 2233-8718 e 2283-1039
E-mail: topbooks@topbooks.com.br

*Visite o site da editora para mais informações*
www.topbooks.com.br

Para Mônica,
minha mulher e amiga de todas as horas,
ofereço este livro

# Sumário

Nota preliminar .................................................................. 11

## I – MACHADO

Da humana comédia ou No teatro em Itaguaí
(uma leitura de "O alienista") ........................................... 15
A visão irônica nas *Memórias póstumas de Brás Cubas* ........ 33
Para além do espaço e do tempo, em busca da
essência do homem .......................................................... 47

## II – GUIMARÃES ROSA

Quem tem medo de Guimarães Rosa?
(introdução à leitura de *Grande sertão: veredas*) .............. 63
Demarcando um percurso: síntese cronológica do
relato de Riobaldo ............................................................ 101
Buriti: o ritual da vida ......................................................... 111
A morte e a morte de Augusto Matraga ............................. 157
Da visão realista à visão mitopoética: o sertão
como microcosmo ............................................................ 173
Guimarães Rosa e Machado de Assis: uma aproximação .... 183

## III – TEMAS E AUTORES VÁRIOS

Ideologia e criação literária em Jorge Amado ..................... 193
*Jubiabá*: encruzilhada de muitos caminhos ....................... 213

Coelho Netto, escritor maldito.................................................233
Drummond, cantor do tempo presente...............................241

### IV – CULTURA E LITERATURA

Mito e realidade na narrativa do sertão...............................251
Regionalismo e modernismo: duas faces da
    revolução cultural dos anos 20.........................................263
Literatura e mestiçagem......................................................277

# Nota preliminar

O livro que se vai ler compõe-se, na maior parte, de uma reunião de ensaios que saíram em diferentes publicações – revistas especializadas ou livros de autoria coletiva – ao longo dos últimos anos. Os trabalhos mais antigos foram, por vezes, refundidos, mas mesmo os atuais sofreram cuidadosa revisão, de amplitude variável. Alguns permaneciam, contudo, ainda inéditos.

O espírito que os norteia mantém-se inalterado, do mais antigo ao mais recente: abordar as questões com o máximo de clareza e o mínimo de erudição explícita. Acreditamos que a crítica literária deva servir de ponte entre o leitor e o texto, seja propondo direções mais fecundas de leitura, seja esclarecendo determinados aspectos e/ou alusões pouco perceptíveis à primeira vista, ainda a um olhar atento. Endossamos, neste ponto, a visão de Guimarães Rosa, que declarou certa vez numa entrevista: "A crítica literária, que deveria ser uma parte da literatura, só tem razão de ser quando aspira a complementar, a preencher, em suma, a permitir o acesso à obra."

Os trabalhos aqui reunidos são o fruto de um longo e amoroso convívio com as próprias criações, buscando compreender cada uma em sua natureza específica, para trazer à tona as riquezas que encerram: se conseguimos atingir tal objetivo, caberá ao leitor julgar.

Antes de cada ensaio aparecerá indicada, em nota, sua proveniência; convém apenas lembrar que podem ocorrer modificações na feição primitiva, por força da atual revisão, sem que isso signifique alteração nas idéias originais.

Quanto ao restante, o livro falará por si próprio. Como dizia o finado Brás Cubas, para angariar as simpatias da opinião o primeiro remédio é fugir a um prólogo explícito e longo. Fiquemos, pois, por aqui.

# I
# Machado

# Da humana comédia ou No teatro em Itaguaí*
(uma leitura de "O alienista")

Pois será que alguma coisa se faz neste mundo que não esteja, de alguma forma, marcada pela loucura, que não seja feita por loucos e para loucos? Se alguém pretende se opor sozinho a esta loucura universal, eu o aconselho a seguir de preferência o exemplo de Timon, o Misantropo, e se retirar para algum lugar isolado onde possa gozar só a sua querida sabedoria.

(ERASMO, *Elogio da loucura*, p. 69).[1]

Supondo o espírito humano uma vasta concha, o meu fim, Sr. Soares, é ver se posso extrair a pérola, que é a razão; por outros termos, demarquemos definitivamente os limites da razão e da loucura. A razão é o perfeito equilíbrio de todas as faculdades; fora daí insânia, insânia e só insânia.

(MACHADO DE ASSIS, "O alienista", p. 29).[2]

---

* In: SECCHIN, Antonio Carlos; ALMEIDA, José Maurício Gomes de; MELO E SOUZA, Ronaldes. *Machado de Assis: uma revisão*. Rio de Janeiro: In-Folio, 1998, pp. 167-177.
[1] ERASME. *Éloge de la Folie*. Traduit par De La Veaux. Paris: Delarue, 1877. Esta edição é a que Machado de Assis possuía em sua biblioteca. O exemplar (com a etiqueta da Livraria B. L. Garnier, onde deve ter sido comprado) integra, atualmente, a biblioteca da Academia Brasileira de Letras. Todas as passagens citadas no trabalho constituem traduções, por nós realizadas, do texto desta edição. Após cada citação aparecerá, entre parênteses, a sigla EL, referente à obra, e o número da página de onde foi retirada.
[2] MACHADO DE ASSIS. "O alienista". In: –. *Papéis avulsos*. Rio de Janeiro: Garnier, 1989, parte IV, p. 29. Após cada citação do texto de "O alienista" constarão, entre parênteses, a indicação, em algarismos romanos, da parte da novela de onde foi retirada e o número da página na edição acima indicada. Excetuam-se dessa regra algumas breves transcrições do texto machadiano que aparecem, entre aspas, integradas a nosso próprio discurso.

> Alguém que, arrancando a máscara dos atores no momento em que representam seus papéis, mostrasse aos espectadores suas fisionomias comuns não estragaria a cena, não mereceria ser expulso do teatro como um extravagante? /.../ Ora, a vida o que é? É uma espécie de comédia contínua, onde os homens, disfarçados de mil formas diferentes, representam seus papéis, /.../ até que o dono do teatro acaba enfim por expulsá-los de cena.
> Não há sabedoria mais perniciosa do que a que não sabe se acomodar ao tempo e às circunstâncias e que desejaria que a comédia não fosse uma comédia. Bebei ou parti!, diziam outrora os gregos a seus convivas; e tinham razão.
>
> (ERASMO, *Elogio da loucura*, pp. 78-79 e 81).

No início do séc. XVI, poucos anos antes da eclosão da grande crise espiritual da Reforma, saía publicado, em latim, um pequeno livro, *Elogio da Loucura* (1511), no qual humor e ironia se combinam na constituição de uma das mais originais e desconcertantes peças satíricas da literatura ocidental. O autor, Erasmo, representava, em uma Europa trabalhada por crescentes tensões e prestes a se dilacerar entre fanatismos religiosos inconciliáveis, o ideal mesmo do equilíbrio racional, da lucidez ponderada, pairando acima tanto do sectarismo ideológico quanto do falso intelectualismo, arrogante e presunçoso, que dominava os meios universitários.

Desde o título a obra explora a ambigüidade própria da ironia, pois o elogio da loucura será proferido... pela própria Loucura, que, numa longa fala, enumera os incontáveis benefícios que derrama cotidianamente sobre a pobre humanidade, incapaz de viver, ou sequer de existir, sem a sua preciosa colaboração. À medida que o texto se desenvolve, o leitor começa a perceber que este se move em uma fronteira intencionalmente imprecisa entre a sátira e o elogio efetivo, por mais estranho que este possa parecer. A rigor, tudo se passa como se a realidade tivesse sempre (pelo menos) duas faces e a verdade dependesse, em última análise, do ponto de vista adotado.

> De saída fica claro que todas as coisas humanas têm, como as Silenas de Alcibíades, duas faces totalmente diferentes. Primeiro percebeis o exterior das coisas, mas voltai a medalha e o branco se tornará negro, e o negro vos aparecerá como branco. /.../ Vereis enfim tudo mudar a cada instante, dependendo do lado que vos aprouver contemplar (EL, 76-77).

Seria o sábio louco e o louco sábio? Pelo menos é para onde parece nos conduzir a argumentação de nossa "autora", pois, sendo o mundo o teatro de uma loucura geral, o esforço do pretenso sábio de desmascarar os atores acaba constituindo a forma mais rematada da própria loucura.

Diante do leitor divertido e perplexo, a Loucura analisa as múltiplas situações em que sua oportuna colaboração garante o bom funcionamento da máquina do mundo: a procriação, o casamento, o amor, a amizade, o amor-próprio, a glória, tudo enfim exige a sua presença. "Retrucam os sábios: é uma infelicidade ser louco, viver no erro e na ignorância. – Ah, meus amigos, é ser homem. /.../ O homem não é mais infeliz por ser louco do que o cavalo por não ser gramático; pois a loucura faz parte de sua natureza" (EL, 93-94). O sábio, orgulhoso de sua razão, constitui, na verdade, a mais inepta das criaturas:

> Vede esses seres magros, tristes e melancólicos, que se aplicam ao estudo da filosofia, ou a alguma outra coisa difícil e séria /.../: tornam-se velhos antes mesmo de terem sido jovens. Meus loucos, ao contrário, sempre gordos e rechonchudos, trazem na figura a imagem brilhante da saúde e da boa disposição. (EL, 32-33)

A natureza ambivalente da ironia torna possível a Erasmo criticar, ao mesmo tempo, a inconsistência e a insensatez – a loucura – dos homens e de suas instituições, e a intolerância daqueles que, arrogando-se detentores da sabedoria, lançam sobre os semelhantes um olhar frio e sem indulgência, acreditando-se os únicos sadios, os únicos equilibrados.

O fascínio permanente do *Elogio da loucura* reside na desconcertante ambigüidade do texto: o leitor não se sente nunca seguro para afirmar até que ponto o autor endossa o auto-elogio de sua personagem, até que ponto ele se diverte à nossa custa: as fronteiras são esbatidas, mesmo porque, como já vimos, a verdade tem sempre uma dupla face e depende, em última análise, do ponto de vista. De toda forma, Erasmo, representante de um humanismo tolerante e algo cético em relação às "grandes verdades", aceita a realidade como ela é, limitando-se a constatar, com um sorriso gozador, como vai do mundo o desconcerto...

* * *

Mudam-se os tempos, mudam-se os valores, mas a Loucura permanece atuante. Estamos agora em fins do séc. XIX, quase quatro séculos depois de Erasmo. A arrogância intelectual dos doutores da época erasmiana – filósofos, teólogos, gramáticos, jurisconsultos –, tão impiedosamente vergastada pelo humor ferino do mestre, transformou-se ao longo dos anos, mudou de fisionomia, mas encontra-se mais do que nunca vigorosa. O seu patrono agora é a Ciência, uma Ciência deificada, pretensamente exata, diante da qual se curvam todos, dos filósofos aos simples letrados. Nenhuma esfera da cultura escapa à tutela inexorável do modelo científico – ou que se presume tal... Como Comte, na filosofia, Zola oficia, no romance, a missa laica do cientificismo, fazendo (ou aspirando a fazer) do romance naturalista o rebento tardio, porém muito desejado, do conúbio entre Ciência e Arte, em que a Ciência assume o papel diretor de um austero patriarca, de costumes severos e moral ilibada.

Nesse contexto aparece o Dr. Simão Bacamarte, "o maior dos médicos do Brasil, de Portugal e das Espanhas".

Dirão os leitores: nesse contexto não, pois o Dr. Bacamarte é um personagem de fins do séc. XVIII, do Brasil dos Vice-Reis. Convém, contudo, lembrar que o seu pai espiritual, o velho Machado, gostava de brincar com a cronologia, para mostrar talvez que, em que pese à troca constante dos figurinos, os papéis na velha comédia não variavam tanto assim: a paródia da ciência do séc. XIX poderia ser perfeitamente encenada em um palco do séc. XVIII, mormente porque não é propriamente de ciência que trata "O alienista" – ou, pelo menos, se a onipotência científica aí aparece satirizada, a ironia do autor visa um alvo mais amplo e mais geral.

Mas como! – exclamarão de novo os leitores – Não se trata aqui de uma experiência científica? Não constituiria a Casa Verde um antepassado ficcional dos hospitais psiquiátricos da época de Machado? Pois se já foi até sugerido que o casarão de Itaguaí teria sido inspirado ao escritor pelo "Hospício D. Pedro II", majestoso prédio na Praia Vermelha, inaugurado em 1852, e que quase um século mais tarde se tornaria - não sem leve toque de machadiana ironia – sede da Reitoria da Universidade do Brasil...

Antes de nos pronunciarmos sobre questão assim polêmica, conviria percorrermos ainda uma vez, em ritmo pausado, o relato das singulares ocorrências de Itaguaí.

\* \* \*

A novela de Machado de Assis compõe-se de treze partes – ou capítulos – que assinalam a progressão da "experiência" de Bacamarte e as conseqüências que provocam no antes pacato vilarejo. Os dois primeiros, a criação do asilo e o seu povoamento, parecem justificar o espanto do hipotético leitor diante de nossa afirmação de que não é de ciência que se trata aqui. Afinal, logo no início da narrativa, na deliciosa história do casamento do Dr. Bacamarte com D. Evarista, aflora o humor do velho Machado, escarnecendo as "certezas" da lógica científica, orgulho da cultura positiva de seu tempo. O episódio da consorte escolhida por reunir "condições fisiológicas e anatômicas de primeira ordem" para a procriação, e que, no final, permanece estéril, indicia já, num registro abertamente cômico, o fracasso do futuro projeto "científico" do alienista (I, 17-18). Mas estamos ainda no começo...

O ilustre médico, convencido da importância do "recanto psíquico" no vasto campo da medicina, decide a ele se dedicar e promove a construção, pela câmara da vila, de um asilo de alienados. Como esclarece em conversa com Crispim Soares, amigo e boticário local:

> O principal nesta minha obra da Casa Verde é estudar profundamente a loucura, os seus diversos graus, classificar-lhe os casos, descobrir enfim a causa do fenômeno e o remédio universal. (II, 21)

Uma "torrente de loucos", "toda a família dos deserdados do espírito", aflui ao prédio recém-inaugurado: o cenário parece armado para uma sátira contundente da ciência e, mais particularmente, da psiquiatria da época. Muitos, até hoje, entendem "O alienista" sob esse ângulo. E o relato de alguns dos primeiros casos "patológicos" observados parece, até certo ponto, endossar esse enfoque "psiquiátrico" do sentido da loucura na novela: um rapaz que se supunha estrela-d'alva, outro que andava sempre à procura do fim do mundo, outro que se supunha mordomo do rei, outro que não falava para que os céus não despencassem, abrasando a terra, etc... (II, 22). São casos que poderíamos encontrar, talvez, em um manicômio real (quem sabe se no próprio "Hospício D. Pedro II"?). No parágrafo final da segunda parte, na referência às atividades classificatórias, analíticas e terapêuticas do médico, a convicção de estar diante de uma paródia da medicina oitocentista mais se reforça no espírito do leitor.

Contudo, mesmo nessas duas partes iniciais algumas notas bizarras destoam de uma tal compreensão. É, por exemplo, o caso daquele rapaz "bronco e vilão, que todos os dias, depois do almoço, fazia regularmente um discurso acadêmico", ornado de figuras de retórica e citações eruditas, que deixava pasmos todos os ouvintes (II, 21). O grotesco surreal da situação deixa ver claro que a "loucura" que a narrativa pretende retratar não é bem aquela de que se ocupam os psiquiatras. Aqui, a sátira à tradição oratória e vazia da cultura bacharelesca predomina visivelmente sobre qualquer possível leitura "clínica". Aliás, ao longo da novela mais de um "louco" aparecerá acometido da mesma moléstia. É nessa clave – como metáfora das múltiplas formas da sandice humana – que deve ser entendida a "loucura" em "O alienista". De resto, se o início da narrativa pode deixar margem a algumas dúvidas quanto a este ponto, da parte IV em diante tais dúvidas se dissipam totalmente. É quando o boticário, convocado às pressas à Casa Verde, ouve, perplexo, do ilustre médico a explanação de sua nova teoria, destinada a "mudar a face da terra":

> A loucura, objeto dos meus estudos, era até agora uma ilha perdida no oceano da razão; começo a suspeitar que é um continente. (IV, 27)

Aparentemente, o Dr. Bacamarte começa agora a se dar conta daquela verdade que, já no séc. XVI, se apresentava tão evidente à amável e maliciosa personagem de Erasmo – de que "a loucura constitui a base e o fundamento da vida humana, e governa o universo ao sabor de seus caprichos" (EL, 74). Mas o Dr. Bacamarte é um austero representante da ciência moderna, e, longe de aceitar com bonomia a constatação meio cínica que um tal discurso implica, apresta-se para a luta:

> /.../ demarquemos definitivamente os limites da razão e da loucura. A razão é o perfeito equilíbrio de todas as faculdades; fora daí insânia, insânia, e só insânia. (IV, 29)

Fiel a este princípio, o impávido alienista começa a recolher à Casa Verde todos aqueles que não demonstram um "perfeito equilíbrio de todas as faculdades". O terror se instala em Itaguaí, pois, pelo novo critério, os loucos, como os demônios do evangelho, constituem legião. A aparentemente lógica, mas traumática, conclusão do Dr. Bacamarte oferece, em contrapartida, a seu criador, Machado de Assis, a oportunidade para produzir algumas de suas mais deliciosas páginas de humor, quando descreve os novos hóspedes do asilo: Costa, o pródigo; Mateus, o albardeiro deslumbrado; Martim Brito, o orador retórico que gostava "das idéias sublimes e raras, das imagens grandes e nobres..."; um jovem que tinha "a vocação das cortesias", "que não cumprimentava alguém sem levar o chapéu ao chão"; Coelho, o tagarela enfadonho de quem todos fogem, e assim por diante (V, 29-39). Com tal zelo o alienista põe em marcha a sua "experiência científica" que os loucos acabam por abarrotar a Casa Verde, despertando o pânico na vila e suscitando uma rebelião popular, liderada pelo barbeiro.

A parte em que vêm narrados os acontecimentos da rebelião ocupa o centro da novela, e assume, por sua relativa amplitude, valor quase autônomo, de uma sátira dentro da sátira – neste caso, a sátira do jogo político e das maquinações do poder. No relato do episódio, a ironia machadiana assume sua face mais cortante: a revolta liliputiana dos Canjicas vale como um modelo reduzido e grotesco das múltiplas guerras e revoluções que sempre atormentaram a humanidade, para custo de muitos e proveito de bem poucos: um dos avatares mais notórios da sandice humana. A Loucura de Erasmo, no seu malicioso auto-elogio, já ressaltava o fato:

> A guerra, por exemplo, não é a fonte de todas as ações que os homens admiram? Não é ela que prepara os campos gloriosos onde os heróis vão colher louros? Ora, existe algo mais louco do que se engajar em disputas que se formam muitas vezes sem se saber por que e que são sempre mais prejudiciais do que úteis aos dois parti-

dos que as sustentam? Pois os que são mortos na guerra, ninguém os leva em consideração (EL, 61).

Quando (parte IX), depois de muitos percalços, a rebelião triunfa e o barbeiro Porfírio vai visitar o alienista – não para afastá-lo do comando da Casa Verde, como era esperado, mas para atraí-lo para o seu lado: "Unamo-nos e o povo saberá obedecer" –, o médico, pasmo, apenas pergunta pelos mortos no conflito e reflete, "impassível como um deus de pedra":

> – Onze mortos e vinte e cinco feridos /.../ Eis aí dous lindos casos de doença cerebral. Os sintomas de duplicidade e descaramento deste barbeiro são positivos. Quanto à toleima dos que o aclamaram não é preciso outra prova além dos onze mortos e vinte e cinco feridos. – Dous lindos casos! (IX, 51)

Parece-me desnecessário sublinhar para o sensível leitor que "doença cerebral" remete, no caso, a "duplicidade" e a "toleima". *A feição ética e filosófica do conceito de loucura* no texto machadiano não poderia ficar mais evidente. Reiterando o já dito, "O alienista" não é uma paródia da ciência psiquiátrica ou dos manicômios, no sentido realista do termo, mas uma alegoria, elaborada com a mais fina e penetrante ironia, sobre a natureza humana e os desconcertos do mundo.

O relato da "revolta dos Canjicas" (partes VI-X) compõe, conforme afirmamos, uma sátira deliciosa (e nem por isso menos aguda) da realidade política e do mecanismo das revoluções. No centro, a trajetória de Porfírio, o modesto barbeiro que a dinâmica dos acontecimentos alça à condição de líder revolucionário: o despontar nele da ambição de governo; a sua transformação no "ilustre Porfírio" da vitória – que comandava a turba "empunhando tão destramente a espada, como se ela fosse apenas uma navalha um pouco mais comprida"; finalmente, a atuação do "Protetor da vila em nome de sua majestade e do povo", autor de discursos e proclamações que parodiam de forma impiedosa os discursos e proclamações de que sempre se valem os grandes líderes em tais ocasiões. Se, "dada a diferença de Paris a Itaguaí" (VI, 41), a narrativa aproxima jocosamente a marcha contra a Casa Verde da marcha contra a Bastilha, poder-se-ia igualmente ver no ilustre Porfírio uma paródia de Napoleão, que, aliás, também se valia com rara competência das proclamações eloqüentes nos momentos de crise[3]. A trajetória do barbeiro como líder popular se completa com a adesão final aos donos do poder, e tudo permanece como dantes no quartel de Abrantes... Um retrato tão ferino do caráter ilusório das mudanças revolucionárias só voltará a aparecer na pena cética de Machado de Assis vinte e tantos anos mais tarde, a propósito da Proclamação da República, no magistral episódio da troca das tabuletas, em *Esaú e Jacó* (1904).

Não menos importante para a radiografia moral da humana loucura que Machado desenvolve em "O alienista" são as reações dos diferentes personagens envolvidos no torvelinho da rebelião, muito particularmente as do boticário. Em sua eloqüente auto-apologia, a Loucura de Erasmo pondera, a certa altura, que não apenas a maior parte dos homens é composta de loucos como "pode-se mesmo dizer que não existe nenhum que não possua diferentes espécies de loucura" (EL, 52). Poder-se-ia crer que ela pensava, por antecipação, no boticário Crispim; ao longo da narrativa ele vai compondo uma figura cada vez mais repleta daqueles sólidos predicados que a velha Loucura não se cansa de derramar entre os homens e que se fazem, por vezes, tão necessários a uma boa relação com o mundo: de início, empenha-se em adular o amor-próprio do sábio (afinal, os sábios também têm amor-próprio); torna-se seu amigo e confidente e, diante da inveja dos conterrâneos, vive um momento de apoteose:

---

[3] Atente-se para o fato de que, mais adiante, a própria narrativa sugere o paralelo satírico entre o barbeiro e Napoleão. Na parte XII, depois de restaurada a ordem, lê-se: " O barbeiro Porfírio, ensinado pelos acontecimentos, tendo 'provado de tudo', como o poeta disse de Napoleão, e mais alguma coisa, porque Napoleão não provou a Casa Verde, o barbeiro achou preferível a glória obscura da navalha e da tesoura às calamidades brilhantes do poder" (XII, 57).

Crispim Soares derretia-se todo. Esse interrogar da gente inquieta e curiosa, dos amigos atônitos, era para ele uma consagração pública. Não havia duvidar; toda a povoação sabia que o privado do alienista era ele, Crispim, o boticário /.../. (V, 32).

A situação muda com a vitória dos Canjicas: "a tortura moral do boticário naqueles dias de revolução excede a toda descrição possível" (VIII, 48); a covardia (que a Loucura de Erasmo não hesitaria em apontar como uma de suas mais fiéis sequazes) inspira-lhe um primeiro expediente de salvação: "declarou-se doente e meteu-se na cama"; não se sentindo, contudo, de todo seguro por este meio, a velhacaria (outra serva leal da Loucura) leva-o a erguer-se do leito, caminhar "resolutamente" para o palácio do governo, e apresentar seus protestos de adesão ao movimento. Um caso visível de doença cerebral...

Mas a reação legalista acaba por triunfar (parte X); o alienista alcança então o ápice do poder. Coerente com sua concepção lógica de que "a razão é o perfeito equilíbrio de todas as faculdades" e que "fora daí insânia, insânia, e só insânia" Simão Bacamarte trabalha, zelosamente, para agasalhar na Casa Verde os numerosos loucos ainda dispersos pela vila. Entre os novos hóspedes figuram não apenas os aclamadores do barbeiro, mas o próprio barbeiro que com tanto desembaraço ético propusera a Bacamarte uma aliança para melhor dominarem a plebe; a ele se reúne o bravo (mas um tanto adoentado) boticário Crispim, bem como o vereador Sebastião Freitas, apaixonado pelas frases de efeito, lúcido oportunista, que pela "extraordinária inconsistência de opiniões" demonstrava bem tratar-se de "um caso patológico", e assim por diante. Particularmente sugestivo é o efeito da postura municipal autorizando "o uso de um anel de prata no dedo polegar da mão esquerda, a toda pessoa que /.../ declarasse ter nas veias duas ou três onças de sangue godo" (X, 53). A surrealista postura produz efeito mágico: são numerosos os que reivindicam o uso do anel, e como andassem "a gesticular à toa, nas ruas, em casa, na igreja" (X, 54), acabam agasalhados na Casa Verde pelo atento médico. Por fim, sua própria esposa, entregue ao "furor das sedas, veludos, rendas e pedras preciosas", é recolhida ao asilo, acometida – como esclareceu o notável cientista – de "mania suntuária, não incurável, e em todo caso digna de estudo" (X, 55).

Como o nosso leitor – não menos atento que o Dr. Bacamarte – deve estar percebendo, a loucura sobre a qual se volta a ironia da narrativa machadiana apresenta inúmeras analogias com aquela de que se ocupa o livro de Erasmo. Ambos os escritores consideram a máquina do mundo e nela encontram mais desconcertos do que teriam desejado:

> /.../ se, do globo lunar, contemplásseis todas as agitações infindáveis dos homens, julgaríeis estar diante de um turbilhão de moscas e mosquitos, discutindo, se digladiando, tentando enganar e espoliar uns aos outros, se divertindo, nascendo, caindo e morrendo. (EL, 165)

Não será necessário ressaltar a semelhança existente entre este panorama e aquele que, nas *Memórias póstumas de Brás Cubas,* o protagonista admira do alto da montanha para onde o transportou a figura mítica da Natureza. A leitura cuidadosa do *Elogio da loucura* revela claramente a grande afinidade existente entre a visão crítica do homem presente nas obras do escritor brasileiro e a de Erasmo. O humanista holandês, um quase contemporâneo e irmão espiritual de Rabelais, revela, contudo, maior tolerância para com as fraquezas daquele "bicho da terra tão pequeno". O humor de Machado é bem mais devastador e bem menos simpático para com as miúdas criaturas que se agitam sobre este pobre planeta.

A ironia na novela aproxima-se do ápice quando (parte XI) o Dr. Simão Bacamarte, após analisar as estatísticas da vila e constatar que quatro quintos da população estavam aposentados na Casa Verde, fiel à boa prática científica, resolve reexaminar os fundamentos de sua teoria das moléstias cerebrais:

> /.../ teoria que excluía do domínio da razão todos os casos em que o equilíbrio das faculdades não fosse perfeito e absoluto; /.../ desse exame e do fato estatístico resultara para ele a convicção de que a verdadeira doutrina não era aquela, mas a oposta, e portanto que se devia admitir como normal e exemplar o desequilíbrio das faculdades, e como hipóteses patológicas todos os casos em que aquele equilíbrio fosse ininterrupto. (XI, 56)

Nesse ponto, a velha Loucura de Erasmo, se estivesse presente aos acontecimentos de Itaguaí, não resistiria a comentar: enfim esse estranho doutor começa a se avizinhar da verdade! Que caminhos tortuosos têm que percorrer os tais cientistas para descobrir as coisas mais evidentes!

Seguidor estrito da lógica da razão científica, o alienista liberta todos os internos da Casa Verde e, à luz de sua nova conceituação de loucura, sai à caça dos verdadeiros mentecaptos. Logo de saída verifica, contudo, que o trabalho agora é mais lento e dificultoso. Os loucos atingidos do "perfeito e ininterrupto equilíbrio das faculdades" não são numerosos, nem fáceis de localizar:

> Ao cabo de cinco meses estavam alojadas umas dezoito pessoas; mas Simão Bacamarte não afrouxava /.../ e quando colhia um enfermo, levava-o com a mesma alegria com que outrora os arrebanhava às dúzias. (XII, 59)

Um desses enfermos recolhidos é a mulher do boticário, que se havia portado com tanta coerência e dignidade durante a rebelião, deixando clara a sua condição patológica. O alienista consola o marido, assegurando-lhe não se tratar de caso perdido. "E, parecendo-lhe vantajoso reuni-los, porque a *astúcia e velhacaria* do marido poderiam de certo modo curar a *beleza moral* que ele descobrira na esposa", Bacamarte propõe a Crispim Soares que venha fazer as refeições e dormir com a esposa na Casa Verde. O medo e a covardia acodem de novo ao boticário e inspiram-lhe um expediente para recusar tão embaraçoso oferecimento. "Este último rasgo de *egoísmo pusilânime* pareceu sublime ao alienista" (XII, 59 – grifos nossos).

Abusando ainda uma vez da paciência do atilado leitor, ressaltamos que, na passagem acima, a oposição que se configura é entre *"beleza moral"*, de um lado, e do outro, *"astúcia e velhacaria"* e *"egoísmo pusilânime"*: *valores éticos*, que nada têm a ver com conceitos clínicos de loucura, sejam estes quais forem. A freqüência quase obsessiva com que reiteramos constatação tão evidente deve-se à não menor freqüência com que já encontramos a novela machadiana abordada como um texto sobre os limites da ciência psiquiátrica (e até como um precursor da antipsiquiatria!...). Que entre os alvos da ironia machadiana na novela esteja a arrogância da ciência oitocentista não cabe dúvida, mas este tema não esgota o significado da obra, nem sequer constitui a sua dimensão mais importante. A presença da medicina e de seu "recanto psíquico" faz-se estratégia natural do humor em uma narrativa que tem como alvo a insensatez – a "loucura" – apresentada como característica intrínseca da espécie humana, e flagrada em suas mais variadas manifestações. Convém lembrar que "O alienista", publicado pela primeira vez em *A Estação,* em 1881, é quase exatamente contemporâneo de *Memórias póstumas de Brás Cubas*, que aparece na *Revista Brasileira* entre março e dezembro de 1880. Ora, as duas narrativas, nas quais a visão irônica de Machado de Assis assume uma face particularmente corrosiva, compõem juntas um dos mais impiedosos panoramas da natureza humana que a literatura porventura apresentou. Mas fiquemos por aqui, pois é tempo de retornarmos ao nosso Bacamarte.

Recolhidos os escassos pacientes que o novo conceito de loucura permitira encontrar, o médico vai alojá-los por classes:

> Fez-se uma galeria de modestos, isto é, loucos em quem predominava esta *perfeição moral*; outra de tolerantes, outra de verídicos, outra de símplices, outra de leais, outra de magnânimos, outra de sagazes, outra de sinceros, etc. (XII, 60; grifos nossos)

O alienista pode lançar-se enfim à parte terapêutica, e com ela a ironia crítica do autor encontra sua expressão máxima: se os loucos estavam "divididos por classes, segundo a *perfeição moral* que em cada um deles excedia às outras" (XIII, 62; grifo nosso) o processo de "cura" consistirá em "atacar de frente a qualidade predominante". E aí o sucesso é absoluto. A resistência pode variar um pouco, de caso a caso, mas, bem graduado, o remédio não falha.

Entre os modestos, por exemplo, encontrava-se um poeta que obtém completa cura quando seu nome aparece publicamente alardeado "como um rival de Garção e Píndaro". Outro, semi-analfabeto, de modéstia tenaz, é enfim curado quando o rei o nomeia "secretário da Academia dos Encobertos estabelecida em Itaguaí", cargo que implicava o "tratamento de Excelência e o uso de uma placa de ouro no chapéu".

> Realmente é admirável! Dizia-se nas ruas, ao ver a expressão sadia e enfunada dos dois ex-dementes.
> Tal era o sistema. Imagina-se o resto. Cada *beleza moral ou mental* era atacada no ponto em que a perfeição parecia mais sólida; e o efeito era certo (grifos nossos).
> ..................................................................................
> No fim de cinco meses e meio estava vazia a Casa Verde; todos curados! (XIII, 62-63)

Restabelecidos, enfim, os loucos, "restituídos ao perfeito desequilíbrio das faculdades", o triunfo do alienista e de sua teoria parece completo. Contudo, uma dúvida paira na mente do grande homem:

> Mas deveras estariam eles doudos, e foram curados por mim, – ou o que pareceu cura não foi mais do que a descoberta do perfeito desequilíbrio do cérebro?
> E cavando por aí abaixo, eis o resultado a que chegou: os cérebros bem organizados que ele acabava de curar eram tão desequilibrados como os outros. Sim, dizia consigo, eu não posso ter a pretensão de haver-lhes incutido um sentimento ou uma faculdade nova; uma e outra cousa existiam no estado latente, mas existiam. (XIII, 64)

Se o som das risadas pudesse atravessar os séculos, Bacamarte ouviria, nesse momento, o riso da Loucura de Erasmo, diante de tão lúcida quanto tardia conclusão: – "Se este médico presunçoso, que leu e releu tantos e tão profundos autores, tivesse lido o meu "Elogio", pouparia a si próprio tempo e cansaço".

Bacamarte, contudo, está perplexo: – "Pois quê? Itaguaí não possuiria um único cérebro concertado?" Tal conclusão tão absoluta não comprometeria a nova doutrina? Não haveria uma exceção à regra? Refletindo mais a fundo, o alienista encontra a solução:

> Simão Bacamarte achou em si os característicos do perfeito equilíbrio mental e moral; pareceu-lhe que possuía a sagacidade, a paciência, a perseverança, a tolerância, a veracidade, o vigor moral, a lealdade, todas as qualidades enfim que podem formar um acabado mentecapto. (XIII, 65)

Tendo feito esta constatação e expondo-a aos amigos, todos concordam em confirmar as qualidades morais e intelectuais que ele próprio acreditou encontrar em si. Diante disso, nada mais resta ao sábio-louco (ou louco-sábio?) do que seguir o conselho da Loucura, "e se retirar para algum lugar isolado onde possa gozar só a sua querida sabedoria" (ou loucura?). E Bacamarte encerra-se para sempre, sozinho, na Casa Verde.

Conta a narrativa que alguns maldizentes sugeriram "que nunca houve outro louco, além dele, em Itaguaí." A sagaz personagem de Erasmo acrescentaria que mais louco de que todos os loucos somados é aquele que pretenda curar a loucura do mundo; e, como fosse versada em cultura clássica, talvez pensasse consigo que o alienista, almejando tornar-se um Hipócrates dos novos tempos, acabou como Ícaro, precipitado das alturas na melancólica realidade de seu sombrio asilo.

Nesse ponto a machadiana alegoria da comédia humana se conjuga com a não menos machadiana sátira da ciência arrogante que não conhece os seus limites: "Fechada a porta da Casa Verde, [o ilustre médico] entregou-se ao estudo e à cura de si mesmo" (XIII, 66).

\* \* \*

O Dr. Bacamarte não tinha, por certo, em sua esplêndida biblioteca, o *Elogio da Loucura,* mas Machado de Assis possuía um exemplar[4], e é de crer que concordasse com a loquaz

---

[4] A edição de Machado de Assis do *Elogio da loucura*, publicada em Paris em 1877, antecede "O alienista" de apenas quatro anos, o que autoriza supor que um período não muito longo separa o conhecimento da obra de Erasmo por Machado e a redação de sua novela. É, pois, muito provável – como a análise comparada das duas obras, por si só, já deixa perceber – que o texto machadiano tenha sido produzido sob o estímulo direto da leitura de Erasmo: um fascinante diálogo entre dois grandes escritores, estabelecido através dos séculos, sobre a velha – e aparentemente incurável – loucura humana.
De resto, a presença do grande humanista holandês na obra do escritor brasileiro não se restringe à novela em questão. Já antes dela, nas *Memórias póstumas de Brás Cubas*, essa presença se faz sentir de modo inequívoco. Tudo leva a crer que a leitura de Erasmo tenha constituído um dos fatores importantes da sensível transformação por que passa o processo criativo machadiano no breve espaço de tempo que medeia entre a publicação de *Iaiá Garcia* (1878) e a das *Memórias póstumas de Brás Cubas* (1880) – transformação ocorrida não apenas no plano da visão de mundo, mas, particularmente, na utilização do humor como instrumento de desmistificação das formas convencionais do comportamento humano.

argumentadora quando esta, sobrepondo o seu poder ao de todos os demais deuses, explica por que o seu culto pode bem dispensar templos e altares:

> Não, não; eu considero meu culto perfeitamente estabelecido, quando vejo, por toda parte, os homens me levando no coração, representando-me em seus costumes, exprimindo-me por sua conduta.
>
> E por que teria eu necessidade de um templo? Este universo inteiro, onde sou venerada sem cessar, não é um templo suficientemente magnífico? (EL, 155-156)

# A visão irônica nas *Memórias póstumas de Brás Cubas**

Em obra clássica sobre a ironia – *The Compass of Irony*[1] –, D. C. Muecke estabelece importante distinção entre o que denomina ironia específica ou particular, e uma outra forma, intitulada por ele ironia geral. No primeiro caso, característico da sátira, a ironia assume caráter corretivo, volta-se sobre um aspecto da realidade (uma doutrina, um comportamento, um personagem) julgado negativo ou errado, enquanto todo o restante, no qual se incluem, bem entendido, tanto o ironista como o seu leitor, permanece o pólo sadio ou correto.

Ao lado dessa forma, cujo alcance está restrito a situações específicas, Muecke coloca a ironia geral, de escopo muito mais abrangente, na qual a própria vida é encarada como fundamentalmente irônica. Ou, para nos reportarmos a uma formulação de Kierkegaard: "Não é este ou aquele fenômeno, mas a totalidade da existência, que é encarada *sub specie ironiae*"[2]. A ironia perde neste caso qualquer caráter corretivo ou punitivo, para se transformar em uma maneira de ver e sentir o mundo, um mundo habitado por contradições insolúveis, no qual todos, o ironista inclusive, estão inescapavelmente inseridos.

---

* In: *Estudos de literatura brasileira*. Nº 4 (Número especial). Rio de Janeiro: Faculdade de Letras/UFRJ, 1994. pp. 79-86. Para a atual publicação o trabalho sofreu ajustes e ampliação, mantendo embora o pensamento original.
[1] MUECKE, D. C. *The Compass of Irony*. London: Methuen, 1969.
[2] Apud MUECKE, op. cit., p. 120.

Sob tal ótica é que devemos compreender a ironia machadiana. Não que o autor de *Dom Casmurro* rejeite o uso da ironia enquanto procedimento retórico ou instrumento de sátira; mas nele essa utilização encontra-se subordinada a problemática muito mais ampla, tornando-se a ironia uma forma de relacionamento do escritor com a realidade como um todo, um modo privilegiado de expressão de seu pessimismo existencial. A visão irônica da condição humana configura a criação ficcional de Machado de Assis em todos os seus níveis, das estratégias do discurso narrativo às grandes linhas temáticas em torno das quais se articulam dramaticamente as obras.

Para melhor elucidarmos esse ponto de vista, convém tomarmos como ponto de partida as *Memórias póstumas de Brás Cubas*, não só pela posição central – em todo os sentidos – que este romance ocupa na produção do autor como porque nele, mais do que em qualquer outra obra, os mecanismos da visão irônica se fazem manifestos.

Examinemos inicialmente o cap. VII, "O delírio"[3]. Significativo da ironia do romancista é o fato de ser sob a forma da alucinação de um personagem que ele vai apresentar seu texto talvez mais denso em termos de reflexão filosófica. Assim, por sobre o tecido de humor e de grotesco que marca o diálogo entre Brás Cubas e a Natureza vão-se delineando alguns dos temas-chave da obra, o que torna toda a passagem uma autêntica "profissão de fé" (ou de descrença cética) do pessimismo machadiano. O romance como um todo pode ser compreendido como uma expansão e diversificação de núcleos temáticos propostos, sob a forma explícita ou implícita, no diálogo e no subseqüente desfile dos séculos ante o olhar perplexo do perso-

---

[3] Nas numerosas citações do cap. VII, "O delírio", serão dispensadas as costumeiras referências bibliográficas. Nas citações de outros capítulos de *Memórias póstumas de Brás Cubas* e nas citações de *Quincas Borba* aparecerão indicados, entre parênteses, o título da obra (representado por uma sigla: *MP* ou *QB*) e o número do capítulo, em algarismos romanos. Devido ao grande número de edições disponíveis e à curta dimensão dos capítulos, julgamos dispensável indicar a página em que se encontram em nossa edição.

nagem. Como numa estrutura musical em que diferentes temas são inicialmente expostos para serem posteriormente submetidos a variações e metamorfoses, assim ocorre no relato do defunto autor: cada motivo temático vai reaparecer, ao longo da narrativa, concretizado em diferentes situações e/ou personagens, sempre com uma nova nuance semântica. Partindo dessa idéia-base, ensaiemos destacar alguns destes temas.

Logo de início, a vida é apresentada como flagelo, como sofrimento, nutrida pelo "pão da dor e o vinho da miséria". "Vives", diz a Natureza ou Pandora a Brás Cubas, "não quero outro flagelo". Como conseqüência lógica, ela, Natureza, na condição de mãe, de princípio da vida, assume inevitavelmente o papel de inimiga.

Entretanto, em contradição íntima com a realidade acerba, o homem continua movido por um impulso irresistível em direção a esta mesma vida. Tal paradoxo, que se encontra no centro mesmo da visão machadiana, vai aparecer desenvolvido em um de seus grandes contos filosóficos, "Viver!", de *Várias histórias* (1896). Também neste conto o autor se vale da forma dialogal para melhor trabalhar o potencial irônico da situação: o diálogo se dá no fim dos tempos, entre Prometeu e Ahasverus: este último, após saudar a morte e amaldiçoar acerbamente a vida, que conhecera amarga pelos séculos infindos, tão logo Prometeu lhe acena com a esperança de prosseguir vivendo, como fundador de uma nova humanidade, deixa-se encantar pela possibilidade. No desenlace do conto, duas águias, no espaço, comentam a cena:

> Uma águia. – Ai, ai, ai deste último homem, está morrendo e ainda sonha com a vida.
> A outra. – Nem ele a odiou tanto, senão porque a amava muito.

Outro tema salientado no texto em discussão é o da indiferença da Natureza (imagem aqui do princípio da vida, ou, se quisermos, do Criador) diante do mundo e dos homens: "a feição única, geral, completa, era a da impassibilidade egoísta, a da eterna surdez, a da vontade imóvel". A colossal figura que se apresenta a um Brás Cubas consternado, ao invés de maternal e protetora, traz um "rosto indiferente, como o sepulcro". E quando, diante das calamidades sem nome que desfilam ante seus olhos, Brás Cubas deixa escapar um grito de angústia, "Natureza ou Pandora o escuta sem protestar nem rir". Sempre a tônica da impassibilidade.

Conhecemos o quanto este tema do distanciamento ou da indiferença dos deuses, e seu corolário, o do abandono das criaturas, ganha relevo nas letras e no pensamento ocidental a partir de meados do séc. XIX, como resultante de uma crise profunda do sentimento religioso na cultura do Ocidente. Em Machado torna-se um motivo recorrente. Como testemunho eloqüente poderíamos citar, dada a posição de destaque, o final de *Quincas Borba*, um dos momentos mais tocantes na ficção do autor. Rubião, abandonado por todos que o haviam explorado impiedosamente, vaga louco pelas ruas de Barbacena, acompanhado apenas pelo cão. No desenlace ambos morrem, e o narrador, valendo-se da alegoria do Cruzeiro, sublinha, com amarga ironia, o tema da indiferença cósmica para com as vicissitudes humanas:

> Eia!, chora os dois recentes mortos, se tens lágrimas. Se só tens riso, ri-te! É a mesma coisa. O Cruzeiro, que a linda Sofia não quis fitar, como lhe pedia Rubião, está assaz alto para não discernir os risos e as lágrimas dos homens. (*QB*, CCI)

Aos temas discutidos até agora — a vida como sofrimento, como flagelo, conjugada a um paradoxal impulso em direção a esta mesma vida; a impassibilidade egoísta da Natureza, enquanto princípio criador, diante das criaturas por ela geradas — associa-se outro, de seminal importância no universo machadiano, mormente nas *Memórias póstumas de Brás Cubas*: o da falta de sentido da existência, do absurdo irremediável da condição humana. "Tu és absurda, tu és uma fábula", exclama

Brás Cubas diante daquela Natureza que ele não pode entender, nem aceitar. A certa altura ela o arrebata ao alto de uma montanha e o força a contemplar a "máquina do mundo", feita de dor, de tédio, de ilusão. Qual poderia ser o sentido de tudo aquilo? A conclusão que a leitura do romance deixa, como resíduo ácido no espírito do leitor, é justamente o não-sentido de tudo aquilo.

"A natureza é às vezes um imenso escárnio", comenta o narrador a propósito de Eugênia. E alguns capítulos adiante, resumindo a trajetória existencial da moça, acentua ainda mais essa idéia:

> /.../ foste aí pela estrada da vida, manquejando da perna e do amor, triste como os enterros pobres, solitária, calada, laboriosa, até que vieste também para esta outra margem... O que eu não sei é se a tua existência era muito necessária ao século. Quem sabe? Talvez um comparsa de menos fizesse patear a tragédia humana. (*MP*, XXXVI)

A mesma visão desencantada da existência aparece nas reflexões suscitadas pela figura de D. Plácida. A cáustica ironia que acompanha a narrativa de sua vida, fruto da "conjunção de luxúrias vadias", marcada por penosos trabalhos, privações e humilhações, até à morte obscura num hospital de caridade, encontra sua forma mais cruel no balanço final do narrador sobre a utilidade que uma tal vida pudera ter: a de favorecer os seus amores com Virgília. E conclui: "Utilidade relativa, convenho: mas que diacho há absoluto neste mundo?" (*MP*, CXLIV)

Refletindo sobre o destino de Eugênia e D. Plácida ocorre-nos a definição da vida, dada por Macbeth, na peça homônima de Shakespeare: " /.../ a tale told by an idiot, full of sound and fury, signifying nothing."[4] O ácido humor machadiano substi-

---

[4] SHAKESPEARE. *Macbeth*. The Arden Shakespeare. London: Methuen, 1971. Ato V, cena V (/.../ um conto, narrado por um idiota, cheio de ruído e furor, sem significado algum.).

tui, no romance, o tratamento trágico conferido ao tema pelo dramaturgo inglês, mas o significado subjacente é essencialmente idêntico.

A consciência do absurdo como inerente à condição humana alcança sua expressão mais intensa diante do espetáculo do sofrimento e da morte. Narrando a longa e cruel agonia da mãe, o narrador extravasa:

> /.../ Quê? uma criatura tão dócil, tão meiga, tão santa, que nunca jamais fizera verter uma lágrima de desgosto, mãe carinhosa, esposa imaculada, era força que morresse assim, trateada, mordida pelo dente tenaz de uma doença sem misericórdia? Confesso que tudo aquilo me pareceu obscuro, incongruente, insano... (*MP*, XXIII)

Mais tarde, diante da morte de Nhã-loló, vítima de uma epidemia, o narrador volta a comentar: "/.../ não cheguei a entender a necessidade da epidemia, menos ainda daquela morte. Creio até que esta me pareceu ainda mais absurda que todas as outras mortes" (*MP*, CXXVI). A morte aparece assim como o coroamento irracional, por vezes doloroso, de uma trajetória desprovida de sentido.

Essa vida, marcada pelo sofrimento, desprovida de qualquer finalidade transcendente, parece regida por uma lei apenas: o egoísmo, a devoração de uns pelos outros, dos mais fracos pelos mais fortes, dos Rubiões pelos Palhas. Assim a figura mítica da Natureza escarnece do pobre Brás Cubas, que lhe pede mais alguns anos de vida:

> /.../ Não importa ao tempo o minuto que passa, mas o minuto que vem. O minuto que vem é forte, jocundo, supõe trazer em si a eternidade, e traz a morte, e perece como o outro, mas o tempo subsiste. Egoísmo dizes tu? Sim, egoísmo, não tenho outra lei. Egoísmo, conservação. A onça mata o novilho porque o raciocínio da onça é que ela deve viver, e se o novilho é tenro tanto melhor: eis o estatuto universal /.../.

A concepção do egoísmo como estatuto universal, móvel fundamental — aparente ou dissimulado — de todos os atos humanos encontra-se presente em grande parte da melhor ficção machadiana, e domina inteiramente Quincas Borba, desde as linhas básicas de sua estrutura dramática até os menores detalhes da ação e da caracterização dos personagens. Rubião, "novilho" ingênuo, que por um momento se sente forte, acaba sendo devorado impiedosamente pelas "onças" famintas: Palha, Sofia, Camacho, etc. Machado parece sugerir, ironicamente, que o princípio biológico darwiniano da sobrevivência dos mais aptos como resultado da luta pela vida não perde sua validade ao voltarmos a observação para a vida moral das sociedades: talvez ali prevaleça de forma ainda mais selvagem...

Mas não param aqui as possibilidades de desdobramento temático da visão contida na narrativa do delírio. Reportando-nos às palavras da Natureza na passagem anteriormente citada, vemos que, por sobre este mundo absurdo onde o egoísmo constitui o estatuto universal da vida, paira, sombra ameaçadora e angustiante, o espectro inexorável do Tempo.

O tempo em Machado de Assis não se apresenta em seu aspecto construtivo, de condição necessária à vida e ao crescimento humanos, mas como fator de corrosão, de dissolução dos sentimentos e dos seres; em suma, como "ministro da morte" (*MP*, VI). O homem, "pobre minuto", que se apega à vida com desespero, acaba aniquilado pelo tempo, sem que consiga jamais entender as razões do mecanismo que o tritura.

Motivos temáticos associados ao tempo e à morte perpassam pelas *Memórias póstumas de Brás Cubas* como as notas insistentes de um soturno baixo contínuo. Amizades, amores, sonhos, esperanças, nada resiste ao "enxurro da vida". Como a beleza de Marcela, que se esvaíra com as bexigas, assim também o amor de Brás Cubas por Virgília, tão intenso em sua fase inicial, acaba dissolvido no tédio e no vazio. No capítulo CXXXV, "Oblivion", o narrador, refletindo especificamente sobre o desgaste cruel e inevitável das criaturas no tempo, termina por concluir com a costumeira ironia: "Espetáculo, cujo fim é divertir o planeta Saturno, que anda muito aborrecido". Conclusão que sublinha, mais uma vez, a falta de sentido que envolve o espetáculo da vida. De resto, essa obsessão com o tempo devorador (Saturno) está presente em toda a obra machadiana e encontra talvez sua realização mais acabada já na virada do século, no *Dom Casmurro* (1899).

Para finalizar a análise do delírio, lembremo-nos que, quando nele cessa a voz sombria da Natureza, inicia-se, ante o olhar horrorizado de Brás Cubas, um "acerbo e curioso espetáculo": o desfile dos séculos; "todos eles, as raças todas, todas as paixões, o tumulto dos impérios, a guerra dos apetites e dos ódios, a destruição recíproca dos seres e das coisas". Nesse desfilar sinistro aparecem reafirmados os aspectos que já haviam aflorado antes no diálogo: o homem, perpetuamente oscilante entre a dor e o tédio, a perseguir inutilmente a "quimera da felicidade"; as gerações, apegadas a ilusões sempre renascidas e que acabam "pontuais na sepultura"; enfim, toda a febril atividade desenvolvida pelo homem ao longo da história que, em última análise, tem por fim apenas entreter "a necessidade da vida e a melancolia do desamparo".

A partir do exame que realizamos do diálogo entre o protagonista e a Natureza, ficou claro que nele se encontram disseminados inúmeros temas que irão constituir motivos recorrentes ao longo da narrativa, concretizados em diferentes situações e/ou personagens. Tais temas formulam, em conjunto, uma visão radicalmente pessimista da condição humana, muito afim com a de Schopenhauer, filósofo que, sem dúvida, influenciou grandemente o pensamento do nosso romancista. Machado, contudo, não é um filósofo, mas um ficcionista, e as formas por excelência pelas quais expressa sua visão de mundo são o humor e a ironia. A ironia, como afirmamos no início deste trabalho, vai configurar a própria articulação do discurso narrativo nos mais diferentes planos. No caso das *Memórias póstumas de Brás Cubas* esse processo culmina, na parte final do livro, com a introdução do "filósofo" Quincas Borba e seu otimismo singular. Valendo-se de um complexo e altamente irônico jogo de espelhos, os motivos presentes no delírio vão-se articular com o conjunto de motivos que compõem a filosofia de Quincas Borba, desenvolvida no capítulo CXVII, "O Humanitismo".

Todos sabem que Quincas Borba se apresenta como defensor intransigente de um sistema filosófico otimista, que vem apresentado como a verdadeira solução para todos os problemas da humanidade:

> É singularmente espantoso este meu sistema: retifica o espírito humano, suprime a dor, assegura a felicidade, e enche de imensa glória o nosso país. (*MP*, CXI)

Em face da sombria realidade que desfila nas páginas do romance, a simples idéia de uma filosofia otimista já soa desconcertante. Não apenas o "defunto autor", no prefácio, salienta as "rabugens de pessimismo" presentes em sua narrativa, como o próprio Machado de Assis, no prólogo da quarta edição do livro, de 1899, vê nelas o traço peculiar da obra:

> O que faz do meu Brás Cubas um autor particular é o que ele chama "rabugens de pessimismo". *Há na alma deste livro, por mais risonho que pareça, um sentimento amargo e áspero* que está longe de vir dos seus modelos (grifos nossos).[5]

Como conciliar as "rabugens de pessimismo" com o otimismo triunfalista do excêntrico Quincas Borba? Aparentemente, a postura do filósofo, defensor de Pangloss, seria a antítese mesma da atitude dominante na obra, mas — e aqui atingimos

---

[5] Este "Prólogo", posterior de quase vinte anos à redação do livro, ressalta a importância que tinham para o autor as "rabugens de pessimismo": na verdade, compõem o sub-solo moral de toda a obra.

o cerne da visão irônica, tanto neste romance como no seguinte — mas essa contradição é apenas aparente; examinadas com atenção, nada mais semelhante do que as duas formulações da realidade: a que apresenta a Natureza em seu diálogo com Brás Cubas, dominada pelo "sentimento amargo e áspero" da vida, e a do filósofo de Barbacena com o seu Humanitismo.

O "sistema espantoso" deste parece glosar, ponto por ponto, os temas desenvolvidos por aquela. A ironia do romancista se aloja no fato de que Quincas Borba limita-se a inverter os sinais, mostrando como positivos e desejáveis os mesmos aspectos que, no delírio, haviam despertado horror e angústia no Brás Cubas moribundo.

Assim, se para a Natureza a vida é um flágelo e para Quincas Borba "o maior benefício do universo", não se pense encontrar neste uma descrição rósea da realidade, que venha abonar a sua perspectiva. Longe disso, todas as calamidades apontadas pela sombria figura do delírio estão aqui igualmente presentes — apenas, para o filósofo, ou são ilusórias, ou são apreciadas como valores positivos. "A dor", diz ele, "segundo o Humanitismo é pura ilusão".

> /.../ A inveja não é senão uma admiração que luta, e sendo a luta a grande função do gênero humano, todos os sentimentos belicosos são os mais adequados à sua felicidade"

> /.../ Olha: a guerra, que parece uma calamidade, é uma operação conveniente, como se disséssemos o estalar dos dedos de Humanitas; a fome (e ele chupava filosoficamente a asa do frango), a fome é uma prova a que Humanitas submete a própria víscera. (M P, CXVII)

A ironia macabra que banha o sistema filosófico "otimista" de Quincas Borba culmina na exposição das idéias contidas no seu tratado político:

Reorganizada a sociedade pelo método dele, nem por isso ficavam eliminadas a guerra, a insurreição, o simples murro, a facada anônima, a miséria, a fome, as doenças; mas sendo esses supostos flagelos verdadeiros equívocos do entendimento, porque não passariam de movimentos externos da substância interior, destinados a não influir sobre o homem, senão como simples quebra de monotonia universal, claro estava que a sua existência não impediria a felicidade humana. (M P, CXVII)

As idéias do filósofo de Barbacena, neste romance, como no seguinte, que leva o seu nome, seguem sempre nessa direção, procurando o romancista explorar ao máximo o potencial irônico contido em sua lógica alucinada, o que resulta, muitas vezes, em cenas e situações de inequívoco humor negro, como, por exemplo, no episódio da briga dos cães que disputam ferozmente "um simples osso nu". Brás Cubas quer afastar-se da cena, mas Quincas Borba "parecia em êxtase" e só consentiu em partir quando "um dos cães, mordido e vencido, foi levar a sua fome a outra parte". Concluindo o relato, o narrador acrescenta:

> Fez-me observar a beleza do espetáculo, relembrou o objeto da luta, concluiu que os cães tinham fome; mas a privação do alimento era nada para os efeitos gerais da filosofia. Nem deixou de recordar que em algumas partes do globo o espetáculo é mais grandioso: as criaturas humanas é que disputam aos cães os ossos e outros manjares menos apetecíveis. (M P, CXLI)

Uns poucos capítulos adiante (M P, CXLV: "Simples repetição"), o narrador, para explicar a miséria em que morrera D. Plácida (que, afinal, recebera dele cinco contos), conta que um espertalhão da vizinhança encantara-a, casara com ela, surrupiara o dinheiro e fugira, abandonando-a. E comenta: "É o caso dos cães do Quincas Borba. Simples repetição de um capítulo".

O Humanitismo se torna assim, para Machado de Assis, uma forma de demonstração pelo absurdo do seu pessimismo essencial. Diante da sombria realidade que nos envolve, só um louco poderia conceber um sistema filosófico otimista. Visto deste ângulo, o Humanitas, que Quincas Borba descreve como a "substância interior", o princípio eterno e indestrutível das coisas, nada mais é do que a inversão irônica daquela mesma Natureza, impassível e glacial, diante da qual Brás Cubas se sente o "mais débil e decrépito dos seres".

Reforçando nossa afirmação sobre a existência de um jogo de espelhos irônicos entre a concepção de mundo do filósofo e aquela presente na fala da Natureza, vale salientar como a metáfora utilizada por esta para assinalar o papel desprezível do indivíduo em face do tempo devorador – a de um "pobre minuto" – encontra sua correspondente quase exata na imagem das bolhas, a que alude Quincas Borba no romance subseqüente, tentando explicar a Rubião "o caráter conservador e benéfico da guerra". A sorte dos exterminados preocupa o simplório enfermeiro de Barbacena, mas o filósofo logo esclarece:

> – Não há exterminado. Desaparece o fenômeno; a substância é a mesma. Nunca viste ferver água? Hás de lembrar-te que as bolhas fazem-se e desfazem-se de contínuo, e tudo fica na mesma água. Os indivíduos são essas bolhas transitórias.
> – Bem; a opinião da bolha...
> – Bolha não tem opinião. (*QB*,VI)

Os "pobres minutos" perdidos no eterno fluir do tempo tornam-se, no discurso de Quincas Borba, "bolhas transitórias", mas com uma diferença essencial: a imagem não é mais apresentada sob uma luz cruel, impiedosa, como sucedia no delírio; na dialética insana do filósofo, é saudada como um fato positivo, saudável, depurador.

No penúltimo capítulo das *Memórias póstumas de Brás Cubas* Quincas Borba reaparece, demente, para morrer em casa de Brás Cubas, "jurando e repetindo sempre que a dor era uma ilusão, e que Pangloss, o caluniado Pangloss, não era tão tolo como o supôs Voltaire" (*MP*, CLIX). Num contraste intencional, o capítulo imediatamente seguinte é dedicado pelo narrador ao balanço da própria existência, para chegar à única conclusão "otimista" que ela poderia comportar: " – Não tive filhos, não transmiti a nenhuma criatura o legado de nossa miséria" (*MP*, CLX). Tais palavras, com que narrativa atinge o seu desfecho, como que reiteram e sintetizam, com ácida ironia, a visão desoladora da vida que a Natureza apresentara a Brás Cubas, descartando qualquer nuance otimista que pudesse restar sobre a existência.

Deste modo, é do jogo de espelhos entre os dois discursos aparentemente inconciliáveis, o da Natureza e o de Quincas Borba, que se definem os caminhos da significação no romance e brota a aguda tensão irônica que Machado de Assis desenvolve com mão de mestre para dar forma àquele "sentimento amargo e áspero" a que alude em seu prólogo e que confere ao romance, "por mais risonho que pareça", um doloroso sentimento trágico da condição humana.

# Para além do espaço e do tempo, em busca da essência do homem*

Há algumas décadas, nos anos 50, 60 e até 70 do séc. XX, era freqüente aparecer no debate crítico sobre a obra de Machado de Assis a acusação de que o autor do *Brás Cubas* teria sido socialmente um alienado, mulato arrivista que voltara as costas às suas origens para assimilar-se à classe dominante. A ele opunha-se a figura de Lima Barreto, este sim um escritor consciente, crítico acerbo da burguesia brasileira e dos preconceitos que esta alimentava. Tal concepção ideologicamente negativa de Machado de Assis era bastante difundida no meio acadêmico e até sustentada por intelectuais destacados.

Para citar um exemplo extremado do problema, Antônio Callado, prefaciando em 1966 a tradução brasileira de *A necessidade da arte*, do crítico marxista austríaco Ernst Fischer, cita uma cena do *Memorial de Aires* em que o narrador, visitando o casal de velhos Aguiar e D. Carmo no dia em que fora assinado o decreto da Abolição, encontra-os extremamente alegres e julga que a razão do júbilo seria o acontecimento do dia, mas descobre que a euforia tinha sua origem numa carta recebida, após muitos anos de silêncio, do filho adotivo Tristão, cuja partida para a Europa, tempos atrás, tanta tristeza havia causado nos dois velhos solitários. No seu diário, a propósito do episódio, Aires comenta: "Não há alegria pública que valha uma

---

* Participação em mesa-redonda no "I Seminário Machado de Assis"; UERJ, UFF e UFRJ, 08/08/2008. Inédito.

boa alegria particular. /.../ Compreendi. Eis aí como, no meio do prazer geral, pode aparecer um particular, e dominá-lo. Não me enfadei com isso; ao contrário, achei-lhes razão, e gostei de os ver sinceros". A reação de Antônio Callado diante da cena narrada é de pura indignação:

> Quando a gente se lembra de que o criador de Aires era Machado de Assis, um mulato, sua maneira de apresentar a Abolição dá uma idéia de esquizofrenia. É a "alienação" do artista chegando às raias da alienação mental.[1]

O teor descabido da passagem prescinde de maiores comentários: como se Machado naquela cena estivesse "apresentando" a Abolição!... Mas, enfim, isso ocorria nos anos 60...

Mudam-se os tempos, mudam-se as tendências. A partir da década de 70 o crítico marxista Roberto Schwarz começa a publicar em livro seus estudos machadianos, nos quais reverte a perspectiva de um Machado de Assis socialmente alienado. Seu trabalho culmina com *Um mestre na periferia do capitalismo: Machado de Assis* (1990), no qual, analisando as *Memórias póstumas de Brás Cubas*, acentua a extrema agudeza da visão crítica machadiana, que irá determinar, segundo ele, a própria estrutura do discurso narrativo: assim, a narrativa em primeira pessoa, tendo como sujeito um membro da classe dominante, permitiria ao autor um questionamento radical do sistema sociopolítico vigente a partir de seu interior mesmo. Pelo prestígio do crítico no meio intelectual de esquerda, e pela consistência da argumentação, a abordagem de Schwarz teve o mérito de enterrar definitivamente os preconceitos ideológicos contra o escritor.

Com efeito, a perspectiva crítica machadiana sobre a estrutura da sociedade brasileira de seu tempo é fato tão evidente que causa espanto tenha sido durante tanto tempo objeto de contestação. Contudo, outra questão parece-nos prioritária e deve ser

---

[1] FISCHER, Ernst. *A necessidade da arte*. Rio de Janeiro: Zahar, 1966, pp. 7 e 8.

formulada: será que a crítica da realidade social contemporânea constituía efetivamente a essência da obra de Machado? Dito de outra forma: será que o significado profundo do projeto narrativo machadiano deve ser buscado na intenção de questionar as contradições sociais prevalentes no Brasil de fins do séc. XIX? Em nosso entender, muito pelo contrário, a obra machadiana traduz uma vontade permanente de superar as contingências histórico-sociais para alcançar o sentido da condição humana, para além das determinações de tempo e de espaço. Ou, valendo-nos de uma expressão de Guimarães Rosa, o que interessa a Machado é o "homem humano", que permanece, em sua essência, sempre o mesmo, a despeito das contínuas mudanças de cenário e personagens. Nesse sentido, o Rio machadiano (como o sertão rosiano) constitui apenas um microcosmo onde o autor vai encenar a eterna comédia humana. Como Schopenhauer, filósofo que marcou profundamente sua mundivisão, Machado poderia escrever:

> Acabaremos por descobrir que acontece no mundo como nos dramas de Gozzi: são sempre os mesmos personagens que aparecem, têm as mesmas paixões e a mesma sorte; os motivos e os acontecimentos variam, é verdade, nas diferentes peças, mas o espírito dos acontecimentos é o mesmo.[2]

É o "espírito dos acontecimentos" e seus eternos protagonistas o que importa antes de tudo para o nosso autor, não o cenário histórico onde a peça se desenrola.

Também sob tal aspecto *Memórias póstumas de Brás Cubas* (1881) ocupa posição central na produção machadiana. Neste romance se delineia a maior parte dos temas que irão fornecer o arcabouço da ficção de maturidade do autor. O humor e a ironia são os meios pelos quais o romancista vai desdobrando, diante de um leitor permanentemente surpreendido pelos contínuos "pi-

---

[2] SCHOPENHAUER. *Le monde comme volonté et comme représentation*. Paris: P.U.F., p. 237 (tradução nossa).

parotes" que lhe vai distribuindo o "defunto autor", sua filosofia desencantada, seu "sentimento amargo e áspero" da existência. A estrutura do livro assemelha-se a uma estrutura musical em que os temas são expostos e depois desenvolvidos, variados, modificados, ganhando sempre, em cada aparição, nova nuance semântica. Sem sombra de dúvida, tais recorrências temáticas cristalizam-se em personagens e/ou situações narrativas concretas, ambientadas no Rio de Janeiro do séc. XIX – o que dá margem ao autor para veicular sua aguçada visão crítica da sociedade de então –, mas o tema abordado transcende de muito aquele momento particular, ou aquela sociedade, para constituir um problema existencial humano, independentemente do tempo ou do espaço.

Para melhor esclarecermos o procedimento, tomemos um exemplo: a falta de sentido da existência, o absurdo que cerca tanto a vida como a morte constitui um dos mais destacados entre os motivos recorrentes da narrativa. Evidentemente, tal problemática não é exclusiva do Rio patriarcal do séc. XIX: diz respeito ao homem de todas as épocas. Contudo, o autor, para desenvolver o tema, necessita encená-lo em episódios concretos, que transcorrem num tempo determinado. Para tanto configura o espaço e introduz nele personagens que, como Eugênia ou D. Plácida, possam conferir consistência ficcional ao desenvolvimento temático, bem como fornecer matéria às reflexões do narrador. Essas reflexões é que irão, gradativamente, costurando o tecido significativo da obra como um todo.

Tomemos outro motivo recorrente: o tempo, visto como "ministro da morte" (cap. VI), elemento corrosivo que tudo devora: pessoas e sentimentos. No romance, tal motivo está disseminado em um sem-número de personagens e situações: Marcela e sua decadência, as relações de Brás Cubas com a irmã, as metamorfoses de Quincas Borba e, acima de tudo, o amor entre o protagonista e Virgília, que vai-se desagregando pouco a pouco, até ser finalmente tragado pelo "enxurro da vida". A mesma interrogação fica implícita: qual o sentido de tudo isso? Conclui o narrador, com a costumeira e amarga ironia: "Espetáculo, cujo fim é divertir o planeta Saturno, que anda muito aborrecido" (CXXXV). Diante da inanidade e vazio da agitação humana, a consciência do absurdo permanece como conclusão penosa, mas inevitável.

A técnica apontada, de tema e variações, torna-se pois o princípio semântico-estrutural da narrativa. E o repertório temático é fornecido não pelo Rio do Segundo Reinado, com suas inegáveis contradições sociopolíticas, mas pela própria natureza humana. O Rio representa apenas o microcosmo, o laboratório onde Machado vai observar o comportamento do bicho homem para poder estudar sua biologia moral.

Se, conforme afirmamos, nas *Memórias póstumas de Brás Cubas* encontra-se delineados, em sua maior parte, os temas que irão marcar a obra madura do autor, o diálogo de Brás Cubas com a Natureza, no cap. VII do romance, torna-se verdadeira súmula desse repertório temático, espécie de irônica profissão de fé (ou de descrença) do próprio romancista. Como não dispomos aqui de tempo suficiente para a análise minuciosa de texto tão rico, vamos nos contentar com um simples trecho, mas em si tão eloqüente que, acreditamos, dará bem a medida do que afiançamos. Assim, em certa altura do diálogo, a Natureza afirma:

> /.../ Não importa ao tempo o minuto que passa, mas o minuto que vem. O minuto que vem é forte, jocundo, supõe trazer em si a eternidade, e traz a morte, e perece como o outro, mas o tempo subsiste. Egoísmo dizes tu? Sim, egoísmo, não tenho outra lei. Egoísmo, conservação. A onça mata o novilho porque o raciocínio da onça é que ela deve viver, e se o novilho é tenro tanto melhor: eis o estatuto universal/.../[3]

Nessa passagem aparecem referidos dois temas centrais do universo machadiano: o do tempo devorador, que a tudo e

---

[3] No caso dos romances e contos de Machado, como as edições disponíveis são diversas e numerosas, e os textos são de localização fácil, não indicaremos uma edição específica: o leitor poderá reportar-se à sua própria edição.

a todos acaba por engolir (já abordado anteriormente), e o do egoísmo, na condição de estatuto universal da vida. Conquanto pudéssemos apontar numerosas variações desse último tema em *Memórias póstumas de Brás Cubas*, nenhuma delas apresenta o grau de extensão e complexidade que iremos encontrar no romance seguinte, *Quincas Borba* (1899). No todo como nas partes, *Quincas Borba* representa um desenvolvimento amplo e dramático do motivo do egoísmo. Rubião, novilho tenro, será impiedosamente devorado pelas "onças" que o cercam: Palha, Sofia, Camacho, etc. No pungente desenlace, o que resta do "novilho" vagará sem rumo pelas ruas de Barbacena até desembocar na morte, tendo como único companheiro não um ser humano, mas um cachorro. E o comentário final do narrador põe em destaque o abandono trágico do homem, entregue, em sua travessia existencial, a um destino indiferente:

> /.../ Eia! chora os dois recentes mortos, se tens lágrimas. Se só tens riso, ri-te! E a mesma coisa. O Cruzeiro, que a linda Sofia não quis fitar, como lhe pedia Rubião, está assaz alto para não discernir os risos e as lágrimas dos homens. (cap. CCI)

Cabe assinalar que essa visão dos deuses como indiferentes para com a sorte dos homens constitui outro motivo fundamental no universo machadiano, já ressaltado no aspecto glacial daquela Natureza que Brás Cubas encontrara em seu delírio, cuja "feição única, geral, completa, era a da impassibilidade egoísta, a da eterna surdez, a da vontade imóvel"; e cujo rosto era "indiferente, como o sepulcro". Refletindo sobre o desenlace doloroso do *Quincas Borba*, ocorre-nos à mente os versos de Shakespeare, no King Lear: "As flies to wanton boys are we to th' gods; / They kill us for their sport"[4]. A vida humana pouco vale: resume-se numa agitação vazia

---

[4] SHAKESPEARE. *King Lear*. Cambridge: At the University Press, 1968. Ato 4, cena 1 ("Como moscas para garotos travessos, assim somos nós para os deuses: eles nos matam para se divertirem").

que acaba por desembocar em uma morte igualmente desprovida de sentido, sob o olhar distante e apático da divindade.

Em *Dom Casmurro* (1899), que sucede a *Quincas Borba*, reencontramos como elemento temático central o poder corrosivo do tempo. A narrativa de Bentinho compõe uma autêntica tentativa de busca do tempo perdido, de resgate da memória de uma existência que se perdera nas brumas do passado. Mas o esforço para "atar as duas pontas da vida, e restaurar na velhice a adolescência" (cap. II) estava de antemão condenada ao fracasso, pois essa mesma vida transmutara o ingênuo Bentinho num amargo e desencantado D. Casmurro. A visão deste, necessariamente limitada, encontrava-se demasiado comprometida com os eventos narrados para conseguir reconstituir, em sua pureza, afetos que o tempo transformara e dissipara. A ácida ironia que banha a reflexão final do narrador constitui a admissão implícita do seu fracasso em reencontrar-se e recompor-se. De toda forma, importa salientar, para efeito da reflexão que vimos desenvolvendo, que o drama do protagonista – tenha ele sido fruto do ciúme, de uma real traição de Capitu, ou do desgaste inevitável dos sentimentos no tempo – não tem suas raízes em uma problemática inerente ao Rio imperial, mas nas vicissitudes da própria condição humana: na impotência do homem de vencer o tempo e penetrar o sentido da realidade que o envolve.

Comparado aos três romances que o precederam, *Esaú e Jacó*, livro de caráter nitidamente alegórico, representa uma forma bastante diferente de relacionamento da narrativa com a realidade sociopolítico de seu tempo. Aparentemente, é o texto que em toda a obra ficcional machadiana parece apresentar uma referencialidade mais direta com a história contemporânea: afinal, os dois gêmeos engajam-se a fundo nos dilemas ideológicos e nos acontecimentos da época, que irão desaguar na Abolição e na República. Mas essa referencialidade revela-se, a um exame mais atento, enganosa – não fosse o autor um ironista intrínseco. Contra o pano de fundo das mudanças históricas o romancista projeta uma imagem bastante cética das ideologias e das transformações que elas prometem. Na verdade, os dois gêmeos, permanentemente engajados em causas políticas antagônicas, tornam-se o instrumento pelo qual Machado vai desmistificar as ideologias, mostrando o seu relativismo. Pedro, o monarquista convicto, e Paulo, o republicano entusiasta, vão gradativamente trocar de posições depois que a República se instaura. Pedro vai aos poucos aceitando os valores do novo regime e atenuando as críticas; já Paulo começa a fazer oposição – "Não é esta a república dos meus sonhos, dizia ele" (Cap. CXV). Natividade fica perplexa, mas Aires, com sabedoria machadiana, resolve o problema:

> – A razão parece-me ser que o espírito de inquietação reside em Paulo, e o de conservação em Pedro. Um já se contenta do que está, outro acha que é pouco e pouquíssimo, e quisera ir ao ponto em que não foram os homens. Em suma, não lhes importam formas de governo, contanto que a sociedade fique firme ou se atire para diante. (Cap. CXV)

Pedro e Paulo constituem duas faces complementares do ser humano: por isso Flora não consegue escolher. No cap. LXXXIII, quando a moça, sozinha à noite em seu quarto, evoca-os alternadamente, essas duas faces desvelam-se diante dela (e do leitor): Paulo "tinha a nota aventurosa do caráter /.../ queria trocar o mundo e o tempo por outros mais puros e felizes. Aquela cabeça, /.../ era destinada a mudar a marcha do sol, que andava errado. A lua também. A lua pedia um contato mais freqüente com os homens, menos quartos, não descendo o minguante de metade. /.../ Tudo isso cumpriria a alma de Paulo, faminta de perfeição". Já os olhos de Pedro "tinham a quietação de quem não queria mais sol nem lua que esses que andam aí, que se contenta com ambos, e, se os acha divinos, não cuida de os trocar por novos. Era a ordem, se queres, a estabilidade, o acordo entre si e as coisas.". E, a certa altura, depois de muito meditar sobre ambos, Flora acaba por fundi-los e "de dois que eram ficaram sendo um só". O simbolismo do texto é evidente, destacado por Aires na passagem acima referida. A presença das duas tendências – a da inquietação e a da conservação – é inerente ao próprio ser humano, e de sua integração dinâmica é que se constitui a vida dos indivíduos e das sociedades. Cumpre destacar que, nesse romance como nos demais, o que conta para a reflexão machadiana não são as contingências concretas da política brasileira, mas uma indagação em profundidade sobre os móveis do comportamento humano. Examinados de perto, os posicionamentos ideológicos apaixonados mostram ser, muitas vezes, antes fruto do modo do relacionamento do indivíduo com a realidade que o cerca do que das condições objetivas dessa mesma realidade. Além disso, as mudanças políticas revelam-se, com freqüência, enganosas: por trás das grandes palavras de que se cercam os sistemas encontram-se os homens, que, como ensinava Schopenhauer, são sempre os mesmos, por muito que variem os enredos e os personagens que encarnam. Sob tal aspecto, *Esaú e Jacó* oferece uma sátira deliciosa da passagem do Brasil da Monarquia à República no conhecido episódio da reforma da tabuleta na confeitaria do Custódio: no final das contas, Monarquia, República, tudo se resume em uma simples troca de tabuletas. Ou na formulação cética de Aires, tentando aquietar a preocupação do banqueiro Santos com os acontecimentos políticos:

> /.../ Nada se mudaria; o regime, sim, era possível, mas também se muda de roupa sem trocar a pele /.../. (Cap. LXIV)

O ceticismo de Machado de Assis diante da política já havia encontrado expressão, muito antes de *Esaú e Jacó*, em uma novela publicada em 1882, no volume *Papéis avulsos*. Referimo-nos a "O alienista", que encerra, no episódio da revolta dos "Canjicas" contra a Casa Verde e a suposta tirania do médico, uma sátira contundente da discutível validade dos credos políticos. Todos conhecem o relato, e devem lembrar-se de que, tão logo ascende ao poder, o barbeiro Porfírio, líder da revolta, dirige-se à Casa Verde para um encontro com o médico; porém, para surpresa do próprio alienista e do leitor, a finalidade da visita não é destituí-lo e sim tentar uma aliança para melhor garantir o domínio sobre a população da cidadezinha, que, lá fora, aguardava esperançosa o resultado do encontro: "Unamo-nos, e o povo saberá obedecer". Perplexo diante da proposta, o médico limita-se a perguntar quantos mortos e feridos custara o movimento. Diante da resposta – onze mortos e vinte e cinco feridos – Simão Bacamarte reflete, após despedir o barbeiro:

> /.../ Eis aí dous lindos casos de doença mental. Os sintomas de duplicidade e descaramento deste barbeiro são positivos. Quanto à toleima dos que o aclamaram não é preciso outra prova além dos onze mortos e vinte e cinco feridos. – Dous lindos casos! ("O alienista", cap. IX – em *Papéis avulsos*)

Considerando que, na novela, "doença mental" designa na verdade a insensatez humana, a loucura no sentido erasmiano do termo, pode-se bem aquilatar a extrema ironia e ceticismo com que Machado encara os embates políticos e as mudanças que prometem: no balanço final, restam apenas, de concreto, os custos humanos que acarretaram, pois os atores e seus interesses mantêm-se sempre os mesmos. O caráter puramente alegórico da Itaguaí onde se desenrola a ação de "O alienista" não deixa margem a dúvidas: trata-se apenas de um palco para o autor montar sua peça. Ora, em larga medida, o Rio de Janeiro de *Esaú e Jacó*, conquanto historicamente existente, assume função equivalente, um microcosmo onde se desdobra a sempiterna comédia humana. Trocam-se as tabuletas, mas a realidade permanece inalterada...

No breve percurso pelo romance machadiano da maturidade, chegamos finalmente ao *Memorial de Aires* (1908) que, indiretamente, serviu de ponto de partida para nossa reflexão. A ação do livro, narrada a partir do diário de Aires, transcorre entre janeiro de 1888 e agosto de 1889, época agitada da vida pública brasileira; contudo, visivelmente, não é para essa que se volta o interesse ao autor. Não são os grandes acontecimentos que contam para a obra; ao contrário, o *Memorial de Aires* é o relato do cotidiano aparentemente banal de um casal de velhos, de seus amigos e seus afetos. Conquanto o motivo do tempo, com o poder transformador de pessoas e sentimentos, esteja presente no romance (mormente na parte relativa à Fidélia, e sua lealdade ao ex-marido, que acaba revelando-se relativa, como tudo nesse mundo), é o motivo da solidão, associado ao casal Aguiar, que acaba por tornar-se uma espécie de baixo-contínuo, que, pouco a pouco, vai-se afirmando e ganhando presença na narrativa. Machado, que perdera Carolina em 1904, encena, nas entrelinhas desse romance, aparentemente sereno, mas marcado por aguda ironia existencial, o drama da luta contra a solidão, que ele agora conhece de experiência própria.

O casal D. Carmo e Aguiar, cuja única ferida numa existência feliz estava no fato de não terem tido filhos, busca consolar-se nos filhos postiços, aos quais se apegam com intenso afeto, talvez mais forte até do que se fossem naturais: o primeiro deles, o afilhado Tristão, um belo dia parte com os pais para a Europa e deixa-se ficar com eles por Portugal, esquecendo pouco a pouco os padrinhos que deixara para trás. Estes, sós e desolados, acabam encontrando consolo na viúva Fidélia, que se torna uma nova filha afetiva. Pois bem, um belo dia, para grande júbilo do casal (júbilo que tanta indignação despertara em Antônio Callado...), chega uma carta inesperada de Tristão anunciando para breve seu retorno ao Brasil. Já no Rio, Tristão, que viera apenas por curto período, conhece Fidélia, e, do convívio, nascem o amor e a decisão de casamento. Grande é a alegria do casal Aguiar, que vê no casamento dos jovens a esperança de um futuro jubiloso para todos: para os dois que se amam e para eles próprios, que desse modo reteriam junto a si os entes queridos: "realiza-se um grande sonho meu, conselheiro (diz D. Carmo). Tê-los-ei finalmente comigo"[5]. Mas nesse ponto intervém a mão irônica e cruel do Destino[6]: pouco depois das núpcias, por exigências inapeláveis da carreira política, Tristão deve retornar de vez a Portugal, levando consigo a esposa. Assim, por um requinte de ironia, a realização do mais acalentado sonho, que deveria garantir um final de vida doce e sereno aos dois velhos, transforma-se na porta que se abre para a agora inelutável solidão.

A narrativa termina por uma cena comovente, testemunhada por Aires e registrada, sem data, em seu diário. Indo visitar os velhos, encontra-os sozinhos na casa vazia:

> Ao fundo, à entrada do saguão, dei com os dois velhos sentados, olhando um para o outro. Aguiar estava encostado ao portal direito, com as mãos sobre os joelhos. Dona Carmo, à esquerda, tinha os braços cruzados à cinta. Hesitei entre ir adiante ou desandar o caminho; continuei parado alguns segundos até que recuei pé ante pé. Ao transpor a porta vi-lhes no rosto uma expressão a que não acho nome certo ou claro; digo o que me pareceu. Queriam ser risonhos e mal se podiam consolar. Consolava-os a saudade de si mesmos.

Ao próprio romancista, no declínio da vida, sem filhos, que também sempre desejara em vão, e sem a presença atuante de Carolina, não lhe restava sequer a consolação do casal Aguiar. Numa carta a Joaquim Nabuco, de novembro de 1904, comentando a morte recente da mulher, aflora um doloroso sentimento de abandono, que iremos encontrar na raiz de sua última grande realização ficcional:

> /.../ Éramos velhos, e eu contava morrer antes dela, o que seria um grande favor; primeiro, porque não acharia ninguém que

---
[5] *Memorial de Aires*, com data de 26 de março de 1889.
[6] Comentando o casamento, Aires escreve: "Tal era a vontade do Destino. Chamo-lhe assim, para dar um nome a que a leitura antiga me acostumou, e francamente gosto dele. Tem um ar fixo e definitivo. Ao cabo, rima com divino, e poupa-me a cogitações filosóficas". *Memorial de Aires*, com data de 15 de maio de 1889.

melhor me ajudasse a morrer; segundo, porque ela deixa alguns parentes que a consolariam das saudades, e eu não tenho nenhum. Os meus são os amigos, e verdadeiramente são os melhores; *mas a vida os dispersa, no espaço, nas preocupações do espírito e na própria carreira que a cada um cabe.* Aqui me fico, por ora na mesma casa, no mesmo aposento, com os mesmos adornos seus. Tudo me lembra minha meiga Carolina. Como estou à beira do eterno aposento, não gastarei muito tempo em recordá-la. Irei vê-la, ela me esperará /.../.[7] (Grifos nossos: observem a analogia da passagem grifada com a trama do romance.)

Machado de Assis soube transformar a experiência pessoal em matéria para uma última e sentida meditação sobre a permanente ironia que acompanha o ser humano em seu ofício de viver: o irônico desmoronar dos sonhos do casal Aguiar resulta num desenlace tocante, mas em surdina, como convinha a seu criador. De resto, pouco mais de dois meses após publicado o romance, Machado se extinguia na casa do Cosme Velho, cercado pelas lembranças da mulher.

Lançando um olhar retrospectivo sobre o percurso que acabamos de realizar pelos caminhos do romance machadiano, podemos constatar que, conquanto a realidade brasileira da época apareça ali abordada criticamente sob diferentes ângulos, não é essa a proposta maior de seu autor, nem o que lhe garante a perene modernidade. Machado, cético diante do presente, mostra-se ainda mais descrente com relação às utopias que parecem desconhecer que na raiz de tudo encontra-se o mesmo homem de sempre, movido pelas mesmas paixões. Consciente deste fato, o escritor procura transcender com sua obra as contingências de espaço e de momento histórico para penetrar o subsolo da experiência vital, em busca dos móveis profundos que definem a grande travessia do ser no tempo. Esse é o seu projeto maior e é também o desafio que propõe, em última análise, a nós, seus leitores.

---

[7] ASSIS, Machado de. *Obra completa*. 2ª ed. Rio de Janeiro: Aguilar, 1962, v. 3, p. 1.071.

# II
# Guimarães Rosa

# Quem tem medo de Guimarães Rosa?*
(introdução à leitura de *Grande sertão: veredas*)

Muitos interessados no romance brasileiro, estudantes ou simples aficionados, por vezes leitores experientes, recuam intimidados diante de *Grande sertão: veredas*, por considerá-lo obra difícil e, até mesmo, intransponível. Nessa ótica, a magistral narrativa de Guimarães Rosa aparece, na paisagem de nossa literatura, como um monumento grandioso, uma montanha elevada, sem dúvida, mas que convém admirar a cautelosa distância. Alguns, mais corajosos, iniciam a escalada; contudo, ainda no início, surpreendidos e desconcertados pela linguagem inovadora e pela ausência de um fio narrativo aparente, abandonam a empreitada, reforçando ainda mais a imagem inibidora do romance.

O propósito do presente trabalho é tentar desfazer tal imagem negativa, apresentando-se como um roteiro – na medida do possível claro e acessível – com o fito de orientar o leitor nas veredas do sertão rosiano. Para tanto, serão discutidos alguns pontos básicos sobre os quais se funda o livro como um todo: procedimentos narrativos, temas, personagens, linguagem, etc. Antes de iniciar a caminhada, impõe-se, todavia, um esclarecimento: o trabalho que se vai ler resulta, essencialmente, de uma convivência íntima, ao longo dos anos, entre o seu autor e o texto; funda-se pois em uma experiência direta, amorosa, da

---

* In: SECCHIN, Antonio Carlos; ALMEIDA, José Maurício Gomes de; FARIA, Maria Lúcia Guimarães de, MELO E SOUZA, Ronaldes. *Veredas no sertão rosiano*. Rio de Janeiro: 7 Letras, 2007, pp. 104-127.

obra: é o fruto amadurecido dessa experiência. Assim sendo, sem querer desmerecer o trabalho analítico de tantos críticos que já se debruçaram sobre o romance, iremos nos abster de citações eruditas. Além da própria obra e de breves referências a Machado de Assis, lançaremos mão apenas de depoimentos do escritor em cartas e entrevistas.

## O projeto narrativo de Riobaldo

Podemos partir da mais genérica das perguntas: o que é, afinal, *Grande sertão: veredas*? De que trata essa narrativa?

Se desejássemos formular, de modo sintético, o teor do romance, diríamos que ele constitui a narrativa de um ex-jagunço que, já velho, fazendeiro abastado, resolve reconstituir pela memória a sua vida, para encontrar, talvez, seu verdadeiro sentido. Mas não se trata de rememorar a totalidade da vida, pois, cronologicamente falando, o relato inicia-se quando o protagonista-narrador Riobaldo, com cerca de 14 anos, encontra, às margens do rio de Janeiro, um Menino, que se vai revelar mais tarde o seu grande amigo (e amor) Diadorim, e termina quando ele abandona a vida de jagunço, uns 20 anos (??)[1] depois, após a morte deste mesmo amigo. Ao longo desse período muitas coisas aconteceram que marcaram de tal modo a existência de Riobaldo que ele, já velho, tem necessidade de evocá-las para revivê-las, repensá-las, e, em alguns casos, exorcizá-las. O amor – conflituado – por Diadorim, suas conseqüências e desdobramentos fornecem a substância principal para o relato, mas é a angústia provocada por um Pacto que teria feito a certa altura com o diabo o que impulsiona, talvez, o ex-jagunço às suas confidências.

---

[1] Quantificar, de forma precisa, a duração da vida de Riobaldo desde o encontro com o Menino até a morte de Diadorim é de todo impossível, mas pode-se inferir, pelos fatos relatados, qualquer coisa entre 15 e 25 anos.

Como dissemos, reviver, repensar e, em certos casos, exorcizar, são as motivações que se encontram na raiz da narrativa de Riobaldo.

Para tentar esclarecer melhor o que afirmamos, seria talvez interessante fazer uma aproximação entre este projeto e o que configura outra obra – esta bastante conhecida dos leitores – conquanto distante, no tempo e no espaço, de *Grande sertão: veredas*: referimo-nos a *Dom Casmurro*, de Machado de Assis. O relato do Bentinho já velho, transformado em Dom Casmurro, cobre também apenas uma fase de sua vida (que, por coincidência, se inicia, igualmente, quando o personagem andava pelos 15 anos de idade), centrada no amor por Capitu, e termina com o desmoronamento desse amor, motivado pela traição (real ou imaginária – não importa) da mesma Capitu. Para Bentinho, como para Riobaldo, o amor se faz a força determinante da vida e o seu desenlace abrupto (tendo embora causas bem diversas) deixa em ambos uma marca profunda, que os leva, no fim da existência, ao desejo de recriar pela memória a sua trajetória para, então, tentar compreendê-la no seu sentido (ou não-sentido) essencial. O narrador machadiano, a certa altura (cap. LXVIII), afirma:

> Eu confessarei tudo o que importar à minha história. Montaigne escreveu de si: *ce ne sont pas mes gestes que j'escris; c'est moi, c'est mon essence*. Ora, há só um modo de escrever a própria essência, é contá-la toda, o bem e o mal. Tal faço eu, à medida que me vai lembrando e convindo à *construção ou reconstrução de mim mesmo* (grifos nossos).[2]

A *"construção ou reconstrução"* de si mesmo: este o propósito que une Bentinho e Riobaldo. Contudo, a situação concreta

---

[2] Nas citações que fizermos de romances machadianos indicaremos apenas o capítulo, pois, como os capítulos dos romances são muito curtos e as edições muito numerosas e diversas, é mais fácil, para o leitor interessado, localizar a citação pelo número do capítulo. Em todos os casos, utilizamos a edição crítica publicado pela Civilização Brasileira (Rio de Janeiro, 1975).

que cerca as duas narrativas impõe dois tipos bem diversos de narradores: de um lado um homem culto, que estudou em seminário e cursou a Faculdade de Direito; do outro, um sertanejo, ex-jagunço, que teve acesso apenas às primeiras letras, ministradas por um mestre-escola de cidadezinha do interior. Muito embora esse sertanejo seja apresentado, desde o início, como alguém dotado de uma inteligência acima da média ("Ah, não é por falar: mas, desde do começo, me achavam sofismado de ladino. E que eu merecia de ir para cursar latim, em Aula Régia – que também diziam.")[3], de modo algum poderia assumir, com verossimilhança, uma narrativa escrita: daí a opção extremamente sábia de Guimarães Rosa de construir o seu romance sob a forma de uma narrativa oral, o que confere ao texto um tom de conversa informal, saborosa e fascinante.[4]

\* \* \*

Conversa com quem? – indagaria o nosso leitor. Este é outro ponto importante para entendermos a estrutura narrativa de *Grande sertão: veredas*: de um lado temos um narrador oral, o ex-jagunço que conta a sua vida (ou parte dela); do outro, como destinatário do relato, um viajante, pessoa instruída, vinda de um meio urbano, que pousara na fazenda de Riobaldo

---

[3] ROSA, Guimarães. *Grande sertão: veredas*. Rio de Janeiro: J. Olympio, 1956, p. 16. Daqui por diante, todas as citações do texto do romance mencionarão, entre parênteses, o número da página em que se encontram na edição acima indicada, atualizando-se apenas a acentuação de algumas palavras.

[4] Evidentemente essa "oralidade" constitui um elemento estrutural interno do texto enquanto ficção, pois o que o leitor tem nas mãos é um livro, produto, em última análise, da palavra escrita. Mas convém não confundir o narrador ficcional Riobaldo, com o autor real, Guimarães Rosa. Além disso, curiosamente, como que atuando como uma ponte entre as duas esferas da realidade, aparece o interlocutor implícito, homem culto, que em mais de uma passagem Riobaldo sugere que estaria anotando (tornando escrita) a narrativa que vem fazendo: "O senhor veja, o senhor escreva" (GSV, p. 285); "O senhor ponha enredo" (p. 305); "O senhor escreva no caderno sete páginas" (p. 490); "Campos do Tamanduá-tão – o senhor aí escreva vinte páginas" (p. 534); "Digo franco: feio o acontecido, feio o narrado. Sei. Por via disso mesmo resumo; não gloso. No fim, o senhor me completa" (p. 504).

(poderíamos imaginar algum daqueles muitos naturalistas que percorriam o interior do Brasil, como o Meyer, de *Inocência*, ou seu Olquiste, de "O recado do morro"), mas que não tem voz explícita no texto. O seu falar, a sua reação ao que vai ouvindo, apenas aparece, indiretamente, na fala do narrador, que o escolhe como interlocutor justamente por se tratar de um ouvinte neutro, alguém de passagem, sem raízes no meio sertanejo:

> Não devia estar relembrando isto, contando assim o sombrio das coisas. Lenga-lenga! Não devia de. O senhor é de fora, meu amigo mas meu estranho. Mas, talvez por isto mesmo. Falar com o estranho assim, que bem ouve e logo se vai embora, é um segundo proveito: faz do jeito que eu falasse mais mesmo comigo. Mire e veja: o que é ruim, dentro da gente, a gente perverte sempre por arredar mais de si. Para isso é que muito se fala? (p. 40-41)

Essa passagem faz-se extremamente significativa por duas razões: a primeira é justificar a escolha, como interlocutor, de "um estranho", "alguém que ouve e logo se vai embora", pois uma tal pessoa pode atuar melhor como simples refletor do interminável diálogo de Riobaldo consigo próprio e (poderíamos acrescentar) com o próprio leitor. A segunda é que nela Riobaldo alude ao motivo central do seu relato, de natureza catártica: tentar "arredar mais de si" todo o "ruim" que habita o seu interior, ou seja, tudo aquilo cuja presença constante na memória o persegue e inquieta. E dentre essas lembranças inquietantes ocupa lugar de destaque o malfadado Pacto que teria (ou não) feito com o diabo.

Refletindo sobre a figura do interlocutor, é interessante observar outra afinidade sugestiva entre o romance rosiano e o já citado *Dom Casmurro*, pois a presença constante de um destinatário implícito, ao qual o narrador se dirige com freqüência, constitui também traço marcante da narrativa machadiana (nesse, como em outros romances do autor), muito embora o relato de Bentinho seja "escrito" e não "contado" oralmente: nele a todo momento o leitor (ou leitora) é interpelado. Assim, por exemplo, no cap. XLV:

> Abane a cabeça, leitor; faça todos os gestos de incredulidade. Chegue a deitar fora este livro, se o tédio já não o obrigou a isso antes; tudo é possível. Mas, se o não fez antes, fio que torne a pegar do livro e que o abra na mesma página, sem crer por isso na veracidade do autor. Todavia não há nada mais exato. Foi assim mesmo que Capitu falou, com tais palavras e maneiras.

Descontadas as diferenças evidentes entre o humor lúdico machadiano e o tom sério, emocionalmente envolvido, do romance rosiano, constatamos que, em ambos os casos, a presença apenas virtual do interlocutor torna a nós próprios, leitores reais, os interlocutores efetivos, com os quais dialogam tanto Bentinho como Riobaldo. As técnicas são diversas, uma vez que as situações narrativas são também bastante diversas, mas os objetivos visados nem tanto, pois a proximidade psicológica que assim se estabelece entre narrador e leitor torna-se vital para o efeito estético das duas obras, fazendo com que nós, de certa forma, nos tornemos cúmplices e avalistas da visão da realidade apresentada nos relatos.

## *Tempo e memória*

Um aspecto inerente a qualquer narrativa, mas que assume particular relevância em romances de tipo memorialístico, como *Dom Casmurro* ou *Grande sertão: veredas,* é o *tempo.* Em obras desse gênero, a relação entre o ato de narrar e o momento em que os fatos relatados foram vivenciados pelo narrador torna-se decisiva para a estrutura da obra, pois o *eu* que narra no presente encontra-se cronológica e psicologicamente bastante distanciado daquele *eu* que participara dos acontecimentos.

Para Riobaldo a narrativa representa, em última análise, uma tentativa de resgate, pela memória, de uma época afastada, recoberta pelas neblinas do tempo. Ele deseja, como já vimos, recompor sua vida de lutas e amores para tentar, de um lado, encontrar o seu sentido, e, de outro, libertar-se de algumas recordações penosas que o perseguem. Saudade e inquietude combinam-se para provocar esse desejo ardente de reencontro com o passado perdido. Em tal contexto o *tempo* assume dimensão primordial, pois é o obstáculo que deve, a cada momento, ser vencido pela *memória*, para que seja alcançada aquela "construção ou reconstrução" de si próprio, meta última do nosso sertanejo narrador, como já o fora do sofisticado e citadino Dom Casmurro. O tempo, contudo, é uma realidade fugidia, que nem sempre a memória consegue capturar, pois não apenas o passado aparece sempre esbatido pelas névoas geradas pela distância, como surge refratado pelo olhar do sujeito presente, que, sob muitos aspectos, já é um *outro*, muito distanciado daquele ser que ele agora tenta resgatar ao tempo. Alusões a esta luta permanente da memória para recompor a substância do passado afloram com freqüência no discurso do narrador de *Grande sertão: veredas* (como também acontece em *Dom Casmurro*, reforçando as analogias que vimos sublinhando):

> Contar é muito, muito dificultoso. Não pelos anos que se já passaram. Mas pela astúcia que têm certas coisas passadas – de fazer balancê, de se remexerem dos lugares. O que eu falei foi exato? Foi. Mas teria sido? Agora, acho que nem não. (p. 183)

> Agora, que mais idoso me vejo, e quanto mais remoto aquilo reside, a lembrança demuda de valor – se transforma, se compõe, em uma espécie de decorrido formoso. Consegui o pensar direito: penso como um rio tanto anda: que as árvores da beirada mal nem vejo... (pp. 338-339)

> Ah, eu só queria era ter nascido em cidades, feito o senhor, para poder ser instruído e inteligente! E tudo conto como está dito. Não

gosto de me esquecer de coisa nenhuma. Esquecer, para mim, é quase igual a perder dinheiro. (pp. 400-401)

O senhor sabe?: Não acerto no contar, porque estou remexendo o vivido longe alto, com pouco caroço, querendo esquentar, demear, de feito, meu coração, naquelas lembranças. Ou quero enfiar a idéia, achar o rumozinho forte das coisas, caminho do que houve e do que não houve. Às vezes não é fácil. Fé que não é. (175)

Essa última passagem mostra bem que a dificuldade no contar não se restringe à luta da memória com o tempo, para tentar resgatar sentimentos e vivências distantes no passado, mas deve-se também ao anseio por encontrar, nos fatos evocados, o sentido profundo, único que interessa agora ao Riobaldo velho e sábio, que sente já a proximidade da morte. Neste contexto, o interlocutor atua como um alter-ego projetado, com o qual o narrador dialoga todo o tempo.

Eu sei que isto que estou dizendo é dificultoso, muito entrançado. Mas o senhor vai avante. Invejo é a instrução que o senhor tem. Eu queria decifrar as coisas que são importantes. E estou contando não é uma vida de sertanejo, seja se for jagunço, mas a matéria vertente. Queria entender do medo e da coragem, e da gã que empurra a gente para fazer tantos atos, dar corpo ao suceder. (p. 100)

Vou reduzir o contar /.../ Vida, e guerra, é o que é: esses tontos movimentos /.../ Mas, para mim, o que vale é o que está por baixo ou por cima – o que parece longe e está perto, ou o que está perto e parece longe. Conto ao senhor é o que eu sei e o senhor não sabe; mas principal quero contar é o que eu não sei se sei, e que pode ser que o senhor saiba. (p. 227)

A luta com o tempo se desdobra numa luta pelo sentido da própria vida, pois para "dar corpo ao suceder" muitos foram os dilemas com que teve de se defrontar o jagunço Riobaldo ao longo de sua travessia existencial – medo e coragem, amor e ódio, lealdade e traição, Deus e o diabo –, e nem sempre pôde encontrar para eles uma solução satisfatória. Só agora, na velhice, já de "range rede", é que, finalmente, possui "os prazos" para "especular idéia" (p. 11) e tentar encontrar o "rumozinho forte das coisas, caminho do que houve e do que não houve".

Ora, esse especular de Riobaldo diante da vida, em busca do seu sentido, é, consciente ou inconscientemente, o de todos nós: isso nos torna, a nós, leitores, irmãos espirituais do velho jagunço, por mui diversas que sejam nossas experiências. Como afirma o seu criador, Guimarães Rosa, em carta ao tradutor alemão: "Todos os meus livros são simples tentativas de rodear e devassar um pouquinho o mistério cósmico, esta coisa movente, impossível, perturbante, rebelde a qualquer lógica, que é a chamada "realidade", que é a gente mesmo, o mundo, a vida."[5] Também nós, ao percorrermos com Riobaldo as veredas do sertão, de certa maneira compartilhamos dessa mesma perturbadora e fascinante exploração do "mistério cósmico", que constitui, em última análise, a essência do grande romance.

## A articulação da narrativa

Tendo esboçado, em suas linhas gerais, o projeto narrativo de Riobaldo e suas relações com o tempo e a memória, conviria examinarmos o modo como a estória narrada se articula no discurso narrativo, pois este é um dos problemas com que os potenciais leitores terão que se defrontar ao encetarem o livro. Infelizmente, para esclarecermos este ponto, alguns elementos da trama terão que ser expostos; contudo, como nosso texto tem por objetivo orientar os que desejam (e ainda não conseguiram) realizar a travessia do texto rosiano, procuraremos restringir

---

[5] ROSA, João Guimarães. *Correspondência com seu tradutor alemão Curt Meyer-Clason (1958-1967)*. Rio de Janeiro: Nova Fronteira, 2003, p. 238.

tais elementos ao estritamente necessário, de modo a não prejudicar o encantamento da leitura.

A trama de *Grande sertão: veredas* se desenvolve ao longo de dois eixos estreitamente interligados: o amor e a guerra. Movido pelo amor a Diadorim, Riobaldo vai-se tornar mais e mais envolvido nas lutas que incendeiam o sertão. E que lutas são essas? Guimarães Rosa estabelece como ponto de partida um dado perfeitamente ajustado à realidade sociológica do sertão mineiro, onde era usual que grupos políticos opostos se valessem de jagunços para alcançar os seus objetivos. A rigor, Zé Bebelo, uma das figuras centrais no eixo da guerra, inicia a sua luta com o apoio do governo do Estado e almejando, no final, eleger-se deputado. Seu adversário nessa fase, Joca Ramiro, lidera os coronéis da oposição. Mas ocorre que o sertão mineiro, na obra do Rosa, vai sofrer uma transfiguração simbólica, que faz com que se transforme no Grande Sertão da Vida. De espaço regional, geograficamente definido e muito bem caracterizado, o sertão torna-se um microcosmo para a aventura humana. Como declara o autor em entrevista a Günther Lorenz: "Este pequeno mundo do sertão, este mundo original e cheio de contrastes, é para mim o símbolo, diria mesmo o modelo de meu universo"[6]. O sertão transcende, assim, sua condição de realidade geográfica para tornar-se realidade simbólica, mitopoética.

Na ação do romance, a passagem da dimensão realista à dimensão simbólica se verifica quando a luta política se torna luta moral, embate entre as forças do Bem e do Mal, entre Deus e o diabo. E tal fato ocorre quando Joca Ramiro é assassinado à traição pelos "judas", seus ex-aliados Ricardão e Hermógenes. A partir daí, afirma o narrador: "/.../ tudo principiava terminado, só restava a guerra. Mão do homem e suas armas. A gente ia com elas buscar doçura de vingança /.../ Joca Ramiro morreu como o decreto de uma lei nova." (p. 294). O assassinato

---

[6] Diálogo com Guimarães Rosa. In: COUTINHO, Eduardo de Faria. *Guimarães Rosa*. Rio de Janeiro: Civilização Brasileira, 1983, p. 66 (Col. Fortuna Crítica, nº 6).

de Joca Ramiro como que alude, no contexto, ao sacrifício de Cristo. Nasce com ele uma "lei nova", que muda o sentido da luta sertaneja, realinhando as forças em jogo e conferindo ao conflito, originalmente de ordem puramente política, uma dimensão metafísica.

Se considerarmos o texto narrativo em sua linearidade, veremos que tal evento decisivo só aparece relatado por volta do meio do livro, mas conhecê-lo logo ajuda bastante o leitor a entender melhor a estória desde o início. Por outro lado, conquanto Riobaldo tome como ponto de partida *cronológico* para a sua narrativa o encontro com o Menino, às margens do rio de Janeiro, quando tinha 14 anos, tal encontro só nos é contado lá pela página 100 do romance, subvertendo assim a linearidade temporal do relato. Deste modo, para melhor orientarmos o leitor, vamos estabelecer um paralelo entre a ordem cronológica e a ordem textual da narrativa até mais ou menos o centro do livro, tentando mostrar (na medida do possível) como as duas se correspondem; para tanto será necessário sintetizar, em linhas gerais, a ação do romance nessa metade inicial. Na segunda metade do livro tal paralelo não é mais necessário, pois a ordem da narrativa passa a seguir, sem maior desvio, a cronologia da estória.

Ordem cronológica dos acontecimentos: alguns marcos de referência:

1: Encontro de Riobaldo (14 anos) com o Menino e travessia do rio S. Francisco em companhia dele.
2: Adolescência e início da mocidade na fazenda S. Gregório, do padrinho/pai. Estudos com Mestre Lucas, em Curralinho.
3: Riobaldo foge da S. Gregório e, por circunstância imprevista, torna-se professor e secretário de Zé Bebelo.
4: Cansado de assistir a lutas constantes, Riobaldo abandona Zé Bebelo, reencontra o Menino (Diadorim) e adere aos partidários de Joca Ramiro (que então incluem Hermógenes e Ricardão), participando inclusive de combates ao lado deles.

5: Captura e subseqüente julgamento de Zé Bebelo por Joca Ramiro, o qual, ao rejeitar a pena de morte pedida pelo Hermógenes e pelo Ricardão, substituindo-a por um simples banimento em Goiás, salva-lhe a vida.
6: Sentindo-se desacatados, Hermógenes e Ricardão assassinam à traição o seu ex-chefe. Inicia-se então uma nova fase da guerra sertaneja, na qual se contrapõem, de um lado, os vingadores de Joca Ramiro, e, de outro, os "judas": Hermógenes e Ricardão.
7: Um pequeno grupo de jagunços, no qual se encontram Riobaldo e Diadorim, tendo notícia do assassinato e necessitando um líder, sai em demanda de Medeiro Vaz, para que este assuma a chefia dos que permaneceram leais.
8: Sob seu comando iniciam-se as lutas, sem muito sucesso, entre os vingadores de Joca Ramiro e os "judas"; ensaia-se, inclusive, uma tentativa (frustrada) de travessia do Liso do Sussuarão, para tentar surpreender Hermógenes em seu reduto.
9: Tempos depois, após a morte (natural) de Medeiro Vaz, Zé Bebelo, de volta do banimento em Goiás, assume o comando dos vingadores (entre eles, evidentemente, Riobaldo e Diadorim) e intensifica as operações de guerra.

Aqui temos a ordem cronológica dos acontecimentos relatados por Riobaldo até, aproximadamente, o centro do romance; mas, não é assim que aparecem na narrativa. Esta se inicia de modo abrupto (marcado no texto por um travessão), como se o leitor surpreendesse um diálogo em pleno andamento, sem conhecer os antecedentes. Para aumentar o desconcerto desse leitor, ao longo das vinte páginas iniciais o narrador não entra na estória propriamente dita, limitando-se a tecer uma série de considerações, de ordem moral ou existencial, ilustradas por pequenos causos ou episódios isolados, tendo como motivos recorrentes a existência ou não do demo, a oposição entre ele e Deus, e, para culminar as reflexões, uma estranha indagação sobre a possibilidade ou não de uma pessoa tratar pacto com o demônio. Na verdade, tais páginas iniciais funcionam como um autêntico prólogo, pois o narrador nelas dissemina alguns dos temas centrais do romance, entre os quais o do Pacto, que o próprio Riobaldo teria, em determinado momento da vida, tratado com o demônio; esse tema vai atuar como uma espécie de motor profundo do relato, pela indisfarçável angústia que causa no velho jagunço.

De súbito, sem maior preparação, por volta da vigésima página (depende, evidentemente, da edição), no meio de um parágrafo, Riobaldo entra na estória propriamente dita:

> Passado o Porto das Onças, tem um fazendol. Ficamos lá umas semanas, se descansou. Carecia. Porque a gente vinha no caminhar a pé, para não acabar os cavalos, mazelados. Medeiro Vaz em lugares assim, fora de guerra, prazer dele era dormir de camisolão e barrete; antes de se deitar, ajoelhava e rezava o terço. Aqueles foram os meus dias (p. 29).

Somos, assim, transportados do presente, onde até então se movia a narrativa – com o velho jagunço contando causos e filosofando descontraidamente com o interlocutor sobre a vida em geral – para um passado remoto, o das lutas sertanejas: descobrimo-nos em plena campanha, com os jagunços leais sob o comando de Medeiro Vaz. Muita coisa aconteceu até então (como se pode ver no sumário estabelecido acima), que o leitor desconhece de todo. Deste modo, já meio desconcertado pela ausência de fio aparente nas páginas iniciais, esse leitor tende a perder o rumo do relato, pois as seguintes 80 páginas constituem uma antecipação de acontecimentos bem avançados da estória (itens 8 e 9 da nossa relação), antecipação que só termina (p. 97 da edição aqui utilizada) quando, após a morte de Medeiro Vaz, o comando da guerra passa às mãos competentes de Zé Bebelo.

Neste ponto, o leitor espera que o relato dos combates sob a chefia de Zé Bebelo vá prosseguir, mas o que se verifica é uma súbita interrupção no que vem sendo contado e, após algumas páginas de caráter digressivo (que atuam como elemento de transição), Riobaldo entra, finalmente, na história de sua mocidade: "Foi um fato que se deu, um dia, se abriu. O primeiro. Depois o senhor verá por que, me devolvendo minha razão" (p. 101). A partir deste momento, salvo outra curta, mas importante, antecipação, relatando o primeiro encontro de Riobaldo com Otacília (que ocorre quando os jagunços tentavam se reunir a Medeiro Vaz – item 7), a linha narrativa acompanha, sem maiores desvios, a linha cronológica dos acontecimentos. Como o narrador tem ainda o cuidado de indicar o lugar exato onde se inserem, na seqüência narrada, os trechos antecipados, o leitor pode prosseguir tranqüilo seu caminho até o desenlace.

Em síntese, e remetendo ao sumário cronológico dos acontecimentos por nós traçado, vemos que, após o preâmbulo inicial já referido, o relato se inicia bruscamente pelo item 8, passa ao 9, e só então (após breve transição de cunho digressivo) apresenta o item 1, seguindo, daí para a frente, a ordem temporal até o item 7. Neste ponto (estamos, aproximadamente, no centro do romance) o narrador faz outra longa pausa digressiva, volta ao final do item 9 (que deixara em suspenso), e segue em frente, caminhando, sem maior desvio na cronologia, até o final da estória. Após o desenlace (como o leitor descobrirá a seu tempo) há um curto epílogo que, a rigor, visa esclarecer a situação em que encontramos Riobaldo no início do livro, pacato fazendeiro contando sua vida a um hóspede de passagem.

Como se pode verificar, a idéia de que o romance apresenta dificuldades quase insuperáveis é de todo ilusória. Atravessados os obstáculos iniciais motivados pela forma de ordenação do relato (por nós esclarecida), o restante da leitura flui sem tropeços. Observe-se que, comparada a muitas narrativas contemporâneas, em que o romancista joga livremente com o tempo e com o ponto de vista, baralhando-os a cada passo, *Grande sertão: veredas* é até tradicional. A técnica de lançar o leitor diretamente no centro dos acontecimentos (*in medias res*) constitui, afinal de contas, um procedimento muito antigo, já presente nas epopéias homéricas.

A respeito ainda da temporalidade, há outro aspecto a salientar: toda narrativa que tem como matriz a memória possui a faculdade de poder mover-se com liberdade no tempo, de vez que as nossas lembranças não estão sujeitas a nenhum imperativo cronológico. Já vimos como Guimarães Rosa utilizou esta liberdade ao definir as linhas gerais de construção de seu romance. Convém contudo acentuar que, no geral, tal liberdade é usada pelo autor com bastante cuidado e parcimônia. Tomemos um exemplo: quando o narrador deseja romper a linha temporal para antecipar o seu encontro com Otacília, tem a preocupação de alertar o interlocutor/leitor:

> Minha Otacília, vou dizer. Bem que eu conheci Otacília foi tempos depois; depois se deu a selvagem desgraça, conforme o senhor ainda vai ouvir. Depois após. Mas o primeiro encontro meu com ela, desde já conto, ainda que esteja contando antes da ocasião. Agora não é que tudo está me subindo mais forte na lembrança? (p. 157).

O narrador procura chamar a atenção para a ruptura temporal que vai ocorrer na narrativa, ao mesmo tempo que alude à liberdade cronológica e psicológica que se encontra na raiz de um relato fundado na memória: "Agora não é que tudo está me subindo mais forte na lembrança?".

Na verdade, nas numerosas digressões que ponteiam o texto é que Riobaldo mais se vale dessa liberdade, aludindo, de forma velada, a realidades com as quais o leitor ainda não tomou contato (como acontece na passagem acima, ao se referir à "selvagem desgraça" que o seu interlocutor "ainda vai ouvir"). Não importa: mesmo que não possam ser decodificadas de imediato, servem para criar expectativa e reforçar a magia do texto. De resto, um romance como *Grande sertão: veredas* dificilmente se desvendará por inteiro para o leitor (por mais fino e atilado que seja) em uma primeira leitura. Esse o seu grande fascínio – a capacidade de enriquecer-se sempre, quanto mais fundamente penetramos no seu universo.

As digressões na narrativa têm por objetivo primacial expor as reflexões de Riobaldo sobre os fatos que nos está relatando e, de certo modo, pedir o nosso assentimento (do interlocutor/leitor) para suas conclusões:

> Mas tem um porém: pergunto: o senhor acredita, acha fio de verdade nessa parlanda, de com o demônio se poder tratar pacto? Não, não é não? Sei que não há. Falava das favas. Mas gosto de toda boa confirmação. Vender a própria alma... invencionice falsa! (p. 26).

O tecido narrativo vai-se constituindo da alternância entre passagens diretamente voltadas para o relato dos acontecimentos com outras (como essa acima) em que o narrador articula sua visão sobre a realidade exposta. Tais passagens digressivas, às vezes, alongam-se por várias páginas e servem para definir melhor as perspectivas filosóficas da obra (como, aliás, também ocorre em Machado de Assis). O motivo obsessivo do pacto, aludido acima, pode fornecer-nos outros exemplos instigantes dessa necessidade permanente de questionamento direto do real por parte do ex-jagunço:

> E o demo existe? Só se existe o estilo dele, solto, sem um ente próprio – feito remanchas n'água. /.../ Vendi minha alma algum? Vendi minha alma a quem não existe? Não será pior?... (p. 474)
> Então, não sei se vendi? Digo ao senhor: meu medo é esse. Todos não vendem? Digo ao senhor: o diabo não existe, não há, e a ele eu vendi a alma... Meu medo é este. A quem vendi? Medo meu é este, meu senhor: então, a alma, a gente vende, só, é sem nenhum comprador... (p. 475)

Para Riobaldo, o que importa, como ficou dito, não é a sua vida de jagunço, nem mesmo os seus amores, mas a "matéria vertente": aquilo que se encontra por detrás do redemoinho da existência. Como ensina o Compadre Quelemém (o amigo espírita do narrador), o essencial numa narrativa não é "o caso inteirado em si, mas a sobre-coisa, a outra-coisa" (p. 197). É esta "sobre-coisa" que o leitor deve procurar em seu percurso pelas veredas da sertão rosiano – e, certamente, não sairá desapontado...

## Os eixos da narrativa

A trama de *Grande sertão: veredas*, vimos, articula-se em torno de dois eixos intimamente interligados, mas com perfil próprio: um eixo de caráter lírico-dramático, centrado no amor, e outro, de cunho épico, que tem por núcleo as lutas que se desenrolam no sertão. Conquanto interdependentes, procuraremos aqui, para maior clareza expositiva, abordá-los em separado.

## O eixo lírico-dramático

No eixo do amor, a figura central é Diadorim: por ele Riobaldo se envolve a fundo nos conflitos sertanejos com os quais, inicialmente, mantinha uma relação relativamente distanciada. É Diadorim, ou seu amor por Diadorim, que o convence a engajar-se no grupo liderado por Joca Ramiro. Um tal amor – inaceitável – por um companheiro de lutas vai gerar permanente conflito no jagunço Riobaldo, orgulhoso de sua macheza, mas perplexo diante daquele sentimento que ele constata inapelavelmente, mas que foge à sua compreensão e que não pode, em sã consciência, admitir:

> Estou contando ao senhor, que carece de um explicado. Pensar mal é fácil, porque esta vida é embrejada. A gente vive, eu acho, é mesmo para se desiludir e desmisturar. A senvergonhice reina, tão leve e leve pertencidamente, que por primeiro não se crê no sincero sem maldade. Está certo, sei. Mas ponho minha fiança: homem muito homem que fui, e homem por mulheres! – nunca tive inclinação pra aos vícios desencontrados. Repilo o que, o sem preceito. Então – o senhor me perguntará – o que era aquilo? Ah, lei ladra,

o poder da vida. /.../ Aquela mandante amizade. Eu não pensava em adiação nenhuma, de pior propósito. Mas eu gostava dele, dia mais dia, mais gostava. Diga o senhor: como um feitiço? Isso. Feito coisa-feita. (pp. 146-147).

O estilo, ao mesmo tempo lúcido e ingênuo, dessa passagem esclarece bem o conflito psicológico de Riobaldo, e é este conflito que vai alimentar o que denominamos eixo lírico-dramático do romance, pois nele as efusões líricas se contrapõem ao dilaceramento dramático, motivado pela impossibilidade de viver um amor visto como inadmissível. Tal conflito se mostra de forma mais intensa na cena, altamente reveladora, que se desenrola na Guararavacã do Guaicuí, após o julgamento de Zé Bebelo, quando Riobaldo acaba por admitir para si próprio que o sentimento que o liga a Diadorim é efetivamente o amor:

> Aquele lugar, o ar. Primeiro, fiquei sabendo que gostava de Diadorim – de amor mesmo amor, mal encoberto em amizade. Me a mim, foi de repente, que aquilo se esclareceu. (p. 286)

> O nome de Diadorim, que eu tinha falado, permaneceu em mim. Me abracei com ele. Mel se sente é todo lambente – "Diadorim, meu amor..." Como era que eu podia dizer aquilo? (p. 287)

> Acertei minha idéia: eu não podia, por lei de rei, admitir o extrato daquilo. Ia, por paz de honra e tenência, sacar esquecimento daquilo de mim. Se não, pudesse não, ah, mas então eu devia de quebrar o morro: acabar comigo! – com uma bala no lado de minha cabeça, eu num átimo punha barra em tudo. (p. 288)

Se para Riobaldo aquele amor é algo tão traumático que chega a aventar a hipótese de suicídio, cabe indagar: e para Diadorim? Como vivencia ele o problema? Que sentimentos alimenta em relação ao amigo? Sendo *Grande sertão: veredas* uma narrativa em primeira pessoa, nós só temos acesso direto à interioridade do próprio Riobaldo; com relação a Diadorim, devemos nos contentar com as suas declarações – escassas e ambíguas – e com inferências que possamos tirar de alguns fatos e situações singulares da estória (como ocorre na Fazenda Santa Catarina, em que a presença de Otacília gera dramática cena de ciúmes: pp. 190 e 194-195). De toda forma, para Diadorim o conflito amoroso assume fisionomia bem diversa (de que apenas o desenlace revelará a extensão): um amor permanentemente reprimido pelo dever inexorável da vingança. Enquanto Riobaldo entrega-se, em silêncio, à vivência interior do sentimento amoroso, Diadorim declara: "Não posso ter alegria nenhuma, nem minha mera vida mesma, enquanto aqueles dois monstros não forem bem acabados...". E Riobaldo, desolado, constata: "E ele suspirava de ódio, como se fosse por amor /.../ E, aquilo forte que ele sentia, ia se pegando em mim – mas não como ódio, mais em mim virando tristeza (p. 31).

\* \* \*

Além de Diadorim, objeto, por parte de Riobaldo, do sentimento ambivalente e conflituado que descrevemos, mais duas figuras vão ocupar o eixo do amor no romance, porém essas de forma puramente lírica: Nhorinhá e Otacília. Nhorinhá, a prostituta de beira de estrada, representa, na narrativa, a face erótica do amor, embora tratada liricamente, como quase sempre ocorre com o erotismo na ficção de Guimarães Rosa:

> Se chamava Nhorinhá. Recebeu meu carinho no cetim do pêlo – alegria que foi, feito casamento, esponsal. Ah, a mangaba boa só se colhe já caída no chão, de baixo... Nhorinhá. (p. 35)

> Nhorinhá, gosto bom ficado em meus olhos, minha boca. (p. 100)

Contrapondo-se a Nhorinhá desenha-se a figura de Otacília, que desde o momento em que surge na narrativa é tratada de forma idealizada, quase como as amadas nos romances de cavalaria:

> /.../ eu divulguei, qual que uma luz de candeia mal deixava, a doçura de uma moça, no enquadro da janela, lá dentro. Moça de carinha redonda, entre compridos cabelos. E, o que mais foi, foi um sorriso. Isso chegasse? Às vezes chega, às vezes. Artes que morte e amor têm paragens demarcadas. /.../ Que jurei em mim: a Nossa Senhora um dia em sonho ou sombra me aparecesse, podia ser assim – aquela cabecinha, figurinha de rosto, em cima de alguma curva no ar, que não se via. (pp. 157-158)

A imagem das duas moças evolui ao longo da narrativa. Otacília, sobretudo, ganha um papel de crescente destaque, pois sua imagem vai-se contrapor, no sentimento de Riobaldo, à imagem de Diadorim. É, por conseguinte, a interação entre essas três figuras – Diadorim, Nhorinhá e Otacília – que confere substância ao que chamamos de eixo lírico-dramático do romance.

## O eixo épico

O eixo épico articula-se em torno dos conflitos que se desenrolam no sertão. Como ficou explicitado, tais conflitos têm suas raízes na luta pelo poder político que, no interior mineiro, opunham coronéis ligados à situação a coronéis da oposição: esse o embasamento sociológico do romance. Guimarães Rosa poderia contentar-se com realizar, nos moldes da ficção social dos anos 30, um painel dos costumes políticos de seu Estado, e produzir obra respeitável, como ocorreu, por exemplo, com *Vila dos Confins*, de Mário Palmério, que foi publicado também em 1956, quase junto com *Grande sertão: veredas* (pela mesma editora, José Olympio) e que permanece, no gênero, um romance sedutor. Contudo, não é este o propósito do Rosa, e o dado sociopolítico constitui nele apenas um ponto de partida, para ser superado, transcendido, por uma visão simbólica, mitopoética.

Para Guimarães Rosa o que importa é uma indagação sobre a condição humana, e, nessa ótica, o sertão mineiro torna-se apenas o microcosmo onde projetar a travessia existencial do "homem humano". Através da representação das lutas sertanejas, o autor projeta o eterno conflito entre o amor e o ódio, o medo e a coragem, o bem e o mal, Deus e o diabo. Já explicamos como o assassinato de Joca Ramiro se torna o marco simbólico de transformação do conflito sociopolítico em conflito metafísico. Não sem razão os adversários passam a ser designados como os "judas", e, a certa altura, um dos jagunços, respondendo à pergunta de Riobaldo se Joca Ramiro era homem bom, responde: "Bom? Um messias..." (p. 149). Evidentemente, tais designações não ocorrem por acaso: suscitam no leitor uma espécie de paralelismo subliminar com o mito cristão.

O demônio, presença constante no texto desde a primeira página, irá "encarnar-se", na estória, na figura do Hermógenes: "... *O Hermógenes tem pautas...*" Provei. Introduzi. Com ele ninguém podia? O Hermógenes – demônio. Sim só isso. Era ele mesmo." (p. 50). Fato significativo é que o futuro assassino e traidor desperta a repulsa de Riobaldo desde quando este, ainda adolescente, o encontra pela primeira vez, na fazenda do padrinho, onde o grupo de Joca Ramiro (incluindo, na época, Hermógenes e Ricardão) viera pedir pousada. Depois de descrever como era soturno o seu aspecto, o narrador comenta: "Reproduzo isto, e fico pensando: será que a vida socorre à gente certos avisos?" (p. 117)

Muito mais tarde, quando Riobaldo já faz parte do bando e tem que aceitar o comando do Hermógenes (que era ainda lugar-tenente de Joca Ramiro), a aversão se consolida:

> E mesmo forte era minha gastura, por via do Hermógenes. Malagourado ódio: sempre surge mais cedo e às vezes dá certo, igual palpite de amor. Esse Hermógenes – Belzebú /.../ O Hermógenes,

homem que tirava seu prazer do medo dos outros, do sofrimento dos outros. Aí, arre, foi que de verdade eu acreditei que o inferno é mesmo possível. Só é possível o que em homem se vê, o que por homem passa. Longe é, o Sem-olho. E aquele inferno estava próximo de mim, vinha por sobre mim (p. 180).

Se o sinistro Hermógenes personifica o próprio demônio, Ricardão representa um outro tipo, que, na literatura ocidental, começa a aparecer sob uma luz particularmente negativa a partir do Romantismo: referimo-nos à figura do homem do dinheiro, voltado apenas para a acumulação material. É curioso notar que neste, como em outros pontos, a visão rosiana demonstra muita afinidade com a visão romântica. Mesmo quando ainda aliado e amigo de Joca Ramiro, Ricardão suscita em Diadorim, figura sensível, a mais viva repulsa:

> E Ricardão, rico, dono de fazendas, somente vivia pensando em lucros, querendo dinheiro e ajuntando. Diadorim, do Ricardão é que ele gostava menos: – "Ele é bruto comercial..." – disse, e fechou a boca forte, feito fosse cuspir (p. 178).

A sua descrição, quando aparece no julgamento de Zé Bebelo, é antológica sob esse enfoque; vale a pena transcrevê-la aqui, como exemplo notável da síntese e da força expressiva da linguagem rosiana na fixação dos traços físicos e morais de um personagem:

> Ele era o famoso Ricardão, o homem das beiras do Verde Pequeno. Amigo acorçoado de importantes políticos, e dono de muitas posses. Composto homem volumoso, de meças. Se gordo próprio não era, isso só por no sertão não se ver nenhum homem gordo. Mas um não podia deixar de se admirar do peso de tanta corpulência, a coisa de zebu guzerate. As carnes socadas em si – parecia que ele comesse muito mais do que todo mundo – mais feijão, fubá de milho, mais arroz e farofa –, tudo imprensado, calcado, sacas e sacas (p. 264).

É nítido que Guimarães Rosa partilha a antipatia de Diadorim por tal espécie humana. Essa visão fica bem nítida quando, já na segunda metade do romance, ele introduz o personagem de seô Habão, um fazendeiro que os jagunços encontram em uma de suas andanças. Em passagem relativamente longa, traça agudo retrato, marcado pela sátira e pelo grotesco, do homem "comercial", somente voltado para o ganho, opondo-o ao jagunço, ser "muito provisório", construindo a cada dia o seu destino. Seô Habão não tem na obra um papel sombrio de criminoso, como Ricardão: é até uma figura melíflua, envolvente; mas o retrato que dele fica na narrativa deixa clara a ausência de simpatia do seu criador, projetada na visão de Riobaldo:

> /.../ um homem assim, seô Habão, era para se querer longe da gente; ou, pois, então, que logo se exigisse e deportasse. Do contrário, não tinha sincero jeito possível: porque ele era de raça tão persistente, no diverso da nossa, que somente a estância dele, em frente, já media, conferia e reprovava (p. 407).

A repugnância do jagunço pelo tipo aflora vivamente no comentário que faz:

> E espiou para mim, com aqueles olhos baçosos – aí eu entendi a gana dele: que nós, Zé Bebelo, eu, Diadorim, e todos os companheiros, que a gente pudesse dar os braços, para capinar e roçar, e colher, feito jornaleiros dele. Até enjoei. Os jagunços destemidos, arriscando a vida, que nós éramos; e aquele seô Habão olhava feito o jacaré no juncal: cobiçava a gente para escravos! /.../ E ele cumpria sua sina, de reduzir tudo a conteúdo. Pudesse, economizava até com o sol, com a chuva (pp. 408-409).

Conquanto secundário no plano da ação, seô Habão é importante no plano de significação da obra, por reiterar a imagem negativa que o autor projeta sobre o universo do *ter*, da pura acumulação material, em contraposição ao universo do *ser*, que, na narrativa, é representado pelos "jagunços destemidos" que cercam Riobaldo. Podemos assim observar como o tecido significativo do romance vai sendo urdido sutilmente, valendo-se o criador tanto dos grandes personagens como de figuras menores, que alimentam, contudo, a reflexão sempre alerta do narrador.

\* \* \*

Em contraposição ao lado demoníaco do romance, que tem Hermógenes como figura central, encarnação mesma da maldade de que o ser humano é capaz, no pólo positivo são vários e diversos os personagens que ocupam o centro da ação, em momentos diferentes. Dentre eles (embora atue por pouco tempo), o que melhor encarna a figura clássica do herói da épica cavalheresca é Medeiro Vaz. É o oposto do herói problemático (que depois discutiremos a propósito de Riobaldo), pois não duvida jamais dos valores que adota. Sua história é a de alguém que abandonou tudo o que tinha, queimou sua própria casa e saiu pelo mundo para lutar pela justiça:

> Daí, relimpo de tudo, escorrido dono de si, ele montou em ginete, com cachos d'armas, e saiu por esse rumo em roda, para impor a justiça. /.../ para ele, Joca Ramiro era único homem, par-de-frança, capaz de tomar conta deste sertão nosso, mandando por lei, de sobregoverno. /.../ Medeiro Vaz era duma raça de homem que o senhor mais não vê; eu ainda vi. (p. 46)

Em Medeiro Vaz transparece, como em nenhum outro personagem (salvo, talvez, no próprio Joca Ramiro, "par-de-frança") a herança dos romances de cavalaria na narrativa de Guimarães Rosa. Já no caso de Zé Bebelo, uma das figuras mais presentes e mais marcantes da obra, o traçado é um pouco diferente: Zé Bebelo possui aquela esperteza, com leve sabor picaresco, que encontramos em certos heróis de narrativas populares, o que lhe concede um encanto todo particular. É, sem dúvida, a figura mais cativante, para o leitor, entre os líderes jagunços:

Zé Bebelo – ah. Se o senhor não conheceu esse homem, deixou de certificar que qualidade de cabeça de gente a natureza dá, raro de vez em quando. Aquele queria saber tudo, dispor de tudo, poder tudo, tudo alterar. Não esbarrava quieto. Seguro já nasceu assim, zureta, arvoado, criatura de confusão. /.../ Zé Bebelo era inteligente e valente. Um homem consegue intrujar de tudo; só de ser inteligente e valente é que não pode (p. 77).

A evolução dos fatos vai, a partir de certo ponto do relato, opor Riobaldo a Zé Bebelo, e este acabará afastado, mas durante grande parte da estória ocupará o centro do palco. Sua atuação na cena do seu próprio julgamento por Joca Ramiro constitui um dos momentos mais notáveis do romance. O episódio, como um todo, é magistral: em raras instâncias Guimarães Rosa demonstra de forma tão cabal o grande ficcionista que era, capaz de eletrizar, virtualmente, o leitor.

\* \* \*

Neste rápido olhar sobre o eixo épico da narrativa, deixamos para o final as duas figuras que, a rigor, maior importância têm: Riobaldo e Diadorim. Sobre o Riobaldo protagonista, trataremos adiante com mais vagar. No tocante a Diadorim, cabe acentuar que, embora menos aparente, sua atuação é decisiva: não só por ser a razão pela qual Riobaldo se engaja na luta, como porque encarna, acima de todos, a missão de vingança contra os "judas". Assumindo, de certa forma, o papel das terríveis Erínias gregas, Diadorim vai cobrar de Riobaldo, até o final, o compromisso inelutável da vingança – sobretudo nos momentos em que este parece fraquejar. A relação que opõe Diadorim ao Hermógenes poderia ser descrita (parafraseando o título de um filme conhecido) como a da luta de morte entre o dragão da maldade e o anjo guerreiro... E não é assim que culmina o romance?

*Riobaldo, herói problemático*

O eixo épico da narrativa, articulado em torno da luta contra os *hermógenes*, ocupa parte substancial do romance e constitui mesmo a espinha dorsal da trama. Ora, envolvido nessa luta, com participação crescente nela, encontramos o jagunço Riobaldo, o "Tatarana", mais tarde o "Urutu-branco". Será que por esse envolvimento poderia também ele ser qualificado de herói épico, como o fizemos com relação a Medeiro Vaz?

Sabemos que o universo da épica antiga se caracterizava, acima de tudo, pela harmonia existente entre o herói e o mundo, entre a consciência do herói e os valores da sociedade na qual se movimentava e realizava seus feitos. Aquiles ou Ulisses em momento algum têm hesitações morais: o seu caminho está de antemão traçado pelos deuses e pelos princípios que organizavam aquela sociedade primitiva. Num plano análogo movimenta-se Medeiro Vaz, de tal forma que, a certa altura, Riobaldo pode afirmar, referindo-se ao velho líder jagunço:

> Medeiro Vaz era homem sobre o sisudo, nos usos formado, não gastava as palavras. /.../ Se ele em honrado juízo achasse que estava certo, Medeiro Vaz era solene de guardar o rosário na algibeira, se traçar o sinal-da-cruz e dar firme ordem para se matar uma a uma as mil pessoas. Desde o começo, eu apreciei aquela fortaleza de outro homem. O segredo dele era de pedra (p. 32).

Excluídas as referências cristãs ao rosário e ao sinal-da-cruz, poderíamos aplicar essas mesmas considerações aos heróis homéricos. Ulisses, ao consumar o massacre dos pretendentes em Ítaca (canto 22 da *Odisséia*), também não demonstra qualquer hesitação. Não eram inimigos? Não eram, de certa forma, traidores? Mereciam, pois, a morte que tiveram. Há um sistema de valores consolidado que autoriza os personagens a agirem da forma como agem. Tal constatação não se aplica, contudo, a Riobaldo.

Movendo-se no âmbito de uma sociedade também primitiva, onde a guerra, o saque e a destruição dos inimigos são encarado como normais, Riobaldo permanece, todo o tempo, moralmente conflituado – na guerra e no amor. Há uma cena exemplar sob esse aspecto: Riobaldo, que pela primeira vez entrara em combate, e matara, e vira de perto a morte de um amigo, à noite, sem sono, angustiado, dialoga consigo próprio e com um companheiro, Jõe Bexiguento:

> Mas, a gente estava com Deus? Jagunço podia? Jagunço – criatura paga para crimes, impondo o sofrer no quieto arruado dos outros, matando e roupilhando. Que podia? Esmo disso, disso, queri, por pura toleima; que sensata resposta podia me assentar o Jõe, broeiro peludo do Riachão do Jequitinhonha? Que podia? A gente, nós, assim jagunços, se estava em permissão de fé para esperar de Deus perdão e proteção? Perguntei, quente.
> – "Uai?! Nós vive..." – foi o respondido que ele me deu (p. 219).

Riobaldo não aceita aquela entrega passiva à lógica cega dos acontecimentos. Ele necessita encontrar um sentido maior para os seus atos e se revolta contra a aparente desordem da vida:

> Que isso foi o que sempre me invocou, o senhor sabe: eu careço de que o bom seja bom e o rúim ruím, que de um lado esteja o preto e do outro o branco, que o feio fique bem apartado do bonito e a alegria longe da tristeza! Quero os todos pastos demarcados... Como é que posso com esse mundo? A vida é ingrata no macio de si; mas transtraz a esperança mesmo no meio do fel do desespero. Ao que, este mundo é muito misturado... (p. 220)

Para Jõe Bexiguento, contudo, aqueles anseios e conflitos morais inexistiam: "Tudo poitava simples. /.../ para o Jõe Bexiguento, no sentir da natureza dele, não reinava mistura nenhuma neste mundo – as coisas eram bem divididas, separadas" (p. 220). A rigor, a mesma constatação aplica-se a Medeiro Vaz: em que pese a enorme distância social existente entre os dois personagens, também para ele "as coisas eram bem divididas, separadas". Daí a sua "fortaleza", "de pedra". Os valores morais estão perfeitamente definidos.

Não assim para Riobaldo: nele se cristaliza o permanente conflito ético que define a consciência moderna em oposição àquela que, como vimos, encontra-se subjacente ao mundo da épica. O nosso herói vive os dilemas do homem atual, dilacerado diante de veredas morais para as quais ele próprio deve encontrar o rumo, ou a saída. Já não há mais uma tábua de valores estável a que o indivíduo possa remeter: cada um deve construir a sua. Entre o ser e o mundo estabeleceu-se uma fratura que impede a harmonia primitiva. E este ser descobre a sua própria solidão, sem poder amparar-se em apoios externos confiáveis. Disso resulta que um dos temas mais importantes no romance, associado ao herói, seja o de sua solidão:

> Mas, de feito, eu carecia de sozinho ficar. Nem a pessoa especial do Reinaldo não me ajudava. Sozinho sou, sendo, de sozinho careço, sempre nas estreitas horas – isso procuro. (p. 153)

Quando em meio aos outros jagunços, no acampamento coletivo, Riobaldo reflete sobre a tentação que existe no indivíduo de dissolver-se no grupo, abdicando da escolha pessoal dos caminhos, esquivando-se assim à responsabilidade pelos atos praticados; mas, em sua lucidez, sabe o quanto isso é enganoso:

> Ali eu estava no entremeio deles, esse negócio. Não carecia de calcular o avante de minha vida, a qual era aquela. Saísse dali, tudo virava obrigação minha trançada estreita, de cór para a morte. Homem foi feito para o sozinho? Foi. Mas eu não sabia. Saísse de lá eu não tinha contrafim. (p. 185)

Tempos mais tarde, na ocasião do cerco que os jagunços leais sofrem na Fazenda dos Tucanos, Riobaldo, observando os companheiros junto com os quais combate, conclui:

Disso fiz um pensamento: que eu era muito diverso deles todos, que sim. Então, eu não era jagunço completo, estava ali no meio executando um erro. Tudo receei. Eles não pensavam. Zé Bebelo, esse raciocinava, mas na regra do prático. E eu? Vi a morte com muitas caras. Sozinho estive – o senhor saiba. (p. 353)

Essa consciência de uma solidão essencial encontra o momento mais intenso na famosa cena do Pacto, que nada mais é que o encontro final de Riobaldo consigo próprio: a afirmação plena do seu *eu* diante do mundo; daquele mundo misturado, que impõe ao indivíduo, a cada momento, decisões morais para as quais "ele tem apenas sua inteligência e sua capacidade de adivinhar. Nada mais"[7]:

E, o que é que eu queria? Ah, acho que não queria mesmo nada, de tanto que eu queria só tudo. Uma coisa, a coisa, esta coisa: eu somente queria era – ficar sendo! (p. 413)

Uma das grandes marcas de originalidade de *Grande sertão: veredas* está no contraponto que estabelece entre o mundo épico, primitivo, dos jagunços, no qual ainda vigoram regras estáveis de comportamento, que todos acatam, e a trajetória pessoal de Riobaldo, um herói problemático na acepção mais completa do conceito: alguém que nada aceita sem exame, que tudo questiona, que busca o fundo de cada verdade, de cada valor, no universo que o cerca. Como ele próprio afirma no início da narrativa:

O senhor saiba: eu toda a minha vida pensei por mim, forro, sou nascido diferente. Eu sou é eu mesmo. Divêrjo de todo o mundo... Eu quase que nada sei. Mas desconfio de muita coisa. O senhor concedendo, eu digo: para pensar longe, sou cão mestre – o senhor

---

[7] A certa altura da já referida entrevista com Günter Lorenz, assim se expressa o autor: "No sertão cada homem pode se encontrar ou se perder. As duas coisas são possíveis. Como critério, ele tem apenas sua inteligência e sua capacidade de adivinhar. Nada mais". (p. 94.)

solte em minha frente uma idéia ligeira, e eu rastreio essa por fundo de todos os matos, amém! (p. 17)

Desta forma, o romance rosiano transcende (sem negá-la) a dimensão regionalista, incorpora (sem prender-se a eles) elementos da épica cavalheiresca, para construir, através da saga pessoal do velho jagunço que realiza o balanço de sua existência, uma profunda reflexão sobre o "homem humano": sobre seus caminhos e descaminhos no Grande Sertão da Vida.

## *Deus e o diabo no universo do sertão*

No início de nosso texto, estabelecemos algumas vezes aproximações entre Guimarães Rosa e Machado de Assis, ou, mais estritamente, entre *Grande sertão: veredas* e *Dom Casmurro*. Ora, há um aspecto – básico para o Rosa – com relação ao qual, longe de aproximar-se, ele se afasta radicalmente do autor de *Dom Casmurro*: referimo-nos à importância crucial que assume, em sua ficção, a dimensão transcendente da realidade, ou aquilo a que ele próprio se refere como "o mistério cósmico". Para Machado, como para a maior parte de seus companheiros da geração realista (Aluísio Azevedo e Raul Pompéia no Brasil; Eça de Queiroz em Portugal; Flaubert, Zola e Maupassant na França – para citar alguns exemplos), Deus ou era um problema superado, ou uma entidade abstrata, demasiado distante para interessar-se pelas coisas deste mundo. Significativamente, após o tocante desenlace do *Quincas Borba*, o narrador, voltando-se para o leitor, conclui:

> Eia! Chora os dous recentes mortos, se tens lágrimas. Se só tens riso, ri-te! É a mesma cousa. O Cruzeiro, que a linda Sofia não quis fitar, como lhe pedia Rubião, está assaz alto para não discernir os risos e as lágrimas dos homens (CCI).

Ao invés da Providência Divina, atenta para a sorte do rebanho, encontramos um céu vazio, ou um Deus apático com relação ao destino humano, como aquela Natureza que dialoga com Brás Cubas no famoso "Delírio" (*Memórias póstumas de Brás Cubas*, cap. VII). A obra machadiana constitui também, como a do Rosa, aguda reflexão sobre a condição humana, mas a partir de uma perspectiva imanente, da qual se encontra excluída a dimensão metafísica. Ausência que contribui, sem dúvida, para emprestar à criação do autor de *Dom Casmurro* uma visão particularmente negativa e desencantada da existência. Já a mundivisão de Guimarães Rosa é totalmente diversa: em carta a Edoardo Bizzarri, seu tradutor italiano, declara:

> /.../ sou profundamente, essencialmente religioso, ainda que fora do rótulo estrito e das fileiras de qualquer confissão ou seita; antes, talvez, como o Riobaldo, do "G.S.:V.", pertença eu a todas. E especulativo demais. Daí, todas as minhas, constantes, preocupações religiosas, metafísicas, embeberem os meus livros.[8]

Refletindo as preocupações de seu criador, Riobaldo manifesta a cada momento preocupação com a dimensão religiosa da vida. A fé, contudo, não constitui para o velho jagunço um dado apriorístico, mas sim uma conquista, fruto da consciência íntima da necessidade de Deus. Tal atitude aparece lucidamente colocada em uma das passagens mais reveladoras do romance; nela Riobaldo comenta indignado a opinião de um "doutor rapaz" que afirmava "que Deus não há":

> Como não ter Deus?! Com Deus existindo, tudo dá esperança: sempre um milagre é possível, o mundo se resolve. Mas, se não tem Deus, há-de a gente perdidos no vai-vem, e a vida é burra. É o aberto perigo das grandes e pequenas horas, não se podendo facilitar – é todos contra os acasos (p. 61).

---

[8] ROSA, João Guimaraes. *Correspondência com seu tradutor italiano Edoardo Bizzarri.* 3ª ed. Rio de Janeiro: Nova Fronteira, 2003, p. 90.

A afirmação arrebatada da existência de Deus provém de uma luta interior, da impossibilidade de aceitar a vida como absurda ("burra"); mas não garante uma fé tranqüila. No decurso de toda a narrativa, Riobaldo busca afirmar a presença de Deus no mundo com a mesma ânsia com que procura negar a do demônio (pelo menos enquanto ser com realidade própria):

> Mas o demônio não existe real. Deus é que deixa se afinar à vontade o instrumento, até que chegue a hora de se dansar. Travessia, Deus no meio (p. 305).

Seu anseio místico chega a fazê-lo imaginar, a certa altura, a hipótese de uma vida afastada de tudo, voltada só para Deus:

> Às vezes eu penso: seria o caso de pessoas de fé e posição se reunirem, em algum apropriado lugar, no meio dos gerais, para se viver só em altas rezas, fortíssimas, louvando a Deus e pedindo glória do perdão do mundo. Todos vinham comparecendo, lá se levantava enorme igreja, não havia mais crimes, nem ambição, e todo sofrimento de espraiava em Deus, dado logo, até à hora de cada uma morte cantar. Raciocinei isso com compadre meu Quelemém, e ele duvidou com a cabeça: – "Riobaldo, a colheita é comum, mas o capinar é sozinho..." – ciente me respondeu (p. 59).

O lado problemático do herói envolve a própria relação com Deus, pois sabe que o caminho da salvação resulta de uma luta permanente por parte daqueles que desejam encontrá-lo: não há soluções fáceis, coletivas, pois "o capinar é sozinho", e, do outro lado, o diabo está sempre atento. É necessário combatê-lo sem tréguas, mesmo sabendo que não existe "solto por si, cidadão", pois:

> - O que não é Deus, é estado do demônio. Deus existe mesmo quando não há. Mas o demônio não precisa de existir para haver – a gente sabendo que ele não existe, aí é que ele toma conta de tudo (p. 61).

O leitor não deve deixar-se surpreender pela forma paradoxal que aqui assume o discurso, pois, para Guimarães Rosa, o paradoxo constitui um modo privilegiado de exprimir a essência do real, tendo em vista a falência, para tanto, da linguagem lógica. A consciência do demônio – do mal – é necessária para que ele possa ser vencido.

"Viver é muito perigoso..." constitui um dos motivos mais freqüentemente repetidos na narrativa. A travessia humana processa-se ao longo de uma estrada resvalosa, onde a todo momento podemos cair. Sob esse ângulo, a frase que serve de epígrafe ao livro – "O diabo na rua, no meio do redemoinho..." – além de alusão a um episódio da estória, constitui a súmula do sentido mesmo da existência: o "redemoinho" em questão é o da própria vida, ao longo de cuja "rua" temos que caminhar, tendo sempre à nossa espreita o diabo, aguardando o seu momento. Daí a necessidade de afirmar Deus, de conquistar Deus:

> O sertão tem medo de tudo. Mas eu hoje em dia acho que Deus é alegria e coragem – que ele é bondade adiante, quero dizer (p. 309).

Essa dimensão metafísica coloca a obra rosiana num lugar à parte no contexto da ficção brasileira – relativamente pobre em indagações filosóficas – e a situa numa família espiritual da qual, no Ocidente, Dostoievsky (que Guimarães Rosa admirava profundamente) constitui a figura mais representativa e mais notável.

## *A linguagem*

Para concluir, algumas observações sobre a linguagem de *Grande sertão: veredas*. Aqueles que vêm lendo este texto em busca de orientação para a abordagem do romance devem pensar: – Afinal de contas, a linguagem deveria ser o ponto inicial das reflexões traçadas, não a conclusão, pois dela tudo depende. Tal proposição é verdadeira, mas, no que respeita à leitura, uma análise estilística de pouco vale como ponto de partida. Talvez seja mais útil compreendermos o espírito que alimenta a criação do autor.

Quando se discute a narrativa de Guimarães Rosa, tende-se, com freqüência, a apresentá-lo como um revolucionário da língua, inserido em uma linhagem de escritores experimentais, cujos modelos paradigmáticos seriam, nas letras brasileiras, os líderes da geração de 22, Oswald de Andrade e Mário de Andrade. Nessa ótica, a criação do escritor mineiro aparece como uma espécie de retomada, no âmbito da geração de 45, do espírito de ruptura, de experimentalismo lingüístico radical, que marcara a aventura modernista. Uma parte da crítica, aquela sobretudo egressa dos arraiais concretistas, tendeu sempre a enfatizar a imagem do Rosa experimentador revolucionário, buscando solapar as bases da linguagem literária tradicional. Tal imagem precisa, contudo, ser rejeitada, pois repousa sobre uma visão equivocada do projeto criativo rosiano e passa ao largo de seu verdadeiro significado.

Na referida entrevista a Günter Lorenz, o escritor enfoca o problema sob ângulo bem diverso, mais profundo e nuançado, que deixa patente as limitações da visão experimentalista de sua linguagem. Afirma ele:

> Não sou um revolucionário da língua. /.../ Se tem de haver uma frase feita, eu preferiria que me chamassem de reacionário da língua, pois quero voltar cada dia à origem da língua, lá onde a palavra ainda está nas entranhas da alma, para poder lhe dar luz segundo a minha imagem.[9]

Em outra passagem, esclarece melhor essa concepção:

> /.../ meu método implica na utilização de cada palavra como se ela tivesse acabado de nascer, para limpá-la das impurezas da linguagem cotidiana e reduzi-la a seu sentido original.[10]

---
[9] Diálogo com Guimarães Rosa. In: COUTINHO, Eduardo de Faria, op. cit., p. 84.
[10] Ibidem, p. 81.

Tal idéia de purificação, de procura da palavra ainda nas "entranhas da alma" nada tem a ver com a irreverência e com a ânsia experimentalista dos escritores de 22, mas com uma visão transcendente da palavra poética: "Somente renovando a língua é que se pode renovar o mundo. Devemos conservar o sentido da vida, devolver-lhe esse sentido, vivendo com a língua". E aludindo ao início do Evangelho segundo S. João, conclui: "Deus era a palavra e a palavra estava em Deus".[11]

A relação de Guimarães Rosa com a linguagem afasta-se muito da preocupação experimental. Assim como em sua ficção o escritor busca liberar-se dos imperativos do momento histórico ou das determinações sociológicas para alcançar uma dimensão atemporal, da mesma forma (e como conseqüência lógica do seu projeto intelectual) busca conferir à linguagem um sentido fundador, liberto do peso da temporalidade: "considero a língua como meu elemento metafísico"[12], pois, como assevera, "escrevendo, descubro sempre um novo pedaço de infinito. Vivo no infinito, o momento não conta".[13]

Na prática, sabemos que, ao buscar recuperar em sua criação literária a força geradora e o sentido originário da palavra, Guimarães Rosa vai se valer de diferentes fontes de alimentação: além do português atual, particularidades dialetais do sertão mineiro, certos arcaísmos da língua (curiosamente ainda vivos entre o povo dos gerais) e a contribuição dos inúmeros idiomas que dominava: tudo combinado no crisol do grande alquimista da linguagem, que ele era, para plasmar o estilo incomparável.

Evidentemente, tal estilo não possui a transparência da prosa ficcional a que nos acostumaram os narradores realistas, ou os seus sucessores, os escritores modernistas da geração de 30 – um Jorge Amado, um José Lins do Rego, um Graciliano

---

[11] Ibidem, p. 88.
[12] Ibidem, p. 80.
[13] Ibidem, p. 72.

Ramos, um Érico Veríssimo. Não: como Riobaldo nas veredas do sertão, o leitor deve encontrar o seu caminho nos meandros da linguagem rosiana. O próprio Rosa o declara, em carta a sua tradutora americana, Harriet de Onis:

> Não procuro uma linguagem transparente. Ao contrário, o leitor tem de ser chocado, despertado de sua inércia mental, da preguiça e dos hábitos. Tem de tomar consciência viva do escrito, a todo momento. Tem quase de aprender novas maneiras de sentir e de pensar. Não o disciplinado – mas a força elementar, selvagem. Não a clareza – mas a poesia, a obscuridade do mistério, que é o mundo.[14]

"Tomar consciência viva do escrito": este o segredo da linguagem poética e da prosa rosiana. A palavra poética é multifacetada: necessita e deseja ser contemplada sob diferentes ângulos, para que possa libertar toda a riqueza semântica que traz consigo. Guimarães Rosa (como o Drummond de "Procura da poesia") parece convidar o leitor: "Chega mais perto e contempla as palavras./ Cada uma tem mil faces secretas sob a face neutra /.../". É necessário auscultá-las, com elas conviver, dialogar. Esse tipo de narrativa pressupõe, sem dúvida, um ritmo de leitura mais lento e ponderado. Mas, paradoxalmente, o que poderia tornar-se um obstáculo à construção, pelo leitor, de um universo imaginário vivo e autônomo, bloqueado pela presença intrusa e insistente do próprio discurso verbal, torna-se, em Guimarães Rosa, o elemento mágico que dá vida a este mesmo universo: o mundo do sertão ganha consistência exatamente do falar surpreendente, fortemente colorido e imagístico, de Riobaldo. É como se entre a fala e o mundo por ela evocado atuasse um jogo de espelhos que amplificasse ao infinito o efeito de ambos: o sertão brota da linguagem, tal como esta recebe dele a sua substância.

---

[14] In: MARTINS, Nilce Sant'Anna. *O léxico de Guimarães Rosa*. São Paulo: Edusp, 2001, p. IX.

Mas o leitor não se assuste com o choque que experimenta nas páginas iniciais do livro, pois a sensação de estranheza se atenua à proporção que avançamos na leitura e assimilamos, por assim dizer, o espírito da prosa rosiana; pois esta obedece a uma lógica própria, que o convívio com o texto vai, pouco a pouco, desvendando e integrando à nossa sensibilidade e percepção. Aquela linguagem que no início do romance nos desconcertara, parecendo hermética, abre-se de tal forma que, se em meio à narrativa relermos as primeiras páginas, ficaremos espantados pelo muito de perplexidade que nos tinham então causado.

O essencial é prosseguir a leitura, ainda que nem tudo nos pareça claro. A recompensa por este pequeno esforço será enorme, pois a paisagem que descortinamos do alto daquela grande montanha literária recompensa largamente os esforços despendidos em sua escalada. Escalada que, afinal – como o leitor descobrirá –, é bem menos árdua e bem mais gratificante do que ele imaginava...

# Demarcando um percurso: síntese cronológica do relato de Riobaldo

O texto que se vai ler constitui um ensaio no sentido literal do termo: uma tentativa (com todos os riscos implicados na palavra) de demarcar e sintetizar, na extensa narrativa de *Grande sertão: veredas*, as etapas decisivas da trajetória de Riobaldo. Duas razões nos levaram a desenvolver e apresentar um projeto desta natureza:

A primeira, a de servir como um **complemento à leitura do romance**, visando auxiliar o leitor a refazer e organizar na memória o desenrolar da ação. Por conseguinte, a síntese aqui exposta **não deve jamais ser lida antes do próprio romance, sob pena da prejudicar seriamente o efeito expressivo deste.**

A segunda razão, correlata à anterior, é a de tentar resolver um problema que todos, após terminada a leitura, acabam tendo que enfrentar, de uma forma ou de outra: como encontrar determinada passagem ao longo das quase 600 páginas do romance? Como sabemos, o discurso narrativo do romance apresenta-se de forma contínua, sem divisões interiores (partes, capítulos ou equivalentes); ora, tal característica dificulta enormemente a localização de passagens específicas dentro do texto. Os professores que tiveram a necessidade, alguma vez, de trabalhar o livro em sala de aula conhecem bem o problema, agravado pelo fato de cada nova edição vir com numeração diferente da anterior. Como foi dito, nossa síntese procura demarcar, no correr da narrativa, as seqüências mais destacadas (ou destacáveis), indicando a página onde se iniciam; tal demarcação é, inevitavelmente, subjetiva e foi elaborada com um sentido, antes de tudo, prático: o de servir como uma espécie de índice geral para a trama do romance. Convém lembrar que, como a paginação varia de edição para edição, aqueles que desejarem utilizar neste sentido o trabalho aqui apresentado necessitam renumerar as seqüências de acordo com a edição que possuem. Nossa numeração refere-se à primeira edição, publicada pela José Olympio em 1956.

    Outro aspecto importante a ser salientado é que neste sumário os diferentes episódios aparecem na ordem temporal da trajetória do protagonista, não na ordem em que vêm dispostos no discurso narrativo. Assim, ele se inicia com o encontro de Riobaldo com o Menino às margens do de-Janeiro e termina após o desenlace das lutas. As antecipações à seqüência cronológica presentes no romance estão inseridas no momento da estória em que efetivamente ocorreram. Sempre que isto tem lugar, indicamos o fato em nosso texto e o destacamos pelo recuo da margem e pela numeração em itálico. As vinte páginas iniciais do livro não aparecem aqui referidas por transcorrerem no presente da narração e funcionarem como uma espécie de prólogo, antecedendo o início do relato propriamente dito.

* * *

**101** Riobaldo, com 14 anos, encontra um Menino (o futuro Diadorim) às margens do de-Janeiro, e, levado por ele, a despeito do medo extremo, realiza a travessia do S. Francisco numa canoa.

**111** Tempos depois, com a morte da mãe, a Bigri, Riobaldo é levado para a Fazenda S. Gregório, do padrinho (pai) Selorico Mendes. Faz estudos com Mestre Lucas, no Curralinho.

**116** A fazenda recebe certa noite a visita de Joca Ramiro, acompanhado do Hermógenes e do Ricardão e de uma tropa de jagunços. Um dos jagunços, o Siruiz, canta uma estranha canção, que marca fundamente o jovem Riobaldo.

122 Chocado com insinuações de que Selorico Mendes é, de fato, seu pai, Riobaldo foge um dia da fazenda. No Curralinho, encontra o alemão Vupes e visita o Mestre Lucas, que, por um acaso providencial, pode lhe oferecer a oportunidade de se tornar professor de um rico fazendeiro, da fazenda da Nhanva, que estava necessitando de um.

127 Na Nhanva, Riobaldo torna-se professor do próprio dono – Zé Bebelo –, que (com o apoio do governo) tem o projeto de sair em guerra para limpar o norte de Minas da jagunçada braba. Quando as lutas se iniciam, Riobaldo segue junto como secretário.

136 Cansado de presenciar tanta luta e violência, Riobaldo foge da tropa dos bebelos e reencontra, num pouso, o Menino (Reinaldo, Diadorim), em companhia de falsos tropeiros, na verdade jagunços de Joca Ramiro. Riobaldo se integra ao grupo e, enquanto permanecem no pouso por uns dias, vê desabrochar o seu amor por Diadorim.

147 Sob o comando de Titão Passos, o grupo, transportando munições, parte ao encontro do grosso do bando dos ramiros. Em caminho, ao ser aventada a possibilidade de virem a ser capturados pelos bebelos, Riobaldo vive uma dolorosa travessia do medo.

158 Chegam ao acampamento maior, sob a chefia do Hermógenes. Escarnecido por dois jagunços debochados, Diadorim se impõe na ponta do punhal. Flagrantes do cotidiano dos jagunços; a moda de amolar os dentes. Riobaldo firma seu prestígio pela pontaria e manifesta, desde logo, uma decidida (e premonitória) aversão pelo Hermógenes; Diadorim, ironicamente, procura defendê-lo.

(Aqui se insere a antecipação do encontro com Otacília: p. 157-158 e 187-197)

197 Tendo Hermógenes no comando, saem para guerrear contra os bebelos. Neste combate, batismo de fogo (e de mortes)

do jagunço Riobaldo, Zé Bebelo acaba levando a melhor, forçando o grupo do Hermógenes a bater em retirada.

215 Depois do combate e longe de Diadorim que, ferido, se separara do grupo, Riobaldo vive aguda crise existencial, que encontra expressão em uma conversa noturna com Jõe Bexiguento, simplório jagunço.

235 Diadorim retorna finalmente e, pouco depois, chega Sô Candelário para assumir o comando. Joca Ramiro visita o acampamento e deixa claro sua estima por Diadorim. Riobaldo é-lhe apresentado.

248 Num confronto ocorrido casualmente, Zé Bebelo é vencido, mas tem sua vida poupada por uma intervenção oportuna de Riobaldo.

251 Zé Bebelo é levado a julgamento diante dos líderes jagunços vitoriosos, presididos por Joca Ramiro. Começam então a definir-se duas linhas antagônicas nas hostes jagunças. A sentença final, não de morte sumária, mas de banimento em Goiás, provoca visível desagrado no Hermógenes. Após o julgamento, os grupos se dispersam.

285 Sob o comando de Titão Passos, o grupo integrado por Riobaldo e Diadorim acampa na Guararavacã do Guaicuí. Riobaldo toma então plena consciência de seu amor pelo amigo, amor que rejeita categoricamente como inaceitável e impossível (mas nem por isso menos real).

291 Chega à Guararavacã a notícia do assassinato à traição de Joca Ramiro pelo Hermógenes e seus asseclas (os "judas"): a revolta se manifesta num impulso unânime por vingança. A morte de Joca Ramiro vale "como o decreto de uma lei nova".

296 Partem da Guararavacã, sequiosos de justiçar os traidores, mas tudo dá errado: teria o Hermógenes a proteção do demo? Por ironia, os soldados do governo, vindos para vingar a suposta morte de Zé Bebelo, não dão tréguas. Os chefes resolvem, então, suspender por uns tempos a caça aos judas, e enviam um pequeno grupo para con-

tactar o contingente de Medeiro Vaz. Em suas andanças, esse grupo chega um dia à Fazenda Santa Catarina, onde Riobaldo vai conhecer Otacília. O relato deste encontro aparece – numa *técnica de antecipação* – em um ponto bem anterior da narrativa (como se pode verificar pelas páginas indicadas):

*157/158* O deslumbramento de Riobaldo quando vê, pela primeira vez, Otacília no enquadro de uma janela.

*187/197* O mesmo episódio da janela é retomado e a seqüência toda da Fazenda S. Catarina desenvolvida. Manifestam-se ciúmes mórbidos em Diadorim e uma malquerença recíproca entre ele e Otacília (breve antecipação do desfecho: 190). Riobaldo propõe casamento a Otacília, que aceita e declara que vai esperá-lo sempre.

**304** Saindo da Fazenda Santa Catarina, encontram finalmente Medeiro Vaz e iniciam "a tristonha história de tantas caminhadas e vagos combates", que já foi narrada – através de uma *técnica de antecipação* – no início do livro (pp. 29-97):

29 Para repousar, o grupo de Medeiro Vaz passa umas semanas em um fazendol: remanso lírico nas relações de Riobaldo com o amigo, que, entretanto, só pensa em vingar-se dos judas.

34 Pouco tempo depois, dá-se o encontro de Riobaldo com Nhorinhá. A mãe, Ana Duzuza, conta o plano de Medeiro Vaz de atravessar o Liso do Sussuarão, irritando pela indiscrição o já enciumado Diadorim. Este, em discussão com Riobaldo, acaba por revelar que Joca Ramiro era seu pai.

46 O projeto de travessia do Liso, posto em execução, fracassa, depois de muito sofrimento e algumas mortes.

57 Uma vez refeitos da frustrada tentativa, os jagunços de Medeiro Vaz prosseguem na caça aos judas, mas sem sucesso, e tendo sempre os soldados contra si.

*66* Riobaldo, com o Sesfredo, é enviado por Medeiro Vaz para tentar contato com outros grupos aliados. Encontram o de João Goanhá, mas os jagunços, não podendo fazer frente à sanha da soldadesca, resolvem dispersar-se.

*71* Riobaldo e Sesfredo chegam a Arassuaí, onde permanecem algum tempo, até que resolvem, finalmente, retornar para junto de Medeiro Vaz. Em Arassuaí encontram o alemão Vupes, que aproveita para seguir viagem com eles.

*79* Quando, por fim, acham o grupo de Medeiro Vaz, este já se encontra moribundo. Após sua morte, vem à baila o problema da chefia, que Riobaldo recusa para si, assim como rejeita a candidatura de Diadorim, indicando a figura honrada, mas limitada, de Marcelino Pampa.

*87* A chefia de Marcelino tem curta duração, pois Zé Bebelo, voltando do banimento em Goiás, surge de improviso e, com o acordo geral dos jagunços, assume a posição de chefe.

*91* Zé Bebelo reorganiza o bando e sai à guerra, que conduz sempre com o maior sucesso. (Esse relato antecipatório é suspenso no ponto em que vem referido "um tiroteio ganho na fazenda São Serafim", na p. 97; o seguimento da estória só é retomado na p. 309).

**309** Zé Bebelo prossegue nas lutas, buscando encontrar e derrotar o Hermógenes, mas este consegue sempre escapar. Num combate, Riobaldo é levemente ferido.

**317** Parando para descansar uns dias na deserta Fazenda dos Tucanos, os jagunços são surpreendidos e cercados pelos hermógenes. Na busca de uma saída, Zé Bebelo leva Riobaldo a escrever cartas, em seu nome, às autoridades, chamando os soldados; tal atitude suscita a desconfiança deste na lealdade do chefe, resultando daí uma situação de latente conflito entre ambos, que irá perdurar até o fim da longa seqüência do cerco e que marca o início do declínio de Zé Bebelo e da ascensão de Riobaldo. Episódio relevante nessa seqüência é o da matança dos cavalos (pp. 334-339), manifestação exemplar da pura maldade e do demoníaco no universo dos hermógenes.

351 A chegada dos soldados leva os dois grupos inimigos a negociarem uma trégua, que, como previra Zé Bebelo, permite uma retirada tranqüila e bem-sucedida.

365 Após a retirada, os bebelos vagam a pé, meio desorientados. Riobaldo oferece a Diadorim a pedra trazida de Arassuaí, que este recusa até que se tenha cumprido a vingança pela morte de Joca Ramiro. Para consternação de Diadorim, Riobaldo formula a idéia – não consumada – de largar tudo e partir. Em um discurso ambíguo, marcado pelo ciúme, Diadorim parece projetar indiretamente em Otacília seus sonhos irrealizáveis de moça.

377 Os jagunços encontram os catrumanos do Pubo e atravessam o arraial do Sucruiú, assolado pela bexiga. No retiro do Abrão, saqueado, surpreendem o pretinho Gurigó. Diante da ameaça da bexiga, Riobaldo nota, pela primeira vez, o medo em Zé Bebelo. Chegam finalmente no Coruja, um retiro taperado perto das Veredas Mortas.

394 No Coruja, consciente do declínio de Zé Bebelo, da precariedade de sua própria condição como simples jagunço (diante da noiva Otacília) e da necessidade de dar fim ao Hermógenes, Riobaldo decide consumar o Pacto.

405 Visita do seô Habão, proprietário daqueles lugares, homem voltado apenas para o lucro e para acumulação material. Ele impõe de tal forma a sua presença e os seus valores, que até Zé Bebelo parece querer agradá-lo. Riobaldo, impressionado, desenvolve toda uma reflexão contrastando o jagunço, "homem muito provisório", com o "fazendeiro-mor, sujeito da terra definitivo".

411 A cena do pacto: Riobaldo atinge a plenitude da autoconfiança – "eu estava bêbado de meu".

417 Após o pacto: seô Habão presenteia Riobaldo com seu cavalo, logo batizado Siruiz. A chegada de João Goanhá

leva Riobaldo a levantar a questão da chefia, que acaba ele próprio por assumir, liquidando dois jagunços que a ele se opunham. Diante do fato consumado, Zé Bebelo parte para sempre.

431 Início do comando de Riobaldo: seô Habão é enviado a Otacília, com a pedra de topázio (para tristeza e ciúme de Diadorim). Arregimentação dos catrumanos, do cego Borromeu e do menino Gurigó.

443 Estada em casa de seo Ornelas: embora tentado pela beleza da neta deste, Riobaldo a respeita, oferecendo a sua proteção a ela e às demais mulheres da casa – tudo isso devido, possivelmente, ao olhar vigilante e ansioso de Diadorim.

453 Prosseguindo caminho, encontram uma mulher que dá à luz na presença de Riobaldo. Diadorim alerta o amigo sobre as mudanças profundas que nele vem observando, mudanças "no cômpito da alma". Por causa disso – revela – enviara recado a Otacília, para que ela rezasse muito por ele. Tal atitude havia sido motivada por dois episódios (anteriores) em que aflorara, no comportamento de Riobaldo, a vertigem do mal: o de nhô Constâncio Alves (pp. 461-464) e o do homenzinho-na-égua, com o cachorro (pp. 464-472). A posição de Diadorim traz à tona o problema do pacto e seus efeitos.

482 O episódio do lázaro e os conflitos morais que desperta em Riobaldo: Diadorim atua no caso como uma entidade protetora, velando pelo amigo. Os urucuianos, vindos com Zé Bebelo, resolvem partir, deixando Riobaldo preocupado pelas razões que os teriam levado a tal decisão.

493 Riobaldo resolve tentar novamente a travessia do Liso do Sussuarão que, agora, conquanto efetuada sem maiores preparativos, é bem-sucedida. Apenas um jagunço, o Treciziano, ao tentar matar o chefe, é por ele morto (Riobaldo se interroga: era o demo?). Após a travessia, a fazenda do Hermógenes é atacada, incendiada, e a Mulher levada como refém.

**508** Prosseguem na caça ao Hermógenes, conduzindo junto a Mulher. O velho estúrdio e seu tesouro. Nhorinhá e os acidentes do destino (p. 511). A falta de mulheres leva os jagunços às prostitutas do Verde-Alecrim (pp. 514-518). Diadorim confessa a Riobaldo que o desejo de servi-lo já é maior que a sede de vingança. Descansam uns dias na fazenda do Zabudo, onde se verifica uma entrevista misteriosa de Diadorim com a mulher do Hermógenes (pp. 524-528).

**534** Chegam aos campos do Tamanduá-tão. Avistando, por acaso, a aproximação dos adversários, conseguem cercá-los e derrotá-los. Riobaldo comanda a luta, mas não se envolve pessoalmente. No final, o Ricardão é desentocaiado de uma tapera e morto por um tiro de Riobaldo.

**546** Prosseguindo na perseguição ao Hermógenes, encaminham-se para o Paredão. Chegam notícias de dois viajantes, que Riobaldo supõe serem Otacília e o seô Habão; esperançoso, sai atrás deles, acompanhado do Alaripe e do Paspe. Após busca infrutífera, ele retorna ao Paredão (os outros dois continuam).

**560** No Paredão, povoado com uma única rua, os jagunços aprestam-se para a luta. A Mulher, o cego e o menino ficam no único sobrado da rua. Na véspera do combate, Riobaldo, sentindo-se protegido pela gravidade do momento, quase confessa seu amor a Diadorim, mas é contido pela reação de repulsa deste.

**566** O combate final: contrariando os planos traçados, a luta eclode no lado onde menos se esperava, tomando a todos de surpresa. Riobaldo, refazendo-se logo, assume o comando e, a instâncias de Diadorim, sobe para o sobrado, de onde pode fazer valer sua pontaria. Um crescente mal-estar físico começa a dificultar sua ação. Quando os hermógenes já levavam vantagem, chega João Goanhá com a retaguarda. Súbito o combate cessa: os dois lados decidiram resolver tudo à faca. Sob o olhar de um Riobaldo inerte, paralisado por um ataque, Diadorim, no final da rua, punhal na mão, enfrenta o Hermógenes, mata-o, e em seguida desaparece no torvelinho da luta. Riobaldo desfalece.

582 Riobaldo volta a si, já a vitória definida, e conhece que Diadorim havia morrido. Trazem a Mulher do Hermógenes para que veja o marido morto, mas ela confessa que o odiava. Pede então que tragam o corpo de Diadorim e toma para si a tarefa de despi-lo e lavá-lo: "era o corpo de uma mulher, moça perfeita...". Riobaldo, surpreso e dilacerado pela dor, chora abraçado à Mulher do Hermógenes, enquanto se dá o sepultamento de Diadorim.

586 Epílogo: Riobaldo se despede da vida de jagunço e parte acompanhado de alguns amigos. Ainda muito doente, é tratado na fazenda de seo Ornelas. Lá, um dia, aparece Otacília: o casamento é tratado, mas após um prazo de luto. Riobaldo recebe a herança do padrinho, mas antes vai aos gerais de Lassance em busca das origens de Diadorim, *Maria Deodorina*, na certidão de batismo. Por fim, reencontra Zé Bebelo, que o encaminha ao Compadre Quelemém. Neste, Riobaldo encontra, finalmente, o apoio espiritual de que tanto necessitava.

# "Buriti": o ritual da vida*

> ... e o não-senso, crê-se, reflete por um triz a coerência do mistério geral, que nos envolve e cria. A vida também é para ser lida. Não literalmente, mas em seu supra-senso.
>
> (GUIMARÃES ROSA, *Tutaméia*)
>
> À noite, o mato propõe uma porção de silêncios; mas o campo responde e se povoa de sinais.
>
> As pessoas – baile de flores degoladas, que procuram suas hastes.
>
> (GUIMARÃES ROSA, "Buriti")

## *Mapeando o percurso*

Este trabalho constitui o desenvolvimento e a ampliação de um antigo ensaio sobre a mesma novela, com o título de "Buriti: uma interpretação", redigido em abril de 1971, quando ainda cursávamos a Faculdade de Letras da UFRJ, para participarmos de um concurso literário. Versão levemente condensada do texto foi posteriormente publicada na revista *Boletim de Ariel*, dirigida por Afrânio Coutinho, no vol. I, nº 3, 1973. O limite de extensão prefixado pelo concurso (15 laudas) impediu que na época pudéssemos dar desenvolvimento mais amplo à matéria, razão pela qual hoje, quase três décadas depois, retor-

---

* In: *Metamorfoses*. Nº 2. Rio de Janeiro: Cátedra Jorge de Sena para Estudos Literários Luso-Afro-Brasileiros. UFRJ, set/2001, pp. 169-200.

namos ao assunto. Os pontos centrais de nossa análise e interpretação permanecem, entretanto, inalterados.

Nos anos seguintes à publicação original, saíram dois ensaios significativos abordando "Buriti": um, de Luiz Costa Lima, integra o volume *A metamorfose do silêncio*, de 1974[1]; o outro, de Ana Maria Machado, constitui um capítulo de seu instigante livro sobre a função dos nomes em Guimarães Rosa[2]; conquantos ambos enfoquem muitos pontos já abordados em nosso trabalho, nenhum deles lhe faz qualquer referência, muito provavelmente porque não o conheciam, pois o *Boletim de Ariel* tinha diminuta circulação. O ensaio que ora apresentamos, por sua vez, não se propõe a um diálogo com esses dois textos, que, de resto, possuem propósitos e fundamentos teóricos bem diversos dos nossos. O que pretendemos foi tão-somente retomar e ampliar a análise que havíamos realizado no passado, a partir das bases então estabelecidas, incorporando porém outros pontos que a convivência constante com a obra rosiana, ao longo dos anos, pôde sugerir. Queremos registrar, contudo, uma dívida com Ana Maria Machado: a atenção que ela desperta em seu estudo para o nome científico do buriti serviu para confirmar algumas afirmações contidas no ensaio de 1971 sobre as relações simbólicas entre iô Liodoro e o Buriti-Grande.

Do ponto de vista metodológico, algumas palavras se impõem: mais do que de qualquer reflexão teórica apriorística, o presente estudo é fruto da leitura atenta e minuciosa (e, poderíamos acrescentar, amorosa) do texto rosiano, e buscou, na medida do possível, captar as múltiplas nuances semânticas que o escritor pôs em jogo ao elaborar seu rico e complexo tecido narrativo. Procuramos sempre fundamentar as conclusões na análise detalhada da trama mesma deste tecido narrativo,

---

[1] LIMA, Luiz Costa. O buriti entre os homens ou O exílio da utopia. In: ----. *A metamorfose do silêncio*. Rio de Janeiro: Eldorado, 1974, pp. 129-186.

[2] MACHADO, Ana Maria. *Recado do nome*: leitura de Guimarães Rosa à luz do nome de seus personagens. Rio de Janeiro: Imago, 1976 (cap. VI, "Sortilégios do nome", pp. 117-159).

razão pela qual são freqüentes e abundantes as citações. Acreditamos que, muitas vezes, a simples justaposição concreta de passagens pertinentes a um determinado tema ou problema pode elucidá-lo melhor e mais claramente aos olhos do leitor do que uma página inteira de considerações eruditas e abstratas. Guimarães Rosa afirmou certa vez que "a crítica literária, que deveria ser uma parte da literatura, só tem razão de ser quando aspira a complementar, a preencher, em suma, a permitir o acesso à obra"[3]. Esta foi, na verdade, nossa aspiração. Para tanto visamos sempre a um máximo de clareza expositiva, pois entendemos que a densidade e penetração de um texto crítico não deve nunca ser paga ao preço enganoso do falso hermetismo que, o mais das vezes, serve apenas para mascarar inépcia estilística e/ou indigência de idéias.

Como ponto de partida de nosso estudo inicial, de 1971, sobre "Buriti" atuou, além do entusiasmo e admiração pela obra-prima de Guimarães Rosa, o estímulo trazido pela leitura do fecundo ensaio de Benedito Nunes sobre o amor na obra rosiana, publicado em 1969[4]. Continuamos a considerar válidas a maior parte das conclusões a que chega o notável crítico paraense, que assim permanecem, de certo modo, subjacentes à versão atual do trabalho. Curiosamente, Benedito Nunes, em seu ensaio, não faz qualquer referência a "Buriti", onde melhor se evidenciam os problemas por ele analisados no conjunto da produção rosiana. Por que seria? Fica a interrogação...

\* \* \*

Um dos traços da obra de Guimarães Rosa que a singularizam no conjunto da produção ficcional do séc. XX é o modo

---
[3] LORENZ, Günter. Diálogo com Guimarães Rosa. In: COUTINHO, Eduardo de Faria, org. *Guimarães Rosa*. Rio de Janeiro: Civilização Brasileira, 1983 (Col. Fortuna Crítica, 6), p. 75.
[4] NUNES, Benedito. O amor na obra de Guimarães Rosa. In: ----. *O dorso do tigre*. São Paulo: Perspectiva, 1969 (Col. Debates 17), pp. 143-171.

intenso, quase místico, com que nela a *vida* aparece afirmada. Sem fechar os olhos aos aspectos sofridos e até trágicos inerentes ao ofício de viver, domina, contudo, o universo rosiano uma celebração apaixonada da *vida*, que encontra sua expressão mais eloqüente no tratamento do amor.

Na literatura romântica o amor aparecia igualmente como força fecundante, única capaz de conferir à vida seu sentido pleno, mas o Romantismo, numa postura afinada pela tradição cristã, restringia com freqüência a dignidade do amor à sua face espiritual, de sentimento puro, desvinculado das exigências da carne, que só poderiam degradá-lo ou, quando menos, maculá-lo. O impulso erótico era negado ou reprimido para que o amor espiritual pudesse resplender. *Lucíola*, de Alencar, constitui uma manifestação típica, conquanto exacerbada, de tal postura: à proporção que Lúcia se redime da vida dissoluta pelo amor que vota a Paulo, renuncia gradualmente às relações sexuais com o amado, até interrompê-las por completo. Amor puro e erotismo são entendidos como realidades antitéticas e de todo inconciliáveis. Guimarães Rosa recupera o sentido fundador que o amor recebia no universo romântico, como a expressão mais alta da própria vida, mas resgata-o daquela oposição estéril e castradora.

Benedito Nunes, no ensaio já referido, busca mostrar como a concepção erótica de Guimarães Rosa, partindo de elementos oriundos do platonismo e da tradição hermética e alquímica, chega a uma visão do amor como integração não-conflitiva do sensível e do espiritual, onde este se apresenta como um desdobramento natural daquele. Seria de todo impossível sintetizar aqui o texto do crítico paraense, e nem isso é necessário para nosso propósito; desejamos apenas nele ressaltar alguns pontos diretamente pertinentes à nossa análise de "Buriti". O primeiro se refere ao destacado papel que o amor carnal desempenha na ficção rosiana, não como fim em si, mas como etapa no caminho da plenitude da realização amorosa, etapa que, entretanto, não é abolida no estágio final, mas a ele integrada dialeticamente:

A harmonia final das tensões opostas, dos contrários aparentemente inconciliáveis que se repudiam, mas que geram, pela sua oposição recíproca, uma forma superior e mais completa, é a dominante na erótica de Guimarães Rosa. Nela o amor espiritual é o esplendor, a refulgência do amor físico, aquilo em que a sensualidade se transforma, quando se deixa conduzir pela força impessoal e universal de *eros*.[5]

O impulso erótico, na condição de motor mesmo da vida, adquire um sentido cósmico, totalizante, que exclui qualquer noção de culpa ou de degradação:

> A união dos sexos é boda, "casamento esponsal", momento de celebração, descoberta, iniciação. O prazer sexual, que nada tem de obscuro ou de pecaminoso, marca um começo, o início de uma trajetória.[6]

Assim, o sexo se despe totalmente das conotações negativas ou destrutivas de que se revestia no período romântico, para afirmar-se, acima de tudo, como fator de renovação vital:

> Na sua função cósmica, a *copulatio* constitui um símbolo de renovação, o prenúncio da aurora, da primavera. É o surto da vida, a eterna boda das coisas e dos seres, apagando a velhice e vencendo a morte.[7]

Esta visão do erotismo como força positiva, dotada de um poder quase místico de regeneração da vida, encontra-se presente em numerosas narrativas de Guimarães Rosa, mas em nenhuma de modo tão ostensivo e abrangente quanto na novela "Buriti", publicada em 1956 no volume *Corpo de baile*.[8]

---

[5] NUNES, Benedito, op. cit., p. 147.
[6] Ibidem, p. 148.
[7] Ibidem, p. 150.
[8] *Corpo de baile* foi inicialmente publicado em 1956, como obra única, em dois volumes, contendo sete novelas. A partir da 3ª edição, de 1965, foi dividido em três volumes

Entre as novelas de *Corpo de baile*, outras têm o amor como tema central, como "A estória de Lélio e Lina", onde a temática amorosa merece um destaque particular, e onde surge uma das maiores criações do autor sob este aspecto: Dona Rosalina. "Buriti" representa, contudo, a culminação do ciclo: não só pela extensão e complexidade, como porque nela o erotismo, assumindo dimensão cósmica, torna-se o eixo nuclear em torno do qual a narrativa vai-se estruturar em todos os níveis. Os personagens, a natureza, os próprios objetos adquirem sentido simbólico enquanto integrantes de um ritual que os envolve a todos e constitui a própria essência da vida.

* * *

## *A travessia*

A narrativa de "Buriti" divide-se em três partes, de extensão e natureza bastante desiguais[9]: a primeira e a terceira centradas na figura de Miguel, a segunda em Lalinha. Na realidade, a obra funciona, como veremos, à semelhança de um drama em três atos: no primeiro o mundo do Buriti Bom é apresentado em seu aspecto de calmaria modorrenta; no segundo, esta calmaria vai aos poucos sendo destruída pelo aflorar de insuspeitadas forças de renovação, que se encontravam latentes, reprimidas, e que são ativadas pela vinda de Miguel;

---

autônomos, o que, se facilitou a difusão e a venda, prejudicou a unidade íntima da obra, pois há recorrência de personagens nas diferentes narrativas e, mesmo, referências intertextuais. Assim, o Miguel de "Buriti", é o mesmo Miguilim de "Campo geral", e nas recordações do personagem adulto aparecem alusões a episódios da infância vividos e narrados naquela outra novela, mas perdidos para o leitor que não a tenha lido. Ora, na publicação original, "Campo geral" abria o livro e "Buriti" o fechava: as duas narrativas estavam, assim, naturalmente integradas no processo de leitura.

[9] A edição de "Buriti" por nós utilizada no correr deste trabalho será a 4ª publicada, juntamente com "Lão-dalalão (Dão-lalalão)", no volume *Noites do sertão*. Rio de Janeiro: José Olympio, 1969. Neste volume, num total de 168 páginas, a primeira parte engloba 62, a segunda 99 e a terceira apenas 7.

o último aponta para o coroamento do processo, com a volta do rapaz à fazenda.

Conquanto a novela apresente, na maior parte, a narrativa em terceira pessoa, com um narrador externo, este narrador se vale sempre, como refletor, da consciência de um personagem, que observa e analisa os fatos que se vão desdobrando à sua volta. Na parte inicial (como também na terceira) este personagem é Miguel, e de tal forma tudo se articula em torno de sua percepção da realidade, que, por breves momentos (e como para marcar uma proximidade máxima entre o personagem e as vivências relatadas), ele assume efetivamente o lugar do narrador, passando a narrativa a se desenvolver em primeira pessoa. Mas, mesmo quando o discurso narrativo parece fruto do narrador externo, distanciado, na verdade o que vem mostrada é a visão de Miguel; assim, após uma descrição aparentemente objetiva do Brejão, este narrador externo faz questão de deixar claro: "Assim Miguel via aquilo" (108).[10] Apenas em curtas passagens Miguel cede o seu papel de refletor a Nhô Gualberto Gaspar, pois o dono da Grumixã, num primeiro momento, vai atuar como guia, introduzindo o jovem veterinário recém-chegado no universo do Buriti Bom.

Do ponto de vista do tempo narrativo, a parte inicial articula dois momentos bem distintos: quando a narrativa se abre, Miguel está de volta à região, após um ano de ausência, movido por seu amor a Glorinha e resolvido a solicitar a mão da moça ao pai, iô Liodoro. Contudo, a matéria ficcional desta primeira parte reporta-se, através das recordações de Miguel, há um ano atrás, época de sua primeira estada no Buriti Bom, quando travou conhecimento com a família e se apaixonou pela filha do fazendeiro. O fato de a apresentação dos acontecimentos se efetivar a partir da memória de um personagem que relembra o passado torna possível grande mobilidade de situações e planos

---

[10] Os números entre parênteses após as citações do texto de "Buriti" referem-se às páginas da edição por nós indicada.

temporais, conferindo à narrativa uma estrutura descontínua, fragmentária, em que a visão do próprio Miguel aparece justaposta e combinada às apreciações de Nhô Gual sobre o povo do Buriti Bom. O tom dominante é estático, descritivo, de cunho mais épico do que dramático: o olhar de Miguel é o olhar de alguém de fora, que tenta penetrar num mundo que o atrai, que o fascina mesmo, mas que, em larga medida, o desconcerta.

A segunda parte contrasta bastante com a primeira; a aparência de quietude e de imobilismo que o Buriti Bom oferecera ao olhar forasteiro de Miguel revela-se enganosa quando observada do interior: é nesta parte que a trama propriamente dita da novela se desenrola. Lalinha, que no plano do discurso narrativo assume agora o papel de consciência refletora (antes desempenhado por Miguel), ocupa igualmente o centro da ação narrada. O tratamento do tempo também diverge radicalmente do que ocorrera na parte inicial: os eventos narrados não se situam no passado (evocados livremente pela memória saudosa de Miguel), mas vão acontecendo no dia-a-dia da vida da fazenda e deixando sua marca no espírito lúcido e questionador de Lalinha.

Em consonância com uma estrutura de tipo mais dramático, o fluir temporal passa a ter função decisiva: muito lento, quase estagnado, a princípio, acelera-se rapidamente após a breve visita de Miguel. A ação narrada cobre um arco cronológico de quase dois anos: da ida de iô Liodoro à cidade para buscar a nora e a subseqüente chegada desta ao Buriti Bom (setembro), passando pela primeira vinda de Miguel (maio do ano seguinte), até à volta do rapaz para pedir a mão de Glorinha (maio também, um ano depois). Note-se que nesta parte o transcurso objetivo do tempo vem regularmente assinalado pela indicação dos meses e das festas do ano, como o Natal, o São João, etc.; do ponto de vista dramático, porém, o que importa é sua vivência subjetiva por parte dos personagens (e do leitor), e esta se processa em ritmo cada vez mais intenso, pois paira no ar uma expectativa ansiosa, que projeta todas as esperanças num futuro carregado de dúvidas e inquietações.

A última parte retoma o relato da volta de Miguel à região (com que se abre e fecha a parte inicial); agora, entretanto, é o presente, não a visão retrospectiva do passado, que está em foco. Externamente, diante do olhar inocente e esperançoso do jovem, quase nada se alterou; mas o leitor, a par dos acontecimentos narrados na segunda parte, sabe que tudo se alterou e que Miguel é agora um elemento central na ação. A chegada dele representa, como dissemos, a culminação de um longo processo, que se desenrolou em sua ausência, mas para o qual a breve estada anterior na fazenda teve papel decisivo. Do contraste entre o conhecimento que o leitor detém das transformações profundas por que passou o mundo do Buriti Bom e a visão ingênua do personagem nasce a força expressiva do final da obra.

* * *

No plano da significação, a estrutura da novela se articula sob a forma de um jogo de simetrias entre dois universos bem configurados: o humano, representado pelo Buriti Bom e seus moradores – que gravita em torno da figura patriarcal de iô Liodoro –, e o da natureza, que tem por centro o Brejão-do-Umbigo, e sobre o qual paira a forma imponente do Buriti-Grande. À proporção que a narrativa progride o leitor vai-se dando conta de que entre os dois universos se estabelece uma trama sutil de aproximações, num discreto intercâmbio das características de cada um. Este jogo de espelhos fica particularmente evidente numa aproximação entre iô Liodoro e o Buriti-Grande.

A colossal palmeira surge na paisagem (e na narrativa) como uma forma dominadora, de impressionantes proporções:

> O Buriti-Grande – igual, sem rosto, podendo ser de pedra. Dominava o prado, o pasto, o Brejão, a mata negra à beira do rio, e

sobrelevava, cerca, todo o buritizal. /.../ Plantava em poste <u>o corpulento roliço</u>, /.../. /.../ E, em noite clara, era espectral – <u>um só osso, um nervo, músculo</u>. /.../ Sua beleza montava, magnificava.

........................................................................................................

A gente <u>queria</u> e <u>temia</u> entendê-lo, e contra <u>aquele ser</u> apunha uma trincheira de imagens e lembranças. /.../ Todas as palavras envelheciam o buriti-grande, o recuavam; mas ele de novo estava ali, sempre sucedido, <u>sempre em carne</u>. (pp. 136-137)[11].

Nesta passagem, como em muitas outras em que o Buriti-Grande aparece descrito, dois aspectos se destacam: sua humanização e seu inquestionável sentido fálico. O Buriti-Grande assume, na novela, a dimensão de uma entidade mítica, quase humana, representando a força onipresente de *eros*, que preside soberano ao ritual da vida. Daí talvez por que o <u>querer</u> entendê-lo venha misturado com o <u>temer</u>: os impulsos eróticos, que se radicam nas profundezas do inconsciente, constituem sempre motivo de temor, contra os quais são erguidas múltiplas trincheiras... A simbologia fálica do Buriti-Grande fica ainda mais clara em outra passagem, referente à primeira visita de Miguel ao Buriti Bom, quando nhô Gual o leva para conhecer a gloriosa palmeira:

– Maravilha: vilhamara! /.../ Seu nome, só assim mesmo poderia ser chamado: o Buriti-Grande. Palmeira de iô Liodoro e nhô Gualberto Gaspar. Dona Lalinha, Maria da Glória, quem sabe dona Dionéia, a mulata Alcina, ià-Dijina, sonhassem em torno dele uma ronda debailada, desejariam coroá-lo de flores. O rato, o preá podem correr na grama, em sua volta; mas a pura luz de maio fá-lo maior. Avulta, avulta, sobre o espaço do campo. Nas raízes alguém trabalhando. O mais, imponência exibida, estrovenga, chavelhando

---

[11] Como o autor se vale com freqüência, em seu texto, para grifar palavras, tanto dos tipos itálicos como dos negritos, utilizaremos sempre, para idêntico fim, as palavras sublinhadas. O objetivo é evitar possível e indesejável ambigüidade. Assim sendo, <u>todas as palavras sublinhadas neste trabalho constituem grifos nossos, sem que tenhamos que indicá-lo a cada vez</u>.

nas grimpas. – "*Eh, bonito, bão... Assunga... Palmeira do curupira...*" Tinha dito o Chefe Zequiel, bobo risonho. Como o Curupira, que brande a mêntula desconforme, submetendo as ardentes jovens, na cama das folhagens, debaixo do luar. O Chefe falava do buriti-grande, que se ele fosse antiquíssimo homem de botas, um velho, capataz de, de repente, dobrar as pernas – estirava os braços, se sentava no meio da vargem. Morto, deitado, porém, cavavam-lhe no lenho um cocho, que ia dessorando até se encher de róseo sangue doce, que em vinho se fazia; e a carne de seu miolo dava-se transformada no pão de uma brumosa farinha, em glóbulos remolhada. /.../ Sua presença infundia na região uma sombra de soledade. Ia para o céu – até setenta ou mais metros, roliço, a prumo – inventando um abismo.

– Ele é que nem uma igreja... – Maria Behú disse. (p. 126)

Não é necessário destacar, por demasiado evidente, o processo de antropomorfização da palmeira, "um antiquíssimo homem de botas", na visão do Chefe Zequiel. Mas, para além do aspecto puramente humano, ressalta o teor fálico que domina a descrição: desde o jogo fônico implícito entre "fá-lo maior" e falo maior, até à referência à "imponência exibida" da árvore, semelhando uma "estrovenga", uma "mêntula desconforme", como a do Curupira, quando submete as "ardentes jovens" na cama de folhagens[12]. E estas "ardentes jovens" não seriam diferentes daquelas outras que sonham dançar uma ronda à volta do Buriti-Grande, para no fim coroá-lo de flores: Dona Lalinha, Maria da Glória, Dona Dionéia, a mulata Alcina, ià-Dijina, ou seja, as mulheres que, na novela, contrariamente a Maria Behú ou Dona-Dona, se deixam conduzir pela força universal de *eros* (para nos valermos dos termos utilizados por Benedito Nunes).

Outro traço de suma importância na passagem acima transcrita é o caráter mítico-ritualístico associado à gigantesca

---

[12] "Estrovenga" e "mêntula" (ou mêntulo) são designações populares e regionais para o falo.

palmeira/falo, que se torna ainda mais nítido pela assimilação, ao sistema expressivo do texto, de elementos tomados ao ritual eucarístico cristão: assim, morto o buriti, o seu "sangue" se faz "vinho" e a sua "carne" se faz "pão"[13]. Neste sentido, é significativo o fato de que, quando mais intenso se torna o movimento erótico no Buriti Bom (no auge dos encontros noturnos de Lalinha com iô Liodoro, e na noite em que pela primeira vez nhô Gual e Glorinha vão-se encontrar), o fazendeiro, no seu contentamento, não mais se satisfaça com o habitual gole de restilo partilhado com o compadre, e mande que a filha traga também o vinho de buriti: "O vinho-doce, espesso, no cálice, o licor-de-buriti, que fala os segredos dos Gerais, a rolar altos ventos, secos ares, a vereda viva. Bebiam-no Lala e Glória. /.../ Bebia-o Lala, todos riam sua alegria, <u>era a vida</u>. Por causa dela iô Liodoro mandara servir o vinho, <u>era um preito</u>." (p. 225). O ato de beber o vinho de buriti ganha um sentido ritual, valendo como a consagração do intenso movimento erótico que desabrocha sob a paz remansosa do Buriti Bom.

> E a palavra final desse processo de mitificação do Buriti-Grande, vamos encontrá-la na comparação de que se vale a mística Behú para exaltá-lo: "Ele é que nem uma igreja...".

\* \* \*

Se o Buriti-Grande, "roliço, a prumo", dominando a paisagem, simboliza, como um grande totem, a força omnipresente de *eros*, é iô Liodoro quem, no plano humano, exerce papel equivalente. Aliás, é significativo que o autor utilize o adjetivo "roliço" tanto para qualificar o Buriti-Grande ("roliço a prumo"; "o corpulento roliço"), como iô Liodoro: "Iô Liodoro re-

---

[13] Observe-se o sutil torneio estilístico de que se vale o autor para acentuar o paralelo com o ritual eucarístico: "sangue" e "carne" são, na frase, sujeito (e não objeto) da ação verbal da transformação respectiva em vinho e pão (o sangue "se fazia" e a carne "dava-se"). Na linguagem de Guimarães Rosa nada acontece por acaso...

gia sem se carecer; mas somente por ser duro em todo o alteado, um homem roliço – o cabeça" (p. 95). A mesma imagem, de indisfarçável conotação fálica, identifica o fazendeiro e a palmeira. Por outro lado, enquanto o Buriti-Grande vem descrito com imagens antropomórficas, a figura majestosa do senhor do Buriti Bom parece suscitar, naqueles que a contemplam, a idéia de uma árvore:

> Modo estranho, em Iô Liodoro, grande, era que ele não mostrava de si senão a forma. Força cabida, como a de uma árvore, /.../. (p. 132).
>
> Aquele homem assentava bem com as árvores robustas, com os esteiões da casa (p. 175).
>
> Ele era do meio dos Gerais e dali – de seus matos, seus campos, feito uma árvore (p. 228).

Atentando-se para o nome do fazendeiro, veremos que ele se chama Liodoro Maurício, filho da sempre lembrada Vovó Maurícia, que habita no meio dos Gerais. Ora, a designação científica do buriti é *Mauritia vinifera;* no plano dos valores simbólicos, fecha-se assim o círculo, sintetizado numa frase que ocorre à reflexão de Lalinha, na véspera do desenlace de sua relação com iô Liodoro: "Ele, como o Buriti-Grande – perfeito feito." (p. 243)

As aproximações entre o Buriti-Grande e iô Liodoro não se restringem apenas à majestade e grandeza comum a ambos: também a potência erótica que a palmeira simboliza encontra o seu correspondente na intensa atividade sexual do fazendeiro, pois este, apesar de viúvo e de manter dentro de casa um comportamento sempre austero, demonstra extremado apetite sexual, que busca saciar pelas imediações, com amantes de circunstância (Dona Dionéia, a mulata Alcina), distanciadas do círculo familiar. Na visão de nhô Gualberto Gaspar:

> Iô Liodoro era homem punindo pelos bons costumes, com virtude estabelecida, mais forte que uma lei, na sisudez dos antigos. /.../ E ele, por natureza, bem que carecia, mais que o comum dos outros, de reservar mulher. (p. 95)

> O que iô Liodoro é, é antigo. Lei dum dom, pelos costumes. E ele tem mesmo mais força no corpo, açoite de viver, muito mais que o regular da gente /.../ fraqueza dele é as mulheres... /.../ Dentro de casa, compadre iô Liodoro é aquela virtude circunspecta, não tolera relaxamento. Conversas leves. *Mas, por em volta, sempre teve suas mulheres exatas* (p. 104).

> Há-de, ele é viúvo são, sai aos repentes por aí, feito cavalo inteiro em cata de éguas, cobra por sua natureza. Garanhão ganhante... Dizem que isso desce de família, potência bem herdada (p. 121).

Esta herança familiar fica evidenciada não apenas na identificação de iô Liodoro através da mãe, Maurícia, com a figura fálica do Buriti-Grande, como no fato de seu pai se chamar, muito sugestivamente, Seo Faleiros... (pp. 159-160). De resto, no mesmo campo semântico de erotismo, cabe lembrar que o nome da falecida mulher do fazendeiro, e mãe de Maria da Glória, era Iaiá Vininha (p. 228), derivado de Vênus. Dentro deste contexto, na medida em que o comportamento erótico de iô Liodoro é entendido como parte de um movimento global, cósmico, de *eros*, não se reveste de qualquer conotação degradante ou culposa: ao contrário, assume quase a dignidade de um ritual. Na passagem abaixo, isso fica nitidamente evidenciado nas próprias palavras utilizadas, todas elas, sob o ângulo ético, marcadas por conotações positivas:

> Iô Liodoro regressa a casa às vezes já no raiar das barras, esteve lavourando de amor a noite inteira. Iô Liodoro pastoreava suas mulheres com a severeidade de quem conseguisse um dever. (p. 143)

A propósito de um episódio ocorrido nas redondezas – uma mocinha que aparece grávida, por suposta culpa de um vaqueiro da fazenda –, Lalinha é levada a pensar:

> Não, não /.../: iô Liodoro, só ele violando, <u>por força e por dever</u>, todas as mocinhas do arredor, iô Liodoro, <u>fecundador majestoso.</u> *Assim devia ser.* (p. 218)

Em conclusão: se o Buriti-Grande paira sobre o espaço do campo (e sobre o espaço da narrativa) como entidade totêmica de um culto antigo e primordial, iô Liodoro, o "fecundador majestoso" da visão de Lalinha, vai, de sua parte, atuar como um verdadeiro sacerdote de *eros*, cumprindo seus ritos "com a severidade de quem conseguisse um dever".

\* \* \*

Aos pés da palmeira gigante, na várzea que se estende à beira-rio e que ela domina com sua forma imponente, localiza-se um pântano miasmoso, "defendido domínio" (108), onde fermenta vida intensa. Esta, contudo, mal se deixa perceber aos olhares de fora, por causa da espessa camada de vegetação que recobre a superfície da água:

> Todo <u>um país de umidade, diverso, grato e enganoso</u>, ali principiava. Dava-se do ar um visco, o asmo de uma moêmoência, de tudo o que a mata e o brejão exalassem. *"Esta é a terra de iô Liodoro, de Maria da Glória, de Dona Lalinha..."* /.../ A mata marginal se cerrava, uma enormidade, negra de virgem. /.../ <u>Lá dentro, se enrolava o corpo da noite mais defendida e espessa</u>. (pp. 124-125)

> *O Brejão engana com seu letargo.* /.../ Era um ar de doce enjôo, um magoado, de desando, gás de vício, tudo gargalo. Flores que deixam o grude dum pó, como borboletas pegadas; <u>cheiram a úmido de amor feito</u>. Ninguém separa essas terras dessas águas. (p. 137)

O Brejão-do-Umbigo, o nome era quase brutal, esquisito, desde ali pouco já principiava, no chão – um chão ladrão de si mesmo – até lá, onde o rio perverte suas águas. O que se sabia dele era a jangla, e aqueles poços, com nata película, escamosa e opal, como se esparzidos de um talco. <u>O brejo não tinha plantas com espinhos. Só largas folhas se empapando, combebendo, como trapos, e longos caules que se permutam flores para o amor. Aqueles ramos afundados se ungindo de um muco, para não se maltratarem quando o movimento das águas uns contra os outros esfregava. Assim bem os peixes nadavam enluvados em goma, por entre moles, mádidas folhagens.</u> E todos os bichos deixavam seus rastros bem inculcados na umidade da argila. Todo enleio, todo lodo, e lá, de tardinha, a febre corripe, e de noite se desdobra um frio maior, sobre as que se abrem torpes – bolhas do brejo e estrelas abaixadas. Aquilo amedrontava e dava nojo. (p. 172)

Em uma leitura puramente literal, as três passagens acima, tomadas de momentos diferentes da narrativa (a terceira já sob a ótica de Lalinha), têm por objetivo apenas descrever o pântano. Atentando melhor, percebemos que aquele "país de umidade, diverso, grato e enganoso", situado em face (e aos pés) do Buriti-Grande, possui como este, no plano do sentido, implicações bem mais amplas e profundas. Se o "palmeirão descomunado" (p. 102), "teso, toroso" (p. 112), erguendo-se na paisagem como um falo gigantesco, representa a parte masculina do eterno impulso erótico, o Brejão-do-Umbigo (e o nome, "quase brutal", já é por si altamente sugestivo) parece encarnar a parte feminina da sexualidade, ou, em perspectiva mais ampla, o lugar onde ambas as partes se encontram (não por acaso ali é *"a terra de iô Liodoro, de Maria da Glória, de Dona Lalinha"*), pois é na mulher que o sexo efetivamente se consuma.

Há em todas as imagens do pântano características que aludem não apenas ao órgão genital feminino, como também ao desenrolar mesmo da relação sexual: desde a ênfase na umidade viscosa que domina aquele mundo até a referência aos "longos caules que se permutam flores para o amor", ao "muco" de que se ungem os ramos ali mergulhados visando tornar mais suave o contato de uns com os outros, e à "goma" em que os próprios peixes nadam "enluvados", "por entre moles, mádidas folhagens"; por fim, como para não deixar dúvidas de que estas descrições "naturalistas" representam claras alusões, metáforas disfarçadas do ato sexual, as próprias flores do Brejão-do-Umbigo "cheiram a úmido de amor feito". Neste contexto, mesmo uma notação de aspecto puramente objetivo – "A mata marginal se cerrava, uma enormidade, negra de virgem" – pode ser entendida como uma alusão à aparência exterior da genitália feminina. O fato de no espaço natural da fazenda (como, com freqüência, no espaço concreto do próprio texto) o Buriti-Grande e o Brejão-do-Umbigo aparecerem lado a lado, confrontando-se, reforça ainda mais esta relação <u>masculino/feminino,</u> essencial para a estrutura significativa da obra.

\* \* \*

Conforme vimos demonstrando, com o objetivo de conferir dimensão cósmica, supra-individual, aos acontecimentos que transcorrem no Buriti Bom e compõem o núcleo dramático da narrativa, esta vai gradualmente tecendo uma malha sutil de correspondências entre o universo natural e o universo humano. Como conseqüência, a caracterização tanto do Buriti-Grande como do Brejão-do-Umbigo ganha inequívocos traços antropomórficos, enquanto iô Liodoro assume um aspecto quase telúrico. Estratégia análoga se observa quando confrontamos as passagens que buscam definir a natureza do Buriti Bom com as descrições do Brejão. Na prática textual, como no caso anteriormente estudado, a inter-relação entre os dois mundos se elabora através de um processo de deslocamento de imagens: imagens naturalmente associadas a pântano, a água parada, vão surgir, com freqüência singular, nas reflexões dos personagens sobre o Buriti Bom e o modo como a vida ali transcorre.

Desde o início da narrativa, o traço dominante em todas as descrições da fazenda de iô Liodoro – seja quando apresentada pela ótica de nhô Gualberto Gaspar, seja pela visão de Miguel – parece ser o de uma "paz espessa" (p. 131), imperturbável, um lugar "onde as pessoas se guardavam" (p. 117), "dentro de um silêncio frondoso" (p. 138).

> O Buriti Bom, por exemplo, era um lugar não semelhante e retirado de rota. <u>Um ponto remansoso.</u> /.../ Mesmo, naquele casarão de substante limpeza e riqueza, <u>o viver parava</u> em modos tão certos, - a gente concernia a <u>um estado pronto, durável</u>. (p. 93)

> /.../ o Buriti Bom era <u>um belo poço parado</u>. Ali nada podia acontecer, a não ser a lenda. (p. 132)

> E assim o silêncio da casa do Buriti Bom – <u>que era como levantada na folha de uma enorme água calma</u>. (p. 164)

Mas, se por um lado esta paz pode seduzir como um refúgio, ela apresenta, por outro, um quê de estagnado, de reprimido, que não escapa aos observadores mais atentos, e acaba por cansar e revoltar Lalinha, levando-a à decisão de partir dali:

> Deus dessas! aquilo era a Família. <u>A roda travada</u>, <u>um hábito viscoso</u>: cada um precisava de conter os outros, para que não se fossem e vivessem. Um antigo amor, rasteiro.
> Em certas noites, só, Lalinha retornava à tenção de partir, tomando-a um tédio de tudo ali, e daquela casa, que parecia impedir os movimentos do futuro. Do Buriti Bom, <u>que se ancorava</u>, recusando-se ao que deve vir. /.../ Ali, nada se realizava, <u>e era como se não pudesse manar</u> – as pessoas envelheceriam, malogradas, incompletas, como <u>cravadas borboletas</u>; todo desejo modorrava em semente, a gente se estragava, sem um principiar; <u>num brejo</u>. Um dia, aconteceu. Chegara aquele moço, chamado Miguel, vindo da cidade. (p. 191)

Salta aos olhos, nos exemplos transcritos, a freqüência de imagens associadas à idéia de <u>imobilidade</u>, muitas delas relacionadas ao campo semântico de <u>água</u>: "ponto remansoso", "poço parado", "água calma", "se ancorava", "não pudesse manar"; a chave para a compreensão de tal fato, o próprio texto se encarrega de fornecer: "num brejo". Esta imagem final, que sintetiza todas as demais, explicita a relação simbólica unindo o Buriti Bom e o Brejão-do-Umbigo: ambos oferecem ao observador de fora uma aparência de paz e serenidade imperturbável, mas assim como "o Brejão engana com seu letargo" (pois uma vida intensa fervilha sob o manto verde que o recobre), também a paz sonolenta do Buriti Bom tem muito de enganosa: um intenso anseio erótico – crepitante, porém reprimido por barreiras psicológicas e sociais – acabará por eclodir e transformar em vertiginoso redemoinho aquele "poço parado", aquela "água calma". A certa altura, Lalinha, enervada com a estagnação que a cerca naquele mundo adormecido, reflete:

> A qualquer hora, <u>não se respirava a ânsia de que um desabar de mistérios podia de repente acontecer, e a gente despertar, no meio, terrível, de uma verdade?</u> /.../ – "Glória, meu-bem, vocês não sentem a vida envelhecer, se passar?" Não; ela, eles, não haviam ainda domesticado o tempo, <u>repousavam na essência do sertão – que às vezes parecia ser uma amedrontadora ingenuidade</u>. (p. 187)

O de que Lalinha, uma recém-chegada ao Buriti Bom, não podia ter ainda plena consciência é quão efetivamente amedrontadora podia ser a "ingenuidade" que ela acreditava ver na "essência do sertão". O repouso que o sertão proporciona aos que nele se refugiam é, como a paisagem plácida do Brejão, enganador, pois no seu centro simbólico ergue-se – forma emblemática do poder de *eros* – o Buriti-Grande. A vinda de Miguel, despertando os anseios adormecidos, irá provocar aquele ansiado "desabar de mistérios", levando à derrocada a falsa quietude de que se cercavam os habitantes do severo casarão. As "cravadas borboletas" poderão, finalmente, voar:

> Agora ele [o Buriti-Grande] perdera o sentido de baliza, sobressaía isolado, em todos os modos. Apenas uma coluna. Ao alto, que parecia cheio de segredos, silêncios; <u>acaso, entanto, uma borboletazinha flipasse recirculando em ziguezague, redor do tronco, e ele podia servir de eixo para seus arabescos incertos</u>. (p. 107)

Valendo-nos da imagem da borboleta, utilizada de modo recorrente pelo autor, poderíamos sugerir que, no plano simbólico, o movimento dramático da novela pode ser entendido como a liberação progressiva das "cravadas borboletas", para enfim poderem traçar seus "arabescos incertos" ao redor do tronco majestoso do Buriti-Grande...

\* \* \*

A dicotomia realidade aparente/realidade profunda, motivo nuclear na estrutura dramática de "Buriti", encontra sua expressão mais completa na oposição dia/noite, que atravessa toda a narrativa, e organiza, em larga medida, o seu universo significativo. Como ocorre com o Brejão-do-Umbigo, que durante o dia oferece à vista uma superfície serena e florida, mas sob a qual "se enrolava o corpo da noite mais defendida e espessa" (p. 125), à luz do dia o mundo do Buriti Bom parece mergulhado numa água calma e tranqüila, numa paz imperturbável; quando desce a noite, porém, sobre o austero casarão começam a vir à tona todos os anseios submersos de vida e de beleza, que se traduzem em manifestações triunfantes de *eros*. Assim, para definir o período em que se vão fazendo mais freqüentes os encontros entre iô Liodoro e Lalinha, e que ela vive sob intensa pressão emocional, o texto registra lapidarmente: "Aqueles dias! /.../ Eram só as noites" (p. 220). Um pouco adiante, dentro de igual contexto, e movendo-se ainda uma vez dentro do campo semântico de água, a narrativa se vale de uma imagem de rara expressividade para indicar a subversão noturna do mundo "remansoso" do Buriti Bom:

> À noite, o Buriti Bom todo se balançasse, feito um malpreso barco, prestes a desamarrar-se, um fio o impedia. (p. 230)

Em contraste com o dia, de enganosa face, a noite é o momento da verdade, quando o fervilhar da vida pode, enfim, se expandir em toda a sua diversidade – no pântano, como no casarão. Ora, é através de um personagem, o semidemente Chefe Zequiel, que o sentido real e simbólico da noite vai encontrar sua expressão mais sutil e profunda. Contudo, antes de analisarmos a sua participação na narrativa, convém examinar o papel de três outros personagens, diretamente envolvidos naquele surpreendente aflorar de *eros* no "silêncio frondoso" das noites do Buriti Bom: nhô Gualberto Gaspar, Maria da Glória e Lalinha.

\* \* \*

No universo ficcional de "Buriti", a potência viril não fica restrita a iô Liodoro; seu compadre, nhô Gualberto Gaspar – conquanto em plano bem mais modesto – dela também participa e, por isso, terá uma atuação relevante na eclosão de erotismo que tem lugar no Buriti Bom. Afinal, o Buriti-Grande é a "palmeira de iô Liodoro e nhô Gualberto Gaspar"... (p. 126). Os dois fazendeiros, conquanto se tratem mutuamente de compadres, não o são efetivamente; e esta circunstância é narrada a Miguel justo no momento em que nhô Gualberto está-lhe falando sobre o Buriti-Grande (p. 102), sobre como o havia oferecido "com bizarria" ao poderoso vizinho. É como se o compadrio entre os dois se consumasse por intermédio da propriedade comum sobre a fálica palmeira...

Mas, ainda assim, o proprietário da Grumixã aparece caracterizado na narrativa como a própria antítese do seu compadre do Buriti Bom: enquanto este se distingue pela figura altaneira, pelo duro porte, nhô Gualberto é grotesco, ridículo, até mesmo repulsivo: "Tudo nele parecia comprido e mole" (120). Mas, apesar de todas as limitações, também nele se manifesta a força de *eros*, o anseio por viver mais intensamente, por receber um quinhão mais largo da beleza e da alegria da vida, que Glorinha encarna na novela, e que Dona-Dona está longe de poder proporcionar-lhe:

> E Dona Lalinha e Maria da Glória /.../ tratavam-no com uma cordialidade concedida um tanto maldosamente, como se só a meio o levassem a sério. (p. 132)

> Era o *Gual*, o "nhô Gual"; decerto por motejo assim o abreviavam, num cordial menosprezo. (p. 156)

> Um cômico homem, bamboleão, molenga, envergonhado de sua própria pessoa e de seu desejo de ter uma porçãozinha maior das coisas da vida. (p. 177)

Atentando-se bem, verifica-se que "Gual" é anagrama de "gula" – e, significativamente, na linguagem tosca de sua mulher, Dona-Dona, o nome do compadre aparece, por uma deformação fonética bastante comum no interior, transformado em "Gulaberto" (que, por sua vez, pode ser lido: "aberto à gula") (p. 105). Na fórmula abreviada por "cordial menosprezo" está expressa a essência mesma do poder de nhô Gualberto Gaspar, pois é justamente por sua gula, sua "admiração com gulodice" (p. 120) pelas mulheres, seu olhar cobiçoso para as moças do Buriti Bom, que acabará desempenhando papel decisivo no desencadear da ação. Quando Glorinha, a certa altura, comentando os insistentes olhares de Gual para suas pernas, confessa à Lalinha as próprias fantasias eróticas, seu prazer em se sentir objeto de desejo, esta retruca:

"– Nhô Gual?" "– Ora, o Gual é um bobo..." "... *é um bobo, mas é um homem...*" – para Lalinha era como se Maria da Glória tivesse dito. (p. 157)

Em outra oportunidade é a própria Lalinha que se torna alvo dos olhares gulosos da desgraciosa criatura; inicialmente irritada com o fato, acaba por comprazer-se com a manobra equívoca, chegando mesmo a experimentar, no final, uma "sorvível delícia":

> Ela se tirou de vê-lo; desprezava-o. Sim entanto, soube, sabia-se por ele toda olhada, solertemente – que aqueles peguentos olhos continuavam nela. E que <u>com mole gula</u>! [...] palerma, caricato de feio, gonçado, meio pernóstico. <u>Um macho</u>. <u>E desejava-a</u>. Ela voltou-se, e sorriu-lhe – a tentação fora mais forte do que o juízo. Perfidamente, gostou de assistir ao grotesco contentamento dele, <u>de ver como se distendia, avolumado, animal, se animava</u>. /.../ "Porco"... – pensou;... "Sórdido, indecente..." –; <u>mas não era uma sorvível delícia</u>?. (p. 193)

Em suma, é na medida mesma em que nhô Gual participa, na condição de macho, de um impulso erótico que transcende o caso individual e se constitui em princípio mesmo de ativação da vida, que seus esforços grotescos e algo repelentes podem ser resgatados e finalmente compreendidos numa luz favorável. Assim, quando chega a ter conhecimento da crescente intimidade entre ele e Maria da Glória, Lalinha, a princípio revoltada, acaba por refletir:

> Não era a vida? Sobre informes, cegas massas, uma película de beleza se realizara, e fremia por gozá-la <u>a matéria ávida, a vida. Uma vontade de viver – nhô Gaspar. Pedia para viver, mais</u>, que o deixassem. (p. 225)

\* \* \*

No pólo feminino, o anseio por uma vida mais rica do ponto de vista amoroso vai-se manifestar em duas figuras que, se se assemelham pela sedução, têm uma relação bastante diversa com o universo de *eros*: Lalinha e Maria da Glória. A primeira, atuante, consciente, quase dominadora em sua relação com iô Liodoro, torna-se, por assim dizer, uma contraparte deste entre as mulheres da novela. Já Glorinha, inocente e instintiva, encarna, da forma mais pura, a beleza e a alegria, fontes de onde manam o impulso erótico e a própria vida.

Já na primeira parte da narrativa, o que ressalta ao olhar encantado de Miguel é a beleza espontânea, a esplêndida vitalidade da filha de iô Liodoro; dela irradia intensa alegria: A alegria dela se estende, linda (89). Para o tímido e sofrido Miguel, é como a revelação de um mundo diverso, mais belo; Maria se lhe afigura efetivamente <u>da Glória</u>, porque é, antes de tudo, <u>da alegria</u> ("Maria da Glória, da alegria." – p. 140).

> Maria da Glória era bela, firme para governar um cavalo grande, /.../ galopava por toda a parte, parecendo um rapaz. Alegria era a dela. /.../ <u>A alegria de Maria da Glória era risos de moça enflorescida, carecendo de amor.</u> (p. 110)

> Em tudo o que dizia, decerto em tudo quanto pensava, ela era rica. <u>De nascença recebera aquela alma, alegria e beleza:</u> tudo dum todo só. (p. 114)

Esta impressão de Miguel reaparecerá, na segunda parte da narrativa, com mais força ainda, na visão de Lalinha. A "esplêndida alegria" (p. 194) e a beleza meio selvagem da filha de iô Liodoro e neta da Vovó Maurícia conferem-lhe, como ao pai e à avó, uma dimensão telúrica, resultado de identificação profunda com o universo do sertão.

> <u>Sendo o sertão assim</u> – que não se podia conhecer, ido e vindo enorme, sem começo, <u>feito um soturno mar</u>, mas que punha à praia o condão de inesperadas coisas, conchinhas brancas de se pegarem

à mão, e com um molhado de sal e sentimentos. <u>De suas espumas Maria da Glória tinha vindo – sua carne, seus olhos de tanta luz, sua semente</u>... (p. 195-196)

É evidente que, através da alusão ao mito greco-latino do nascimento de Vênus das espumas do mar, a narrativa sugere uma filiação mítica para Maria da Glória, brotando, como os buritis, naquele sertão "ido e vindo enorme, sem começo"; por outro lado, o fato de ser a alusão específica a Vênus reitera o valor quase místico que o erotismo recebe na novela. É sugestivo que, em certo momento, Lalinha refira-se a Maria da Glória como "Glória, a deusazinha louca" (p. 237), e que para Gonçalo Bambães, um dos dois moços caçadores que se hospedam no Buriti Bom, "ali era a casa das Deusas..." (p. 213). Como se pode ver, em "Buriti" tanto os elementos naturais como os personagens podem e devem ser lidos num duplo registro: enquanto integrantes de uma estória realista de amor (ou de amores), transcorrida numa velha fazenda dos Gerais, e enquanto participantes de um ritual simbólico que celebra em *eros* o princípio mesmo da vida.

Tanto em Maria da Glória como em Lalinha, a despeito de todas as barreiras, o impulso erótico acaba por prevalecer, mas, como já foi ressaltado, o modo pelo qual cada uma delas se relaciona com o amor difere nitidamente, e vai determinar, em última análise, o seu papel na narrativa. Glorinha, malgrado sua vitalidade e exuberância, permanece, sob o ângulo amoroso, uma criatura ingênua e sem vivência. É o que Miguel observa, em sua primeira visita:

> Mas ela é ainda sadia, simples, ainda nem pecou, não começou. /.../ Maria da Glória é inocente, de <u>uma inocência forte</u>, herdada, <u>que a vida ainda irá desmanchar e depois refazer</u>. (p. 89)

A semente deixada pela estada do rapaz no Buriti Bom, despertando em Glorinha um anseio até então latente ou adormecido, vai frutificar de modo imprevisto, suscitando uma transformação profunda em sua existência:

> O amor, aquilo era o amor. Viera um moço, de novo se fora, e Maria da Glória se transformava. De rija e brincalhã, que antes, impetuosa, quase um rapaz, agora enlanguescia nostálgica, uma pomba e o arrulho. (p. 153)

Há, no modo de Glorinha sentir e vivenciar o amor, muito de lírico e romântico, marcado ainda por aquela "inocência forte" que Miguel tão bem observara. Mas na ausência do rapaz, o recém-desperto desejo amoroso, sentindo-se abandonado, sem objeto definido, vai buscar em volta onde projetar-se: inicialmente, de forma ambígua e confusa, em Lalinha; depois, de modo mais concreto, no compadre de iô Liodoro. Inserido na estrutura simbólica da narrativa como um todo, o elemento homossexual inequívoco presente na relação de Maria da Glória e Lalinha poderia ser entendido como correspondendo àquele estágio ainda caótico de *eros*, que Benedito Nunes analisa, em *Grande sertão: veredas*, na figura de Diadorim[14]; no caso de "Buriti" corresponde, tanto no plano realista quanto no simbólico, a um momento efetivamente caótico da vida erótico-sentimental de Glorinha, quando ela ainda tateia à busca de uma realização amorosa que lhe parece distante e duvidosa. Nesta busca, a união carnal com nhô Gual, na medida em que representa o seu pleno desabrochar como mulher, apesar de tudo o que encerra de insatisfação e de conflito, constitui uma etapa válida no caminho da realização amorosa plena que, como o final deixa entrever, deverá efetivar-se com Miguel. O "desmanchar" da "inocência forte" da moça pela eclosão do impulso erótico (de que nhô Gual, a rigor, faz-se apenas instrumento) poderia levá-la a um estado de frustração e incompletude se a volta do rapaz – representando a culminação de um processo

---

[14] NUNES, Benedito, op. cit., pp. 143-145.

posto em marcha com a sua primeira vinda – não pudesse, finalmente, "refazer".

Convém observar que a relação entre Glorinha e nhô Gual se reveste de significado bastante diverso para cada um dos envolvidos. Para a menina, recém-saída da adolescência e que vive o aflorar da sensualidade, ela se coloca sob o signo do provisório, estação apenas em um percurso que deverá conduzi-la bem mais alto. Para nhô Gualberto Gaspar, criatura frustrada, casado com uma mulher acabada que já não o atrai, ávido pela vida que até então só lhe havia sido concedida com usura, a relação com Glorinha, episódica embora, constitui um evento luminoso em sua vida cinzenta e sem horizontes, e deixa uma marca sensível de renovação. É o que Miguel logo constata, em seu retorno à Grumixã, malgrado o cansaço provocado no amigo pela loucura da mulher:

> Contudo, tirante os destroços da fadiga, nhô Gualberto Gaspar semelhava mais desempenado, remoçado, quase em guapo. (p. 245)

O próprio nhô Gualberto, consciente de que a volta de Miguel representava o término de sua breve ligação com a filha do compadre, sintetiza, com resignação um tanto cínica, sua filosofia de vida:

> O amor é o que vale. Em tentos o senhor vê: essas coisas... Tem segunda batalha! Merece de gente aproveitar, o que vem e que se pode, o bom da vida é só de chuvisco... [...] A gente chupa o que vem, venha na hora. É que resolve... Às vezes dá em desengano, às vezes dá em desordem... Acho, de mim: muito que provei, que para mim não era, gozei furtado, em adiantado. Por aí, pago! Ai-ai-ai, mas é o que tempera... A gente lucra logo. Viver é viajável... (p. 249)

* * *

No universo governado por *eros*, a posição de Lalinha é bem diferente daquela da cunhada. Trata-se de alguém experiente, já provada nos embates da vida, e consciente de que "para a verdade do amor, era necessária a carne" (p. 153). Um dia acreditara encontrar em Irvino a plenitude buscada: não dera certo, mas nem por isso se entregara àquele penar amoroso, àquele "ameigamento melancólico" da amiga, que acaba por impacientá-la:

> Então, o amor tinha de ser assim – uma carência, na pessoa, ansiando pelo que a completasse? Ela ama para ser mãe... É como se já fosse mãe, mesmo sem um filho... <u>Mas, também outra espécie de amor devia poder um dia existir: o de criaturas conseguidas, realizadas. Para essas, então, o amor seria uma arte, uma bela-arte</u>? Haveria outra região, de sonhos, mas diversa. Havia. (p. 154)

A sua relação com iô Liodoro irá representar a consumação deste amor como "bela-arte" entre "criaturas conseguidas, realizadas": uma "bela-arte" que exige lenta elaboração: do erotismo implícito das partidas de bisca, passando pelo erotismo reprimido e exacerbado dos encontros noturnos, até à entrega final, quando a volta de Irvino deixa de constituir uma possibilidade real.

O jogo da bisca se torna, desde o início, um sucedâneo provisório do jogo do amor. As duas filhas, vendo que a cunhada consegue com o jogo reter o pai em casa mais tempo, rejubilam-se, esperançosas de que o hábito das saídas noturnas pudesse vir a ser abandonado. Lalinha também está exultante: "Lalinha toda no íntimo regozijava-se, sabendo de ajudá-las, <u>e queria</u> e <u>o queria</u>" (p. 191). Observe-se nesta frase como um pronome (<u>o</u> queria), intencionalmente ambíguo, serve para desvelar os anseios íntimos da moça. O jogo constitui um ritual simbólico, uma linguagem cifrada através da qual os dois expressam o desejo que ainda não podem abertamente confessar:

Jogar a bisca com iô Liodoro, a mesa se forrava com um grosso cobertor, <u>os dedos palpando a lã do cobertor colhiam um suadir-se de leito bom e amplo sono, longo, longo</u>. Sim, Lala, Leandra, suas mãos eram bonitas, moviam-se, volviam-se, alvamente empunhavam o feixe de cartas /.../. /.../ <u>O jogo caminhava distâncias</u>, engraçado como <u>não havia necessidade de se conversar</u>; nem de enxergar reparado iô Liodoro... (pp. 198-199).

Pouco adiante, numa conversa com Glorinha sobre o fracasso de seu relacionamento com Irvino, respondendo a um debique da cunhada ("– Então, o que você queria, Lala, era o rei? Queria ser uma rainha?"), exclama:

"– O Rei, talvez, meu bem... Mas não para ser uma rainha..." *Rainha?* Como retrucar-lhe que queria talvez o contrário? O contrário de rainha? Às vezes, somente uma *coisinha desejada*... [...] Ah, havia palavras ainda mais crassas, escabrosas, espúrias, mas que mesmo por tanto apelavam, inebriantes, <u>como choques grossos de vida.</u> (p. 200)

Em Lalinha, como em iô Liodoro, o erotismo se torna uma dimensão essencial do ser, que anseia pelos "choques grossos da vida"; mas, embora iô Liodoro, o "fecundador majestoso", encarne na narrativa, de modo quase arquetípico, o lado masculino de eros (simbolizado pelo Buriti-Grande), é Lalinha quem, enfrentando todos os interditos, irá oficiar o ritual, esculpindo, lenta e corajosamente, o amor em obra de arte. Isto vai ficando bem claro à medida que se desenvolvem os encontros noturnos: é a frágil Lalinha, com sua beleza, seu "poder de prazer" (p. 217), quem domina a situação e define o andamento da cena; a iô Liodoro, corpulento, poderoso, só resta obedecer-lhe, reduzido a uma gulosa impotência:

Ah, mas podia ver o ofego de suas narinas, a seriedade brutal como os lábios dele se agitavam. /.../ <u>Um macho, contido em seu ardor</u> – era como se o visse por detrás de grades, <u>ali sua virilidade</u>

podia inútil debater-se. /.../E iô Liodoro, enfreado, insofrido, só o homem de denso volume, carne dura, taciturno e maciço, todo concupiscência nos olhos. Aquela gula[15] – e o compressivo respeito que o prendia – eram-lhe um culto terrível (pp. 215-216).

Sua beleza era pasto. E o apetite dele, a reto, no nunca monótono, parecia mais grosso, sucoso, consistente. Lala se ensinava, no íntimo: que estava se prostituindo àqueles olhos; ora se orgulhava: e ele contudo a olhava como a uma divindade. Como tinham chegado àquilo, encontrado aquilo? Parecia um milagre. (p. 220)

Sob o império de *eros,* a potência fálica rende-se à sedução da beleza, e presta-lhe culto, "como a uma divindade" – alusão talvez a Vênus, de quem Lalinha partilha com Maria da Glória a carga simbólica. Observe-se que, apesar do exacerbado erotismo que envolve os encontros noturnos, a eles não se associa qualquer idéia de culpa ou degradação: representam, na verdade, "um milagre", a escalada da vida, que busca romper os diques que a mantêm represada. Sob este último aspecto, é interessante notar como a narrativa significa, com a maior sutileza, o desejo recíproco de iô Liodoro e Lalinha (desejo que eles não podem em sã consciência admitir), por meio de um delicado ritual: nos encontros, cada qual traz sempre consigo um lampião – o dele, grande; o dela, um lampiãozinho; antes de iniciar-se a conversa, os dois lampiões são dispostos sobre a mesa, bem juntos um do outro (enquanto os donos sentam-se distanciados...)[16].

A chegada da carta de Irvino comunicando o nascimento de um filho com a outra mulher, ao mesmo tempo que encer-

---

[15] Convém observar que na gula sensual o patriarca altaneiro acaba irmanado ao seu desajeitado compadre: é que ambos respondem a um mesmo impulso geral de *eros*, que transcende as individualidades, por constituir o princípio mesmo da vida.

[16] "Ele depusera o lampião na mesa, e ela o imitou, colocando bem perto o lampiãozinho" (p. 211); "Deixara o lampiãozinho na mesa, no mesmo lugar da outra noite, ao pé do lampião grande" (p. 214); "Na mesa, o lampiãozinho junto do lampião grande, as luzes agrandadas" (p. 219).

ra definitivamente o primeiro casamento de Lalinha, elimina a razão de ser de sua permanência no Buriti Bom: já não é mais parte da Casa; segundo os rígidos valores que regem aquele mundo patriarcal, voltou a ser uma estranha. Numa tentativa de marcar bem essa transformação, no último encontro noturno, carregado de tensão e ansiedade, iô Liodoro tenta reduzir Lalinha – a Lala "terrivelmente desejada" – à condição de uma neutra Leandra[17]. Mas a pequena encenação de indiferença de parte a parte não surte o efeito (in)desejado: o impulso erótico, uma vez posto em marcha, já não admite retorno; além disso, consumada a separação, os obstáculos éticos e familiares intransponíveis entre Lalinha e iô Liodoro desapareceram, abrindo caminho para o desfecho inexorável: a ida de iô Liodoro ao quarto da ex-nora para, biblicamente, "conhecê-la" (p. 244). A obra do amor como uma "bela-arte" pode, finalmente, ser concluída. A escalada de *eros* atinge sua culminância.

Resta Maria da Glória, que, desacreditando da volta de Miguel e arrastada no mesmo torvelinho erótico que vinha agitando as águas enganosamente serenas do Buriti Bom, entregara-se a nhô Gual. Mas – o leitor já o sabe – Miguel está prestes a chegar:

> Era uma menina, e a beleza. /.../ Um moço, o amor, um príncipe, viria buscá-la, estava a caminho (237).

---

[17] O nome Leandra, pouco comum na forma feminina, leva-nos a refletir sobre a escolha do nome dos personagens na obra de Guimarães Rosa, quase sempre determinada por intenções significativas. Leandra remete, talvez, ao mito grego de Leandro e de Hero. O jovem Leandro devia, cada noite, atravessar a nado o Helesponto para encontrar sua amada Hero, sacerdotisa de Afrodite. Ela o orientava na travessia com uma tocha. Passavam juntos a noite e separavam-se com a aurora. Uma noite de tempestade a tocha se apaga e Leandro, desorientado, afoga-se no mar; Hero, que aguardara em vão pelo amado, descobrindo-lhe o corpo morto na praia, afoga-se também. Observe-se que muitos aspectos do mito, metamorfoseados, aparecem em "Buriti": os papéis são, em parte, trocados, e, por isso, Leandro torna-se Leandra; é ela – aqui também "sacerdotisa" de Afrodite – quem atravessa o mar das convenções para ir ao encontro do seu amado. A tocha se desdobra – quem sabe? – nos dois lampiões. A noite de tempestade também está, simbolicamente, presente naquela última e angustiosa entrevista noturna, que afasta os amantes. Mas no universo afirmativo de "Buriti" não há lugar para o trágico: o afastamento é temporário, pois, conduzidos pelo poder soberano de *eros,* os dois acabarão por se reunir no final.

A volta do rapaz, conferindo sentido à trajetória hesitante da moça, constituirá, por sua vez, uma consagração do amor no sentido pleno, em seu estágio mais elevado, quando a atração puramente sensual se integra à essência espiritual do amor-sentimento, numa síntese superior.

\* \* \*

Como temos visto até agora, a trama dramática de "Buriti" tem por núcleo a intensa dinamização erótica que acontece no Buriti Bom, envolvendo, no seu movimento, iô Liodoro, nhô Gualberto Gaspar, Lalinha e Maria da Glória. Miguel, cuja presença fora decisiva para pôr em marcha o processo, não participa diretamente dele; depois de acender em Glorinha a chama do amor, ausenta-se para só retornar um ano depois, quando os eventos principais já transcorreram. Estes cinco personagens (a bem dizer: 4+1) ocupam o centro do palco: cada um com o seu papel específico, mas todos envolvidos, de alguma forma, no desdobrar da ação. Ao lado destes aparecem dois outros personagens, de suma importância para a compreensão do universo significativo da obra, mas que permanecem, por assim dizer, à margem dos acontecimentos: Maria Behú e o Chefe Zequiel.

Fato intrigante: no momento em que, sob o impulso de *eros*, a vida parece desabrochar no Buriti Bom, Maria Behú, que adoecera e vinha piorando progressivamente, amanhece morta; o Chefe Zequiel, por sua vez, que nos últimos tempos também tivera agravado o seu estado mental, naquele mesmo dia e sem qualquer razão aparente, amanhece curado, para não mais recair. Como relata nhô Gual ao moço Miguel, de retorno à região: "Sabe? O Chefe Zequiel civilizou: diz-se que, de uns quinze dias para cá, <u>não envigia a noite mais</u>, dorme seu bom frouxo" (p. 249). O próprio Guimarães Rosa, numa carta a Edoardo Bizzarri, chama a atenção para a importância do fato[18]: "Quando Maria Behú morre, mais tarde, terá sido só por acaso que na mesma ocasião o Chefe se viu curado?". Cabe ao leitor – e ao analista – a tarefa de encontrar o motivo de tão sugestiva coincidência.

\* \* \*

Maria Behú é apresentada desde o início por nhô Gual como a antítese de Maria da Glória:

> Parecia nada irmã de Maria da Glória? Essa, iô Liodoro a levasse em cidade, se casava mais depressa do que viúva rica. Como que ela estava no ponto justo, escorrendo caldo, com todos os perfumes de mulher para ser noiva urgente. Destino desigual do de Maria Behú, essa nunca acharia quem a quisesse, nunca havia-de. Maria Behú, tisna, encorujada, com a feiíce de uma antiguidade. Às vezes, dava para se escogitar, esses encobertos da vida: seria que Maria Behú era triste maligna por motivo de ser feia, e Maria da Glória ganhava essa alegria aprazível por causa de tanta beleza? Ou era o contrário, então: que uma tinha crescido com todos os encantos, por já possuir a alma da alegria dentro de si; e a outra, guardando semente do triste e ruim, de em desde pequena, veio murchando e sendo por fora escura e seca, feito uma fruta ressolada? A essas coisas. Sorte. Quem souber o que é sorte, sabe o que é Deus, sabe o que é tudo. (p. 94)

Contraste idêntico aparece sob a ótica de Miguel:

> Todo modo de Glorinha, o que move e dá, é desembaraçado. Ninguém diria que ela é irmã de Maria Behú. Desditosa, magra, Maria Behú parecendo uma velha. [...] Bicho do brejo... (p. 86)

> Maria Behú murchara apenas antes de florir, não conseguira formar a beleza que lhe era destinada. (p. 127)

---

[18] Carta de 10/12/63. (ROSA, Guimarães. *Correspondência com seu tradutor italiano, Edoardo Bizzarri*, p. 70).

O contraste entre as irmãs se define a partir de duas qualidades essenciais, intimamente correlacionadas – alegria e beleza –, que Maria da Glória possui no mais alto grau, e de que Maria Behú – "que murchara antes de florir" – se vê de todo privada. Isso a coloca, por assim dizer, à margem da vida: "Nunca acharia quem a quisesse"; frustrada num natural anseio amoroso (que o seu primeiro encontro com Miguel, quando as outras moças ainda não se tinham apresentado, deixa adivinhar; pp. 127-128), só lhe resta a melancolia das valsas sentimentais e a reza: "Maria Behú gostava de rezar e de ser triste" (p. 176). Até mesmo sob o ponto de vista fonético, a luminosidade cantante do nome "Glória" se contrapõe à escureza surda de "Behú". Por não participar da explosão de vida que abala a calmaria do Buriti Bom, justamente quando, pouco antes de começarem os encontros noturnos de Lalinha com iô Liodoro, a fermentação erótica aproxima-se do ápice ("E os dias começaram a passar com outra pressa"; p. 207), Maria Behú adoece gravemente:

> Quem roubara aquela menina de seu quinhão de saúde e beleza, e de pontudas dores crivava-a, deixando-a para fora da roda da alegria? – Lalinha se perguntava. /.../ Que era que ela via? Que espuminha de segredo? (p. 210)

Excluída da "roda da alegria", reduzida a uma "bondade desamparada" (p. 139), Behú parece, contudo, dotada de uma sensibilidade especial, que lhe permite, mesmo fisicamente distanciada, captar as ondas profundas que agitam as noites do Buriti Bom. Uma "espuminha de segredo" parece chegar aos seus olhos cansados.

> Maria Behú era uma *estranha*, sua doçura vinha de imensa distância. Maria Behú conheceria outros cansaços e consolos, e repouso, que a gente podia amenamente invejar, oh, às vezes.
> Glória vivia demasiadamente. (p. 222)

Nesta reflexão de Lalinha fica bem marcado o contraste entre Maria da Glória, que, arrastada no turbilhão amoroso posto em movimento por Miguel, "vivia demasiadamente", e Maria Behú, "uma *estranha*", cuja doçura vinha "de imensa distância", e para quem não havia lugar num universo regido por *eros*. Talvez a condição mesma de "*estranha*", de excluída, torne Behú intuitivamente sensível ao "desabar de mistérios" que acontece finalmente no "silêncio frondoso" do Buriti Bom. Sua morte representaria então, simbolicamente, o outro lado, penoso mas inevitável, do eterno movimento da vida.

* * *

Outro personagem feminino, impessoal e coletivo, são "Mulheres-da-Cozinha" (grafadas desta forma no texto, a partir de certo ponto: com hífen e maiúsculas). Movendo-se igualmente na periferia dos acontecimentos, elas vão, como o coro na antiga tragédia, participar da narrativa na qualidade de comentadoras dos eventos que ocorrem ou estão por ocorrer. Tudo o que as envolve é cercado de certa aura mítica; a própria cozinha aparece descrita quase como uma caverna primitiva: a "cozinha – aquele domínio enorme, com seu alto teto de treva" (p. 161). Para suas ocupantes, "os ecos do mundo chegavam de muito distante, refratados: e era um mundo de brinquedo e de veneração" (p. 181); ou, ainda, "os acontecimentos da vida chegavam a elas já feitos num livro de figuras, ali entre resinas e fumaças" (p. 209). Como no caso de Behú, "uma espuminha de segredo" daquele "desabar de mistérios" parece chegar a elas de muito distante, e encontra expressão numa linguagem alusiva, sibilina, mas que não exclui um toque de humor. Por exemplo: iô Liodoro, como sabemos, crescentemente seduzido e excitado pela beleza e sensualidade de Lalinha, deve, contudo, satisfazer sua fome com as amantes das cercanias: Dona Dionéia, a mulata Alcina; ora, logo após o primeiro encontro noturno, as Mulheres-da-Cozinha comentam entre si:

– O gato, eh ele tem tanto de comer aqui, e vai caçar coisas – lagartixa, passarim, morcego...
– Ele traz, mas é para oferecer à gente, para barganhar por naco de boa carne. Ladino! (p. 213)

Da mesma forma, a moagem da cana, que está para ser realizada, torna-se, nos pequenos diálogos entre aquelas sibilas sertanejas, um comentário cifrado da progressiva aproximação erótica entre os casais (mais particularmente, entre iô Liodoro e Lalinha):

– Eh, dias da moagem já estão chegando... (p. 214)

– /.../ diz que já estão por aí muita febre...
– Tudo está pronto para a moagem, e estão demorando a moer... (p. 221)

No desenlace, quando – já Behú morta, o Chefe curado, Miguel por chegar – iô Liodoro está prestes a ir finalmente ao quarto "conhecer" Lalinha, elas comentam:

– Alecrinzinho é. O amor gosta de amores...
– Pois, todo patrão, que conheci, sempre foi feito boi-touro: quer novilhas brancas e malhadas...
– Homem, homem... Não sei! Basta um descuido...
– Ora, vida! São só umas alegriazinhas... (p. 244)

\* \* \*

No correr de nossa análise, alguns pontos vêm sendo destacados: inicialmente, a estreita interação entre o mundo da natureza (Buriti-Grande, Brejão-do-Umbigo) e o universo humano (o Buriti Bom e seus moradores); em segundo lugar, a dicotomia <u>realidade aparente</u>/<u>realidade profunda</u>, a primeira estática e enganosa, a segunda dinâmica e autêntica; e, por último, diretamente correlacionada a este segundo ponto, a oposição <u>dia</u>/<u>noite</u>, em que o dia aparece como o lugar da ordem, da rotina tranqüilizadora, enquanto a noite é o espaço da transgressão, pelo aflorar de impulsos reprimidos. Estes três pontos convergem na estranha figura do Chefe Zequiel, em quem (como ocorre com freqüência no universo de Guimarães Rosa) a semidemência abre as portas para uma forma aguda, supra-racional, de percepção.

No plano realista, o Chefe é apenas alguém dominado por um delírio persecutório: uma ameaça – um inimigo, um mau espírito, quem sabe o duende de uma mulher desconhecida – chegaria no oco da noite ao moinho onde pernoita fechado, e por conta disso o Chefe Zequiel não dorme, vara as noites acordado, perscrutando o silêncio: "para ele a noite é um estudo terrível" (p. 91). Essa obsessão fez com que desenvolvesse uma capacidade incomum de discernir, no silêncio noturno, os mínimos ruídos: "ele pode dizer, sem errar, qual é qualquer ruído da noite, mesmo o mais tênue" (p. 91). A partir desta fundamentação perfeitamente verossímil, Guimarães Rosa cria um dos personagens mais fascinantes de sua galeria ficcional, um tolo-sábio, espécie de vidente sem ter disso consciência, antena supra-sensível que capta os movimentos mais recônditos que, sob o impulso vital de *eros*, se processam nas noites do Buriti Bom. Por intermédio do Chefe Zequiel – do seu comportamento, como do seu discurso – a integração do humano e do cósmico, bem como as implicações simbólicas da oposição dia/noite, encontram a expressão mais visível na narrativa:

> De dia, não ouvia aqueles selvagens rumores? Ah, não. – *Nhônão*... De dia, tudo no normal diversificava. De noite, sim: – *Nhossim, escutei o barulho sozinho dos parados*... (p. 129)

> Seguiu-se uma sossegação, mas que enganosa: todos estão caminhando, num rumo só, os que têm sua vivenda no campo ou no mato. Eles vão a contra-vento. Todos são sorrateiros. Os da noite: como sabem ser sozinhos! /.../ O pior é que todo dia tem sua noite, todo dia. (p. 141)

O Chefe Zequiel é aquele que "chamava os segredos todos da noite para dentro de seus ouvidos" (p. 106); por isso, muito antes que os desejos afogados na "paz espessa" (p. 131), no "sólido diário" (p. 227) do Buriti Bom pudessem se furtar às "muralhas de feltro" (p. 211) que os encerravam para vir à tona e manifestar-se por atos, o Chefe, como que antenado às pulsações mais recônditas de *eros,* já os registrara em suas angustiadas vigílias:

> [Maria da Glória] apresentava o Chefe Zequiel como se ele fosse um talento da fazenda, com que o Buriti Bom pudesse contar – <u>nos portais da noite, sentinela posta</u>. Mas, não, Maria da Glória, por de demasiado perto o ter, mal o compreendesse, nem desse tino do constante agoniado padecer que o aprisionava. Bastava notar-se-lhe a descrença de olhos, o tom, o afadigado insistir com que ele, contando de tudo, <u>como que procurava exprimir alguma outra coisa, muito acima do seu poder de discernir e abarcar. Como se ele tivesse descoberto alguma matéria enorme de conteúdo e significação</u>, e que não coubesse toda em sua fraca cabeça, e todas as inteiras noites não lhe bastavam para perseguir o entendimento daquilo. (pp. 180-181)

Para marcar de forma bem clara o papel que ele desempenha, de testemunha inconsciente, escrutando agoniado, da "outra margem da noite" (p. 114), aquela "matéria enorme" que desabrochava à sua volta e que ele tenta em vão "discernir e abarcar", quando a escalada erótica atinge o auge, em vésperas do primeiro encontro noturno de Lalinha com iô Liodoro, ao mesmo tempo que Maria Behú adoece, o Chefe Zequiel sofre súbito agravamento na sua condição:

> Também o Chefe Zequiel mais mordido se mostrava, agravava-se no pavor fantasmoso. Não era um estado de doença? Emagrecia diante da gente, entre um começo e um fim de conversa. <u>Calava agora o que fino ouvia, não ouvia</u>; sua, a que era uma luta, sob panos pretos. [...] <u>Negava-se a relatar o descomposto das visões que seus ouvidos enxergavam.</u> (p. 208)

E que visões seriam essas que os ouvidos do Chefe "enxergavam", mas que ele se negava a relatar? É o que Lalinha indiretamente se pergunta a certa altura, como se numa súbita intuição fosse capaz de vislumbrar o sentido profundo daquela loucura:

> O Chefe, o Chefe alucinado, espavorido, de atalaia no moinho, o Chefe Zequiel, que os ruídos da noite dimidiava, <u>poderia ele dissociar cada rumor, do que se passasse lá dentro da casa</u>? (p. 225)

Dentro da casa, dentro das almas: o Chefe faz-se, no plano simbólico, um sismógrafo dos rumores que as forças profundas, perturbadoras, da vida provocam em seu exsurgir, e que, por anunciarem o desmoronamento das "muralhas de feltro" atrás das quais as pessoas se refugiavam, causam inicialmente medo. A môrma, a ameaça que ronda as noites do agoniado Chefe, seria assim uma projeção alucinada daqueles estranhos "rumores" que ele consegue perceber, mas não decifrar. Entretanto, quando após a crise provocada pela carta de Irvino uma nova ordem está prestes a ser instaurada (com a ligação efetiva entre Lalinha e iô Liodoro, de um lado; e entre Maria da Glória e Miguel, de outro), quando a paz da Casa se anuncia novamente sobre bases mais autênticas, Maria Behú – a excluída da "roda da alegria"/roda da vida – morre; e o Chefe, liberto dos "ruídos da noite", pode enfim dormir a sono solto, pois (como nhô Gual comenta a certa altura): "Diz que, na cidade, o amor se chama primavera?" (p. 104)

A integração entre o humano e o cósmico, pedra fundamental na estrutura significativa da novela, encontra sua expressão mais sensível na pessoa do Chefe Zequiel. Contudo, é importante frisar que, a despeito de toda a carga simbólica de que o autor reveste o personagem, em momento algum a narrativa invade o campo do maravilhoso propriamente dito, pois é sempre possível compreender a loucura do Chefe – como o fazem os moradores da fazenda – sob um ângulo puramente psicológico; para que o leitor possa penetrar no "enorme conteúdo e significação" que encerram as ações e palavras da atormentada figura, é preciso buscar entendê-las não literalmente, mas em seu supra-senso.

\* \* \*

Dentre os inumeráveis ruídos que povoam a noite do Buriti Bom, existe um, sempre presente, claramente perceptível, que funciona para os que nela transitam quase como um farol em meio à escureza do mar, orientando os que por ele navegam: o bater compassado do monjolo[19]. "O ranjo do monjolo, é com uma velinha acesa no deito do vento que se compara" (p. 140). Assim, na "outra margem da noite", encerrado no moinho e em sua insônia, o Chefe Zequiel "mede o curto do tempo pelo monjolo" (p. 140); para ele, significativamente, "o monjolo bate todos os pecados..." (p. 142). Mas é através da percepção de Miguel, na última noite que passa na fazenda, enleado pela beleza de Glorinha, que primeiro tomamos conhecimento daquele baticum monótono: "O monjolo trabalha a noite inteira..." (pp. 91 e 140); "O barulhinho do monjolo cumpre um prazo regulado" (p. 139). A partir daí, o bater compassado vai pontuar as cenas noturnas, constituindo entre elas um ponto de referência que, de certa forma, as aproxima. Ora, o elemento comum a todas as cenas em que algum personagem repara no ruído insistente é que elas estão, de um modo ou de outro, relacionadas com o despertar de eros no Buriti Bom.

---

[19] Monjolo é uma espécie de pilão movido a água, disposto como uma gangorra, em uma das extremidades da qual está a mão que sobe e desce, em ritmo regular, sobre a matéria a ser pilada (arroz, milho, etc.); na extremidade oposta, um receptáculo recebe a água de um pequeno rego. Quando o receptáculo vai ficando cheio, seu peso o leva a baixar a extremidade da gangorra em que se apóia, e a erguer, em conseqüência, o pilão; no final, de todo cheio, o receptáculo se inclina e a água se derrama, tornando esta extremidade mais leve que a mão do pilão, que baixa rápido sobre a farinha. O monjolo trabalha assim, num vai-e-vem, dia e noite, mas só à noite o silêncio faz com que o seu ruído abafado seja percebido.

A primeira destas cenas (na ordem linear da narrativa) é a da noite final que Miguel passa na fazenda, quando mais agudamente toma consciência de seu amor por Maria da Glória. Na sala, iô Liodoro e Lalinha jogam silenciosamente a bisca, enquanto ele e Glorinha jogam com as palavras, revelando e ocultando os desejos que os assaltam. Fato significativo, entre duas referências quase consecutivas ao barulho do monjolo encaixa-se a observação de Miguel: "Maria da Glória não quer que eu escute os rumores da noite" (p. 139). Conhecendo a carga simbólica de que se revestem na narrativa os "rumores da noite", somos levados a cogitar em que medida o monjolo não simbolizaria o próprio latejar de eros no espaço aparentemente sereno do Buriti Bom: voz da noite, voz do inconsciente e dos desejos reprimidos, que Maria da Glória, ainda insegura quanto a seus impulsos, teme que Miguel possa escutar e desvelar... De resto, o próprio movimento contínuo e compassado da mão de pilão contra o recipiente onde se encontram as substâncias a serem piladas pode ser entendido, no contexto da novela, como uma alusão figurada ao ato sexual. Quaisquer que sejam os valores simbólicos associados ao monjolo, o inquestionável é que estão sempre relacionados, na narrativa, à experiência amorosa. Assim, na noite seguinte à da partida do rapaz, Lalinha, despedindo-se da sonolenta Glorinha, comenta brincando:

    – Vai, querida, não sonha com o teu moço Miguel...
    – Ah, Lala, não caçoa. <u>O monjolo pincha, eu acordo e fico pensando nele</u>... (p. 153)

A voz do monjolo zela para que se mantenha viva a chama acesa em Glorinha por Miguel. Por sua vez, nos encontros noturnos de Lalinha com iô Liodoro o monjolo também está presente: no primeiro encontro, para preencher um silêncio carregado de desejos latentes, que não ousam expressar-se em palavras:

Se se podia dizer aquela fosse uma conversa – ele mal mencionava singelas coisas, nem perguntava; parecia precisar só de medir com uma palavra ou outra as porções de aliviado silêncio. [...] Quanto tempo durou? <u>Combatendo o silêncio, o monjolo, o monotóm do monjolo</u>; e os galos cantaram. (p. 212)

Em outro encontro, quando o jogo erótico já ganhou temperatura muito elevada, quando as palavras fazem-se na verdade sucedâneas do sexo ainda impossível, os amantes, "isolados da noite", ocupados em "armar um êxtase", chegam a esquecer por momentos a voz do monjolo, que no entanto continua a ressoar, como que presidindo aos rituais de eros (observe-se também a já analisada simbologia dos lampiões, cujas luzes estão aqui, significativamente, "agrandadas"):

> Tudo escorria, sutil, escorregava. Ela mesma começou, nem falaram de outra coisa: – "E hoje? Me acha bonita?" Na mesa, o lampeãozinho junto do lampeão grande, as luzes agrandadas. <u>Nem ouviam o bater do monjolo, isolados da noite, se ajudavam a armar um êxtase</u>. (p. 219)

Reforçando a identificação do monjolo como voz da noite/voz de eros, quando Miguel chega de volta para casar-se com Maria da Glória, a referência àquele "rumorzinho galante" une, no devaneio apaixonado do rapaz, o tempo passado ao tempo por vir, sob a égide do amor; o monjolo, como entidade mítica benfazeja, "cumpria, confirmava" aquele amor que germinara nas noites do Buriti Bom e que nelas poderá, enfim, desabrochar plenamente:

> Na última noite passada no Buriti Bom, na sala, os lampeões, a lamparina no meio da mesa, o que fora: Maria da Glória certamente o amava, aqueles belos braços, toda ela tão inesperada, haviam falado de menores assuntos, disto e daquilo, <u>o monjolo socava arroz, com o rumorzinho galante, agora Maria da Glória não o poderia ter esquecido, e o amor era o milagre de uma coisa</u>. Glória, Glorinha, podia dizer, pegar-lhe nas mãos, cheirar o cheiro de seus cabelos.

A boca. Os olhos. A espera, lua luar de mim, o assopro – as narinas quentes que respiravam. Os seios. As águas. <u>Abraçados, haviam de ouvir o arriar do monjolo, enchôo, noites demoradas.</u> /.../ Os braços de Maria da Glória eram claros, firmes não tirando do macio, e quentes, como todo o corpo dela, como os pezinhos, como a alma. <u>O monjolo, a noite inteira, cumpria, confirmava.</u> (p. 250)

## *Impressões na chegada*

Chegamos aqui ao fim de nossa viagem; talvez convenha, antes de nos despedirmos, tecer ainda algumas considerações com base nas experiências acumuladas na travessia.

Como sabemos, originalmente "Buriti" constituía a derradeira novela de um livro intitulado *Corpo de baile*. Tal título, enfeixando um conjunto de narrativas que transcorrem todas no sertão mineiro, soava algo estranho. Em seu sentido usual, "corpo de baile" remete a um mundo essencialmente urbano: teatros, bailados, luzes feéricas – um mundo que, seguramente, nada tem a ver com os personagens rústicos, telúricos, que desfilam ao longo das narrativas. A perplexidade do leitor permanecia ao longo dos dois alentados volumes da primeira edição, pois apenas no fecho da obra, na última página de "Buriti", através de uma reflexão de Miguel, é desvendada – numa imagem belíssima – a chave do mistério: "As pessoas – baile de flores degoladas, que procuram suas hastes" (p. 250). O baile a que Guimarães Rosa se referia com seu título desconcertante era o baile da vida, de que suas novelas constituem uma pintura intensa e penetrante; as personagens – o corpo de baile – são as flores que vagam perdidas à procura das hastes que as possam completar, conferindo sentido à existência.

Tal procura, nem todas conseguem levá-la a termo neste mundo; talvez porque, como Maria Behú (ou o Dito, de "Campo geral"), atendam ao chamado distante de uma "antiga verdade", escolhidas para "os claros encantamentos do sofrer" (p. 210);

mas mesmo estas não renegam, em momento algum, o valor incomensurável da vida-busca. Outras, mais felizes – Maria da Glória e Miguel; Lalinha e iô Liodoro –, ao deixarem-se conduzir pela força universal de eros, acabam, depois de muito errarem, por encontrar as hastes perdidas, completando-se: cabe ao amor, entendido aqui em seu sentido mais abrangente, o milagre deste encontro; daí o sentido extremamente afirmativo que o erotismo recebe na novela, como fonte de um autêntico ritual da vida. Longe da negação romântica e da extrema banalidade e degradação a que o reduziu grande parte da cultura contemporânea, o erotismo se alça em Guimarães Rosa a uma dignidade quase mística, caminho necessário para a plenitude da experiência amorosa e parte inseparável de sua realização.

    A estrutura simbólica da obra, que organiza nas mínimas partes o corpo da narrativa, leva-nos a tal conclusão; contudo, no âmago desta mesma estrutura simbólica, como seu elemento vivificador, atua a palavra poética, sem a qual o texto correria o risco de reduzir-se à condição abstrata da pura alegoria. Por vezes, a necessidade de clareza analítica em um trabalho de natureza exegética como este pode produzir tal impressão; nada mais enganoso: "Buriti" é obra que afirma em todos os níveis – da camada fônica aos significados globais – a apoteose do sensível. Nela, universo simbólico e universo sensível interagem de tal forma que um conduz necessariamente ao outro – não pelo caminho abstrato das construções alegóricas, mas pela via concreta da imagem poética. O supra-senso que o autor nos recomenda ler – na vida, como na arte – deve ser buscado no tecido mesmo do real, como um seu permanente desdobramento e enriquecimento.

    A proposta inicial da pesquisa e os caminhos por onde ela nos conduziu não deixaram margem, infelizmente, para exame mais extenso e aprofundado do texto enquanto criação poética, na pura beleza e expressividade das imagens. Contudo, para compensarmo-nos desta frustração vamos deixar aqui registrado um único desses instantes iluminados, cujo clarão permanece longo tempo na sensibilidade do leitor. Ocorre no último encontro de Lalinha com iô Liodoro: os encontros anteriores haviam proporcionado um êxtase crescente e, no entanto, logo ao chegar, a moça percebe que algo terrível ocorrera, que tudo súbito mudara; sua expectativa é aguda e dolorosa:

> E seus pensamentos subiram em incêndio. Ela estava avisada, se resiliu, lúcida, lúcida – seu sentir era uma lâmina capaz de decepar no espaço uma melodia. (pp. 230-231)

Diante da beleza surpreendente e da intensidade dramática de uma tal imagem, o leitor sente-se – como Lalinha – virtualmente em suspenso. Raros escritores conseguem atingir nível tão elevado de invenção verbal; e a criatividade aqui demonstrada, longe de constituir traço esporádico, permanece a face mais constante dessa extraordinária narrativa que é "Buriti".

Uma consideração final: ao longo do ensaio, almejamos apenas propor uma leitura para a novela de Guimarães Rosa; em momento algum acreditamos estar apresentando a leitura definitiva: em estrutura tão matizada e receptiva, todo sentido se desdobra, como num jogo de espelhos, em uma infinidade de sentidos possíveis. Fica, pois, o convite aos leitores para que abandonem por um tempo o caminho que viemos até agora trilhando e, à semelhança da Alice de Lewis Carrol, se aventurem sozinhos, em busca da sua verdade, através do espelho de incontáveis facetas do verbo rosiano.

# A morte e a morte de
# Augusto Matraga*

Desde o romantismo que o sertão vem ocupando um lugar importante como matéria para a ficção brasileira. A partir da época realista, como conseqüência dos graves problemas sociais e climáticos que assolavam o sertão nordestino, este passa a ser objeto constante de tratamento ficcional, retratando a realidade agreste e áspera daquele mundo devastado por secas periódicas e suas trágicas conseqüências: fome, êxodo rural, banditismo, etc.

O advento da geração de 30 com sua conhecida vocação sociopolítica traz novas perspectivas a esse filão temático, perspectivas que irão culminar em *Vidas secas* (1938), de Graciliano Ramos. Os personagens física e psicologicamente depauperados, a linguagem despojada ao extremo e reduzida, por assim dizer, à medula, a visão crítica contundente, tudo contribui para fazer do livro de Graciliano a produção mais acabada do neo-realismo dominante na ficção do período. O enfoque da temática sertaneja que encontramos realizada de forma exponencial em *Vidas secas* fixa, por assim dizer, um modelo de expectativa em relação ao assunto. Contudo, o tema apresentava ainda outras possibilidades, inesperadas, de tratamento, que só viriam a ser concretizadas, na geração seguinte, com a ficção de Guimarães Rosa.

O escritor estréia em livro em 1946, com *Sagarana*, reunião de nove novelas, todas elas tendo como base geográfica

---
* Redigido para esta publicação.

e cultural o sertão mineiro. Atente-se, de saída, que o sertão mineiro, no plano ambiental, pouco tem a ver com o nordestino: ao invés das áridas caatingas, os amplos campos gerais do noroeste de Minas Gerais, cortados por inúmeros cursos d'água (as "veredas"), que alimentam viçosos buritizais. O traço comum seria o predomínio da pecuária, e certos aspectos da estrutura coronelística do poder, mas o enfoque dispensado a tais aspectos pelo escritor mineiro afasta-o de muito de seus colegas nordestinos e de Graciliano Ramos em particular. Onde se encontraria o ponto nevrálgico dessa diferença?

Em conhecida entrevista, de 1965, ao crítico alemão Günter Lorenz, quando aceita a sua inclusão entre os representantes da literatura regionalista, Rosa esclarece:

> /.../ sou regionalista porque o pequeno mundo do sertão, /.../ este mundo original e cheio de contrastes, é para mim o *símbolo*, diria mesmo o *modelo* do meu universo (grifos nossos)[1].

Como se pode constatar, o enfoque do escritor com relação à matéria sertaneja não é de ordem sociológica (como ocorria com os romancistas da geração de 30), mas de ordem simbólica: para Guimarães Rosa o sertão é um microcosmo onde vai-se desenrolar a aventura humana. Isso não significa que a realidade regional não esteja retratada na ficção rosiana, mas tal retrato constitui apenas o ponto de partida para um tratamento que transcende de muito as contingências locais. Tomando de empréstimo uma expressão do discurso de Riobaldo em *Grande sertão: veredas*, poderíamos afirmar que o que interessa ao nosso autor em suas narrativas "não é o caso inteirado em si, mas a sobre-coisa, a outra-coisa"[2]. Ou, como ele escreve a Curt Meyer-Classon, seu tradutor alemão:

---

[1] ROSA, Guimarães. Entrevista a Günther Lorenz (Gênova, 1965). In: COUTINHO, Eduardo de Faria, org. *Guimarães Rosa*. Rio de Janeiro: Civilização Brasileira, 1983, p. 66.
[2] ROSA, Guimarães. *Grande sertão: veredas*. Rio de Janeiro: José Olympio, 1956, p. 197.

/.../ Todos os meus livros são simples tentativas de rodear e devassar um pouquinho o mistério cósmico, esta coisa movente, impossível, perturbante, rebelde a qualquer lógica, que é a chamada "realidade", que é a gente mesmo, o mundo, a vida[3].

Se desejamos examinar a fundo as implicações simbólicas do sertão rosiano, sem dúvida a fonte mais rica é o seu grande romance, mas, para um leitor ainda não afeito ao universo do autor, o melhor caminho de iniciação encontra-se em *Sagarana* e, mais particularmente, em sua última novela, "A hora e vez de Augusto Matraga". Conquanto o estilo do Rosa ainda não houvesse atingido nela o ponto de complexidade e refinamento de sua obra maior, a narrativa constitui uma pequena obra-prima e já deixa ver claro tudo aquilo que o separa dos ficcionistas da geração precedente. Tentemos, pois, analisá-la.

* * *

Num primeiro momento o leitor parece estar diante de mais uma abordagem da realidade social do interior brasileiro: a pequena cidade, o manda-chuva local, acolitado por seus capangas, a violência arbitrária, etc.. À medida que a estória evolui, percebemos que toda a parte inicial (até à sua suposta morte) destina-se a traçar um retrato tão completo quanto possível do protagonista enquanto valentão sem piedade. Seja na cena do leilão, quando seu comportamento brutal e inútil para com o capiau e a Sariema já definem um primeiro retrato, seja na atitude para com a mulher, tudo configura uma personalidade egoísta e violenta: "Duro, doido e sem detença, como um bicho grande do mato"[4]. Quando a mulher resolve abandoná-lo para

---
[3] ROSA, Guimarães. *Correspondência com seu tradutor alemão, Curt Meyer-Classon*. Rio de Janeiro: Nova Fronteira, 2003, p. 238.
[4] ROSA, Guimarães. *Sagarana*. 5ª ed. Rio de Janeiro: José Olympio, 1958, p 344. Daqui para a frente as citações do texto da novela conterão apenas, entre parênteses, a indicação da página de onde saíram.

acompanhar o outro, seu Ovídio Moura, delicado e amoroso, o Quim Recadeiro, portador da notícia, indiretamente reforça a imagem negativa de Nhô Augusto: "estão dizendo que o senhor nunca respeitou filha dos outros nem mulher casada, e mais que é que nem cobra má, que quem vê tem de matar por obrigação" (p. 348). O próprio apelido Matraga parece integrar, no plano fônico, a idéia de "mau" com a de "triaga", beberagem amarga: Má-triaga.

Contudo, no somatório de aspectos negativos, ressalta um traço da maior importância para a compreensão da narrativa, e que no mundo primitivo da sertão tem valor positivo indubitável: a coragem. Violento, sim, mas medroso ou covarde, nunca. Tanto que, ao decidir matar a mulher e o amante, Nhô Augusto, "couro ainda por curtir" (p. 349), despreza os maus presságios que o destino lhe envia e resolve (contra o conselho do Quim) ir primeiramente, sozinho, enfrentar o Major Consilva no próprio sítio deste. Derrubado do cavalo e espancado pelos ex-capangas, é arrastado, por ordem do Major, para ser marcado a ferro como gado e depois morto. O caminho para o local da execução "ficou sendo um caminho de pragas e judiação" (p. 351). Entretanto, após a marca infamante a execução não se completa, porque Nhô Augusto se projeta num fundo barranco e desaparece.

Embora o texto não apresente interrupções gráficas, pode-se afirmar que neste ponto termina a parte inicial da narrativa, que desenha para o leitor o retrato do protagonista quando ainda mergulhado numa vida moralmente desregrada. Este primeiro Matraga tem sua morte simbólica ao projetar-se no barranco, pois a partir daí começa um lento e sofrido processo de expiação, do qual surgirá um novo Matraga. As aproximações com a mítica cristã são demasiado evidentes para serem desprezadas: o "caminho de pragas e judiação" (a escolha do termo "judiação" é altamente sugestiva num escritor que pesa cada palavra) termina numa autêntica descida ao inferno, onde pelo sofrimento Nhô Augusto renascerá para uma outra vida: "Era como se tivesse caído num fundo de abismo, em outro mundo distante" (p. 354).

Na já citada entrevista a Günter Lorenz, referindo-se a etapas da sua vida pessoal, Guimarães Rosa declara:

> /.../ Sim, fui médico, rebelde, soldado./.../ Como médico conheci *o valor místico do sofrimento*; como rebelde, *o valor da consciência*; como soldado, *o valor da proximidade da morte*...[5] (grifos nossos).

É interessante observar que estes três valores irão constituir os elementos decisivos no renascimento de Augusto Matraga: a proximidade da morte, da qual só escapa por milagre; o intenso sofrimento, que se prolonga por meses a fio e, finalmente, a luz da consciência, que lentamente principia a bruxulear, como a candeia de azeite na cabana dos pretos que o haviam socorrido. A visita do padre vai apenas ajudar a definir os caminhos de uma redenção moral que já desabrochava no sentimento do Matraga. Depois dos conselhos de fé, paciência e trabalho duro, o padre conclui: "Cada um tem a sua hora e a sua vez: você há de ter a sua" (p. 355). A partir daí, Nhô Augusto tem uma meta definida, que resume utilizando a única linguagem que, apesar de tudo, pode entender: "P'ra o céu eu vou, nem que seja a porrete!..." (p. 356). E, em companhia dos "pretos samaritanos"[6], parte para bem longe, no sertão. A partida daquele purgatório sombrio, no fundo do barranco, onde sofrera por meses a fio, representa um primeiro movimento ascensional de Matraga no caminho da plena ressurreição moral.

Estabelecido no povoado distante e levando vida ascética de trabalho e doação de si, os anos vão-se passando serenamente, até que chega o momento, tão freqüente na mítica cristã, em que o "novo" Matraga se vê submetido – por artes do destino[7]

---

[5] ROSA, Guimarães. Entrevista citada, p. 67.
[6] A alusão à linguagem ou situações bíblicas é comum no texto, reforçando o aspecto mítico nele subjacente.
[7] Em Guimarães Rosa o acaso confunde-se, com freqüência, com a idéia mítica do destino, enquanto força superior que define os caminhos da vida.

– às tentações do "demônio". Como Cristo no deserto, Matraga também deverá fazer face a três tentações.

A primeira delas acontece quando o Tião da Thereza, por causa do estouro de uma boiada, vindo dar por acaso no povoado do Tombador, encontra Nhô Augusto e conta-lhe tudo o que ocorrera desde quando ele se isolara do mundo: a mulher sempre amigada com seu Ovídio, a filha prostituída e a morte heróica do Quim para lavar a honra do patrão. Matraga, chocado, pede ao amigo para não narrar a ninguém que o viu:

> – Pára, chega, Tião!... Não quero saber de mais coisa nenhuma! Só te peço é para você fazer de conta que não me viu, e não contar p'ra ninguém, pelo amor de Deus, por amor de sua mulher, de seus filhos e de tudo o que para você tem valor!... Não é mentira muita, *porque é a mesma coisa em como eu tivesse morrido mesmo... Não tem mais nenhum Nhô Augusto Esteves, das Pindaíbas, Tião...* (p. 359, grifos nossos).

Atente-se para o fato de que a afirmação sobre a própria morte é rigorosamente idêntica àquela que, por escárnio, o Major Consilva havia gritado para os capangas, na cena do espancamento de Matraga:

> – Não tem mais nenhum Nhô Augusto Esteves, das Pindaíbas, minha gente?!...
> E os cacundeiros, em coro:
> – Não tem não! Tem mais não!... (p. 350)

Apenas, no novo contexto, o sentido muda radicalmente: o que era sinal de humilhação torna-se expressão da vitória moral de Nhô Augusto sobre si próprio, do seu renascimento para uma nova vida. Diante da repulsa enojada do Tião, o ex-valentão se desespera, mas agüenta firme:

> – P'ra o céu eu vou, nem que seja a porrete!... (p. 359)

O trauma deixado pela revelação do Tião mostra-se duro de assimilar: Matraga se confessa aos "pretos tutelares" e, em sua humilhação, o primeiro impulso que se desenha é o de lançar-se à vingança; contudo, refletindo melhor, consegue domar o mau gênio e prosseguir no caminho de expiação que já vinha trilhando há tantos anos:

> /.../ Mas como é? Como é que eu vou me encontrar com o Quim lá com Deus, com que cara?!... E eu já fui zápede, já pus fama em feira, mãe Quitéria! Na festa do Rosário, na Tapera... E um dia em que enfrentei uns dez, fazendo todo-o-mundo correr... Desarmei e dei pancada, no Sergipão Congo, mãe Quitéria, que era mão que desce, mesmo monstro matador!... E a briga, com a família inteira, pai, irmão, tio, da moça que eu tirei de casa, semana em antes de se casar?!...
> – Vira o demônio de costas, meu filho... Faz o que o seu padre mandou!
> .........................................................................................
> – Tem horas em que fico pensando que, ao menos por honrar o Quim, que morreu por minha causa, eu tinha ordem de fazer uma vantagem... Mas eu tenho medo... Já sei como é que o inferno é, mãe Quitéria... /.../ Tenho é de ficar pagando minhas culpas, penando aqui mesmo, no sozinho. Já fiz penitência estes anos todos, e não posso ter prejuízo deles! Se eu quisesse esperdiçar essa penitência feita, ficava sem uma coisa e sem outra... Sou um desgraçado, mãe Quitéria, mas o meu dia há-de chegar!... A minha vez... (pp. 361-362)

Apoiando-se num curioso pragmatismo moral, que caracteriza bem seu caráter primitivo ("Já fiz penitência estes anos todos, e não posso ter prejuízo deles"!...), Matraga consegue superar a ética violenta que norteava a sua vida passada e lhe impunha o dever de vingança. Mas em seu foro íntimo conserva o orgulho das antigas façanhas, ainda quando rejeite os motivos que então as inspiravam. Tal exaltação da valentia constitui um elemento fundamental para se compreender o personagem e o desenlace da novela.

Superada a crise provocada pelas revelações do Tião, e tendo transcorrido mais um tempo de provações e trabalhos, começa a despontar a fase de renascimento na vida de Nhô Augusto, paralela com o desabrochar da natureza, pela época das águas.

– Deus está tirando o saco das minhas costas, mãe Quitéria! Agora eu sei que ele está se lembrando de mim...

O renascer para a vida traz consigo a redescoberta da alegria. Observe-se, a propósito, que em Guimarães Rosa a alegria constitui um valor vital decisivo, que deve ser conquistado a todo custo. Assim, o padre, quando aconselhara o Matraga, tinha dito: "/.../ Sua vida foi entortada no verde, mas não fique triste, de modo nenhum, porque a tristeza é aboio de chamar o demônio /.../" (p. 354). Agora, Nhô Augusto reencontra a alegria perdida e começa a readmitir pequenos prazeres, como pitar: "/.../ Não era pecado... Devia ficar alegre, sempre alegre, e esse era um gosto inocente, que ajudava a gente a se alegrar..." (p. 363). Mas, justo por essa altura, ocorre um evento que levará Matraga a enfrentar uma segunda prova em sua trajetória de redenção: o encontro com seu Joãozinho Bem-Bem.

Sempre o acaso/destino é que define os momentos decisivos: o chefe jagunço não pretendia passar pelo povoado, mas determinadas circunstâncias o forçaram a isso. Nhô Augusto não esconde o encantamento e admiração pelo valente-mor daqueles sertões, bem como pelos jagunços, com seu armamento vistoso e histórias de valentia. Chega mesmo, em dado momento, a ensaiar-se com uma carabina, mas logo se retrai, sabendo que para ele aquilo é coisa passada. Seu Joãozinho Bem-Bem, por seu lado, de saída demonstra simpatia pela figura de Matraga e, de certo modo, advinha o seu passado:

/.../ Nossos anjos-da-guarda combinaram, e isso para mim é o sinal que serve. A pois, se precisar de alguma coisa, se tem um recado ruim para mandar para alguém... Tiver algum inimigo alegre, por aí, é só dizer o nome e onde mora. Tem não? Pois, 'tá bom. Deus lhe pague suas bondades.

..............................................................................................

– Mano velho, o senhor gosta de brigar e entende. Está-se vendo que não viveu sempre aqui nesta grota, capinando roça e cortando lenha... Não quero especular coisa de sua vida para trás, nem se está se escondendo de algum crime. Mas, comigo é que o senhor havia de dar sorte! Quer se amadrinhar com meu povo? Quer vir junto?
– Ah, não posso! *Não me tenta, que eu não posso*, seu Joãozinho Bem-Bem... (371-372 – grifo nosso)

Pela segunda vez Nhô Augusto se defronta com a tentação da passada valentia, e consegue vencê-la. Mas a prova é dura, pois as antigas façanhas continuam a exercer seu fascínio sobre o Matraga religioso:

O convite de seu Joãozinho Bem-Bem, isso, tinha de dizer, é que era cachaça em copo grande! Ah, que vontade de aceitar e ir também...
..............................................................................................
E só então foi que ele soube de que jeito estava pegado à sua penitência, e entendeu que essa história de se navegar com religião, e de querer tirar sua alma da boca do demônio, era a mesma coisa que entrar num brejão, que, para a frente, para trás e para os lados, é sempre dificultoso e atola sempre mais. (pp. 372-373)

O fascinante em "A hora e vez de Augusto Matraga" é este permanente conflito, no interior do personagem, entre o valentão, que ele fora, e o penitente, que se tornara. Mas o penitente não anula o valentão, apenas o domina, como a um poldro bravo: em sua essência humana, Matraga permanece o mesmo valentão. Daí o sonho que tem, logo após a partida de seu Joãozinho Bem-Bem, e que, em larga medida, explica e prefigura o desenlace da narrativa:

/.../ um sonho bonito, no qual havia *um Deus valentão*, o mais solerte de todos os valentões, assim parecido com seu Joãozinho Bem-Bem, *e que o mandava ir brigar*, só para lhe experimentar a força, pois que ficava lá em-cima, sem descuido, garantindo tudo. (p. 373; grifos nossos)

No sonho, Matraga volta a poder ser o valentão que, no fundo, sempre gostou de ser, mas valentão já não mais do mal, e sim transformado em um cavaleiro a serviço de Deus, um Deus também valentão, "que o mandava ir brigar": a valentia e a salvação da alma deste modo podiam se conjugar. Seria bom se isto pudesse ocorrer na realidade!...

Os dias passam e pouco a pouco Nhô Augusto começa a sentir em si uma grande mudança: " /.../ agora, Nhô Augusto sentia saudades de mulheres. *E a força da vida nele latejava, em ondas largas, que era um regresso e um ressurgimento.*" (grifos nossos). Até a penitência se torna leve: "Bastava-lhe rezar e agüentar firme o diabo ali perto, subjugado e apanhando de rijo, que era um prazer". (pp. 373-374)

Por uma espécie de mecanismo compensatório o personagem transfere para a luta com o demônio os seus anseios por brigas e pancadarias, enquanto espera, paciente, a chegada da "sua vez": "– Cada um tem a sua hora, e há-de chegar a minha vez!" (p. 374)

Cumpriu-se, finalmente, um ciclo na vida do Matraga, iniciado com a primeira morte, simbólica, a qual, na verdade, se tornara o caminho para um autêntico "ressurgimento" (ou "ressurreição"), que ora se consuma. Um belo dia primaveril, com a passarada cantando alegre pelos céus, Nhô Augusto descobre-se pronto a sair pelo mundo. Como para conferir uma dimensão cósmica à travessia existencial do seu personagem, o autor procura estabelecer uma sintonia expressiva entre as etapas do renascer deste e os momentos em que a natureza também desabrocha. Este desabrochar é aqui vivido como um sinal para sua partida pelo mundo:

– Adeus, minha gente, que aqui é que mais não fico, porque a minha vez vai chegar, e eu tenho que estar por ela em outras partes! (p. 376)

Um detalhe significativo é que, pretendendo viajar a pé, Nhô Augusto termina por aceitar a oferta de um jegue, "/.../ porque mãe Quitéria lhe recordou ser o jumento um animalzinho assim meio sagrado, muito misturado às passagens da vida de Jesus" (376). Conforme salientamos em nota anterior, as alusões à situações e/ou personagens bíblicos fazem parte de uma estratégia pela qual Guimarães Rosa reforça o caráter mítico de sua narrativa. Torna-se ainda mais sugestivo, neste caso, o fato de que o "animalzinho meio sagrado" é quem atuará como agente do destino, pois cabe a ele a escolha dos caminhos e será ele quem irá conduzir Matraga ao reencontro decisivo com seu Joãozinho Bem-Bem. Quando o animal pára, Nhô Augusto espera pacientemente, rezando o terço, até que o jerico se resolva a retomar a marcha, decidindo sempre a rota: "Aonde o jegue quiser me levar, nós vamos, porque estamos indo é com Deus!..." (p. 380)

O reencontro com seu Joãozinho Bem-Bem vai conduzir, inicialmente, à terceira e última tentação no caminho ascensional de Matraga. Como o chefe jagunço, observando o comportamento de nhô Augusto, mostra-se mais do que nunca convencido da sua valentia, reitera-lhe o convite para se unir ao bando, oferecendo-lhe as armas do Juruminho, um dos membros do grupo que fora morto pouco tempo antes:

/.../ Olha: eu, até de longe, com os olhos fechados, o senhor não me engana: juro como não há outro homem p'ra ser mais sem medo e disposto para tudo. É só o senhor mesmo querer...
.................................................................................

/.../ eu havia de gostar, se o senhor quisesse vir comigo, para o norte... Já lhe falei e torno a falar: é convite como nunca fiz a outro, e o senhor não vai se arrepender! Olha: as armas do Juruminho estão aí, querendo dono novo...

>   – Deixa eu ver...
>   Nhô Augusto bateu a mão na winchester, do jeito como que um gato poria a pata num passarinho. Alisou coronha e cano. E os seus dedos tremiam, *porque essa estava sendo a maior das suas tentações*. (pp. 381-382; grifo nosso)

Contudo, Matraga resiste e recusa uma vez mais a tentação sedutora:

>   – Não posso, meu amigo seu Joãozinho Bem-Bem!... Depois de tantos anos... Fico muito agradecido, mas não posso, não me fale nisso mais...
>   E ria para o chefe dos guerreiros, e também por dentro se ria, e era o riso do capiau ao passar a perna em alguém, no fazer qualquer negócio. (p. 382)

O riso de Matraga é o riso de quem se sente de novo logrando as artimanhas do diabo, o diabo que ele mantinha "subjugado e apanhando de rijo, que era um prazer", e que estava ensaiando uma vez mais desviá-lo do caminho traçado, valendo-se do prestígio do chefe jagunço. A vitória sobre esta terceira, "a maior das suas tentações", consuma a trajetória de redenção de Nhô Augusto, que se iniciara no fundo do barranco onde caíra meio-morto, e evoluíra passo a passo até o "ressurgimento" atual, numa vida afinal resgatada.

Tendo superado as três provas que o destino lhe enviara, parece ter chegado o momento, tão aguardado por Matraga, de ter finalmente a sua "vez", o momento em que receberá o merecido prêmio por tantos anos de expiação e penitência. A oportunidade vai-lhe ser oferecida pelo episódio do rapazinho que seu Joãozinho Bem-Bem deve executar para vingar o companheiro morto; diante da ameaça pendente sobre a vida do filho, o velho pai invoca Deus em seu auxílio:

>   – Pois então, satanaz, eu chamo a força de Deus p'ra ajudar a minha fraqueza no ferro da tua força maldita!... (p. 383)

Matraga tem neste momento a chance de realizar aquilo que lhe aparecera no "sonho bonito": reassumir sua condição intrínseca de valentão, porém entrando na luta em nome de Deus:

> – Não faz isso, meu amigo seu Joãozinho Bem-Bem, que o desgraçado do velho está pedindo em nome de Nosso Senhor e da Virgem Maria! E o que vocês estão querendo fazer em casa dele é coisa que nem Deus não manda e nem o diabo não faz!
> Nhô Augusto tinha falado; e a sua mão esquerda acariciava a lâmina da lapiana, enquanto a direita pousava, despreocupada, no pescoço da carabina. Dera tom calmo às palavras, mas puxava forte respiração soprosa, que quase o levantava do selim e o punha no assento outra vez. Os olhos cresciam, todo ele crescia, como um touro que acha os vaqueiros excessivamente abundantes e cisma de ficar sozinho no meio do curral. (p. 384)

A cena toda, do diálogo com seu Joãozinho Bem-Bem, passando pela luta, até o desenlace, constitui um dos momentos mais belos e tocantes da narrativa brasileira. Como que sublinhando as aproximações bíblicas, o desconhecido Matraga torna-se, para o povo que assiste ao combate, o "Homem do Jumento" (grafado com maiúsculas no texto, reforçando as implicações míticas), aquele que fora enviado por Deus para atender ao apelo do velho pai. Para Nhô Augusto, como dissemos, sua "vez" chegara: agora ele poderia assumir integralmente, sem culpa e sem restrições, a natureza de valentão, mas na condição de autêntico enviado dos céus:

> E o povo, enquanto isso, dizia: – "Foi Deus quem mandou esse homem do jumento, por mor de salvar as famílias da gente!..." (p. 386)

O longo processo de "ressurgimento" de Nhô Augusto terá como desfecho uma segunda morte, esta coroada de glória, e que resgata totalmente a primeira "morte", infamante, que lhe haviam infligido os capangas do Major Consilva. E para que nada faltasse à exaltação final de Matraga, o acaso/destino envia-lhe um parente, o João Lomba, para testemunhar a cena heróica, poder relatá-la aos antigos conhecidos e transmitir à filha e à mulher suas últimas e sentidas palavras. Se a primeira "morte" levara Matraga a descer literalmente ao inferno, esta segunda consuma-se como uma autêntica e gloriosa ressurreição, só que agora no plano mítico do universo do sertanejo...

\* \* \*

A análise que acabamos de realizar dá, por si só, a medida da enorme distância que separa o sertão rosiano do sertão tal como aparece nos romances sociais nordestinos. Um crítico preso ao modelo sociológico pode ver na novela uma instância do mandonismo político, inerente à estrutura social do interior do Brasil, ou como um exemplo da religiosidade primitiva, tão presente entre as populações sertanejas. Mas o exame atento da narrativa mostra que, para o seu autor, as coordenadas sociogeográficas constituem apenas um aspecto secundário, um ponto de partida a ser superado, pois o que constitui o seu núcleo temático é o permanente diálogo do homem com o destino e com o transcendente. O misticismo rústico do personagem expressa uma forma ingênua, mas autêntica e rica de implicações, desse eterno diálogo. Tal leitura se reforça pelo paralelo implícito, tantas vezes reiterado no texto, entre aspectos da mitologia cristã e trama da obra.

Em sua correspondência com Edoardo Bizzarri, seu tradutor italiano, Rosa assevera:

> /.../ sou profundamente, essencialmente religioso, ainda que fora do rótulo estrito e das fileiras de qualquer confissão ou seita; antes, talvez, como o Riobaldo do "*G.S. : V.*", pertença eu a todas. E especulativo, demais. *Daí, todas as minhas, constantes, preocu-*

*pações religiosas, metafísicas, embeberem os meus livros.*[8] (grifos nossos).

"A hora e vez de Augusto Matraga" constitui a primeira realização notável de Guimarães Rosa na temática que será, cada vez mais, a dominante em sua ficção: a eterna travessia do homem, entre o bem e o mal, entre a alegria e a tristeza, entre Deus e o diabo, nas veredas do sertão da nossa vida, em demanda do seu destino superior. Como tal, além do valor intrínseco, representa um magnífico pórtico para a grande criação rosiana.

---

[8] ROSA, J. Guimarães. *Correspondência com seu tradutor italiano Edoardo Bizzarri.* 2ª ed. São Paulo: T. A. Queiroz, 1981, p. 57. (A carta em questão é de 25/11/63.)

# Da visão realista à visão mitopoética: o sertão como microcosmo*

Por sua importância na geografia física e humana do Brasil, o sertão teve sempre, desde a época romântica, presença destacada na narrativa brasileira, seja como pano de fundo para um drama sentimental, como em *Inocência* (1872), de Taunay, seja como espaço incontaminado, reduto da mais autêntica brasilidade, na visão nacionalista e idealizante de Alencar, em *O sertanejo* (1875).

A partir da fase realista, o tratamento literário da temática sertaneja ganha amplitude ainda maior, no romance e no conto, já agora marcados por uma preocupação ducumental que busca registrar não apenas ambiente e costumes, como as modalidades dialetais em uso nessas regiões relativamente isoladas dos grandes centros cosmopolitas. No campo específico do romance, o exemplo mais marcante e bem-sucedido é *Dona Guidinha do Poço*, de Manuel de Oliveira Paiva, escrito por volta de 1891, onde o autor consegue, com rara mestria, a inserção de uma trama dramática de gosto naturalista no espaço telúrico do sertão cearense. Na utilização literária do falar regional, Oliveira Paiva demonstra também grande criatividade, que parece antecipar, em seus melhores momentos, a estilística rosiana. Mas o enfoque, tanto do tema como do meio social retratado, permanece fiel aos postulados do Realismo.

---

* Participação em mesa-redonda no Congresso Nacional do Cinqüentenário de *Grande sertão: veredas* e *Corpo de baile*. Faculdade de Letras/UFRJ, 25/09/2006. Inédito em livro.

No início do séc. XX, uma obra de extraordinária força expressiva vai, por assim dizer, revolucionar a visão que os brasileiros tinham do sertão e dos sertanejos: referimo-nos a *Os sertões*, de Euclides da Cunha, publicado em 1902. Diversamente do que ocorre com seus antecessores, Euclides baseia o seu retrato dos sertões em um episódio real – a Guerra de Canudos – bem como em um conhecimento pessoal e direto do conflito, na condição de correspondente enviado pelo jornal *O Estado de S. Paulo*. Mas a matéria coletada no *front* vai aparecer transfigurada nas páginas dramáticas da narrativa euclidiana, que se torna, assim, autêntica epopéia em prosa, com a particularidade, incomum no gênero, de ser uma epopéia dos vencidos. Poder-se-ia objetar que *Os sertões* não constituem apenas um relato épico, mas também um ensaio de história, de geografia e de etnografia da região interiorana do Nordeste. Não importa: é como construção em larga medida ficcional, de sopro épico-dramático, que a obra euclidiana sobrevive como um dos grandes monumentos da nossa literatura. E embora em sua gênese *Os sertões* sejam tributários do episódio concreto da Guerra de Canudos, hoje, há mais de um século de distância dos eventos históricos que o motivaram, podemos afirmar que é o livro de Euclides que confere vida e realidade a um evento que, sem ele, estaria perdido, como tantos outros, em algum desvão escuro da memória nacional. A Tróia real, que os arqueólogos procuraram exumar em suas pesquisas e escavações, é um ponto perdido na noite dos tempos, mas a *Ilíada* conserva sua eterna juventude.

  Prosseguindo nossa trajetória pelo sertão na narrativa brasileira, que deverá conduzir-nos a Guimarães Rosa, convém nos determos por alguns momentos na ficção nordestina da geração de 30, que concedeu um lugar bastante destacado à temática sertaneja. Dentre os escritores dessa geração, foi sem dúvida Graciliano Ramos quem mais profundamente abordou tal temática, com *Vidas secas*, de 1938. Pela ótica dos diversos componentes de uma família de retirantes, inclusive a da própria cachorra, o escritor apresenta uma visão aguda e dolorosa das condições de vida do homem pobre na caatinga. A opção estética de Graciliano é por um realismo radical, tanto no tratamento temático quanto na própria linguagem, que, seca e descarnada, parece refletir, no plano estilístico, a secura extrema da vida em meio à árida paisagem física e social de uma região condicionada "pelo sol, pelo gavião e outras rapinas", como exprime João Cabral de Melo Neto, em notável poema dedicado ao romancista alagoano[1].

Observe-se que o sertão do Nordeste, retratado em *Vidas secas*, é um lugar marcado pela aridez da terra, pela seca, pelas fomes periódicas, pelos êxodos humanos, em suma, um lugar bem diverso do sertão mineiro que iremos encontrar no Rosa. Além disso – e este ponto é essencial –, em Graciliano, cuja obra encarna por excelência a literatura de denúncia social dominante entre os escritores nordestinos da geração de 30, o romance se volta para o questionamento das precárias condições de vida de uma região geográfica e historicamente bem definida, cujos habitantes, além de esmagados pelo clima e pela miséria, são explorados por uma organização social injusta. Conquanto a elevada qualidade da realização artística confira à narrativa do mestre alagoano uma dimensão que transcende de muito seu projeto ideológico específico, convém deixar bem explicitado o fato de que o propósito da obra não é o de refletir sobre a condição humana em si, mas sobre as condições concretas de existência dos viventes do sertão, seres perfeitamente situados no tempo e no espaço. Insistimos em tais considerações por nos parecerem essenciais para compreendermos, adiante, a natureza radicalmente diversa do sertão rosiano.

Em conhecida entrevista, concedida ao crítico alemão Günter Lorenz, a propósito da condição regionalista ou não de sua obra, responde Guimarães Rosa:

---

[1] Trata-se do poema "Graciliano Ramos", publicado em *Serial*, de 1961.

> /.../ Estou plenamente de acordo, quando você me situa como representante da literatura regionalista. /.../ Sou regionalista, porque o pequeno mundo do sertão, /.../ este mundo original e cheio de contrastes, é para mim o símbolo, diria mesmo o modelo de meu universo.[2]

Como se pode verificar, a condição de regionalista não é rejeitada, mas é entendida de forma bem diversa de como a entenderam os ficcionistas de 30. O sertão é afirmado como matriz da criação, mas deve ser entendido como um microcosmo onde vai-se desenrolar a aventura humana. "O sertão é do tamanho do mundo", afirma Riobaldo em GSV.

Ainda na entrevista citada, o escritor se refere à sua vivência de juventude no interior mineiro, ressaltando a importância que tiveram em sua formação as estórias que o cercavam em seu ambiente natal:

> Eu trazia sempre os ouvidos atentos, escutava tudo o que podia e comecei a transformar em lenda o ambiente que me rodeava, porque este, em sua essência, era e continua sendo uma lenda.[3]

Mais adiante, rebatendo o elogio do entrevistador que o aponta como o maior romancista do Brasil, retruca:

> Não, não sou romancista; sou um contista de contos críticos. Meus romances e ciclos de romances são na realidade contos nos quais se unem a ficção poética e a realidade. /.../ Não preciso inventar contos, eles vêm a mim, me obrigam a escrevê-los. /../ É, neste caso, o que se chama precisamente inspiração.[4]

Evidentemente o autor utiliza aqui a palavra "romance" (como o faz em relação a algumas das estórias de *Corpo de*

---

[2] Diálogo com Guimarães Rosa. In: COUTINHO, Eduardo de Faria, ed. *Guimarães Rosa*. Rio de Janeiro: Civilização Brasileira, 1983, p. 66. (Col. Fortuna Crítica, 6)
[3] Op. cit., p. 69.
[4] Ibidem, pp. 70-71.

*baile*) num sentido primitivo, de narrativa mítica, relativamente livre com relação aos ditames do realismo ficcional. Tal posição fica bem clara no título do primeiro livro, *Sagarana*. "Rana" é um sufixo de origem tupi que significa "semelhante", o que confere ao título da obra o sentido de: "à maneira de uma saga". Ora, as sagas são aquelas narrativas míticas dos povos escandinavos, ou, num sentido mais genérico, uma narrativa de cunho lendário. Sob esse aspecto, pode-se afirmar que, em larga medida, toda a obra rosiana constitui uma extensa *sagarana*. Não é necessário sublinhar o quanto esta visão, tanto de sertão como da criação literária, se distancia daquela de Graciliano Ramos.

Há, porém, outros pontos, porventura mais importantes, que necessitam ser ainda destacados, na tentativa de delimitar melhor o conceito de sertão em Guimarães Rosa. Em primeiro lugar, a relação entre a obra e o tempo histórico. A certa altura, na entrevista, afirma o autor:

> Escrevendo, descubro sempre um novo pedaço de infinito. Vivo no infinito; o momento não conta. /.../ Sou apenas alguém para quem o momento nada significa /.../, que se sente no infinito como se estivesse em casa. /.../ Provavelmente, eu seja como meu irmão Riobaldo. Pois o diabo pode ser vencido simplesmente, porque existe o homem, a travessia para a solidão, que equivale ao infinito.[5]

Numa atitude bem diversa da dos romancistas de 30, preocupados com a inserção de sua obra na história sociopolítica do país, Guimarães Rosa confessa que em *Grande sertão: veredas* desejava libertar o homem do peso da temporalidade: "Queria libertar o homem desse peso, devolver-lhe a vida em sua forma original" (FC, p. 84). E, mais à frente, remetendo à grande tradição literária do Ocidente, não só reitera essa busca do infinito como alarga ainda mais o conceito de sertão, valendo-se de afirmativas intencionalmente paradoxais:

---

[5] Ibidem, pp. 72-73.

> Goethe nasceu no sertão, assim como Dostoievsky, Tolstoi, Flaubert, Balzac; ele era, como outros que eu admiro, um moralista, um homem que vivia com a língua e pensava o infinito. /.../ Portanto, torno a repetir: não do ponto de vista filológico e sim metafísico, no sertão fala-se a língua de Goethe, Dostoievsky e Flaubert, porque o sertão é o terreno da eternidade, da solidão.[6]

Como se pode verificar nas passagens assinaladas, a amplitude que conceitos como sertão e sertanejo adquirem na linguagem do escritor e em sua obra distanciam-se bastante da acepção geográfica e etnográfica correntes. Sertanejo, para o Rosa, define antes uma condição de *ser* do que um acidente de nascimento, embora isso não exclua, no seu caso, um autêntico orgulho com a condição de homem do sertão. Daí talvez uma característica única da ficção rosiana: nela os Gerais mineiros são ao mesmo tempo tratados como um espaço real, geograficamente definido e objeto de fixação literária insuperável, e como um microcosmo, como um espaço simbólico onde o escritor projeta todas as suas indagações existenciais e metafísicas. Sem dúvida, a essência e o valor superior da obra de Guimarães Rosa está nessa sua capacidade de transfiguração do espaço real em espaço mitopoético.

*Grande sertão: veredas*, como todos sabem, nos apresenta o relato oral de um ex-jagunço que, à beira da velhice, evoca uma fase de sua vida passada para, resgatando o tempo perdido, tentar encontrar nele o seu significado profundo. De um lado há a lembrança querida de Diadorim, de outro, a necessidade de libertar-se de uma culpa que o atormenta: o pacto que teria (ou não) efetuado com o demo. Para conseguir isso, necessita penetrar nos arcanos do sertão-vida. Como ele próprio explica:

> Assim, é como conto. Antes conto as coisas que formaram passado para mim com mais pertença. Vou lhe falar. Lhe falo do ser-

---
[6] Ibidem, pp. 85-86.

tão. Do que não sei. Um grande sertão! Não sei. Ninguém ainda não sabe. Só umas raríssimas pessoas – e só essas poucas veredas, veredazinhas.[7]

O romance tem como epígrafe a frase: "O diabo na rua, no meio do redemoinho...", que aparece como um motivo recorrente ao longo da narrativa, e que remete, concretamente, ao local onde se deu o combate final entre Diadorim, no papel de anjo da vingança, e a figura odiosa do Hermógenes, encarnação do demônio. Numa das muitas reiterações da frase referida, Riobaldo acrescenta: "Acho o mais terrível da minha vida, ditado nessas palavras, que o senhor nunca deve de renovar." Ora, em uma leitura mais abrangente, podemos entender "rua" como metáfora mesma dos caminhos do mundo, que o homem deve percorrer em sua travessia existencial, tendo sempre pela frente, como ameaça constante, o diabo, as tentações do mal. Um diabo que, oculto no meio dos redemoinhos da existência, torna sua presença simbólica ainda mais ameaçadora.

Mas os dilemas morais com que se defronta o homem em sua trajetória têm que ser resolvidos por ele mesmo: daí a importância do tema da solidão na narrativa de GSV. Assevera-nos o narrador: "Sertão é o sozinho", ou ainda, "Sertão: é dentro da gente" (GSV, p. 305). Por isso a angústia que Riobaldo sente quando rememora o malfadado "pacto":

> Então, não sei se vendi? Digo ao senhor: meu medo é esse. Todos não vendem? Digo ao senhor: o diabo não existe, não há, e a ele eu vendi a alma... Meu medo é esse. A quem vendi? Medo meu é esse, meu senhor: então a alma, a gente vende, só, é sem nenhum comprador... (GSV, p. 475).

---

[7] ROSA, Guimarães. *Grande sertão: veredas*. Rio de Janeiro: José Olympio, 1956, p. 101. Em todas as subseqüentes citações do texto do romance, indicaremos apenas, entre parênteses, uma sigla indicadora da obra (GSV) e a página referida.

Quando já detém o poder nas mãos, na condição de chefe dos jagunços, Riobaldo começa a sofrer repetidamente as tentações do mal, que Diadorim, assumindo agora o papel de consciência moral do amigo, busca sofrear. Amor e repulsa se combinam nos sentimentos e nas reações do protagonista em face do amigo, o que o leva a concluir: "O sertão não tem janelas nem portas. E a regra é assim: ou o senhor bendito governa o sertão, ou o sertão maldito vos governa..." (GSV, p. 485).

E, em outra passagem, conclui: "Sertão é isto: o senhor empurra para trás, mas de repente ele volta a rodear o senhor dos lados. Sertão é quando menos se espera; digo. (GSV, p. 282).

Como se pode ver, ao longo do romance, a partir de diferentes angulações, multiplicam-se as tentativas de apreender o efetivo significado de *sertão,* como se o narrador estivesse sempre buscando, pelos meios limitados da palavra, exprimir o sentido de uma verdade que escapa sempre ao seu anseio por penetrá-la. Mesmo aquelas "raríssimas pessoas" que conseguem alcançar algum conhecimento do grande sertão da vida, dele só vislumbram umas "poucas veredas, veredazinhas". Mas uma constatação é inquestionável:

> O senhor faça o que queira ou o que não queira – o senhor toda-a-vida não pode tirar os pés: que há de estar sempre em cima do sertão. O senhor não creia na quietação do ar. Porque o sertão se sabe só por alto. Mas, ou ele ajuda, com enorme poder, ou é traiçoeiro muito desastroso. (GSV, p. 521)

> Por conta disso é que Riobaldo não se cansa de alertar: "Viver é muito perigoso"; pois longa é a rua a percorrer, entre o amor e o ódio, entre o medo e a coragem, entre Deus e o diabo. Mas, – como ele próprio conclui a certa altura: "Travessia perigosa, mas é a da vida". (GSV, p. 530)

Acreditamos que tudo o que vimos apresentando até aqui deixa bem claro quão multifacetado é o conceito de sertão na ficção rosiana, e quão distante se acha da abordagem realista que, de uma forma ou de outra, dominara as narrativas inicialmente citadas. Não desejamos com isso diminuí-las, mas estabelecer com clareza a especificidade de cada uma. Guimarães Rosa (como Riobaldo, seu irmão espiritual) busca acima de tudo na criação literária o sentido da vida, para além das balizas espaço-temporais que a limitam. Em carta a seu tradutor alemão, Curt Meyer-Clason, confessa:

> Todos os meus livros são simples tentativas de rodear, de devassar um pouquinho o mistério cósmico, esta coisa movente, impossível, perturbante, rebelde a qualquer lógica, que é a chamada realidade, que é a gente mesmo, o mundo, a vida.[8]

Essa indagação sobre a realidade, entendida como parte integrante do "mistério cósmico", é que constitui a essência do grande romance rosiano. A nós, leitores, cabe a tarefa fascinante de acompanhar Riobaldo em sua travessia pelas veredas do sertão, tarefa sem dúvida complexa e arriscada, mas que nos conduz, no final, a um dos mais altos cimos já atingidos pela literatura brasileira.

---

[8] ROSA, João Guimarães. *Correspondência com seu tradutor alemão Curt Meyer-Clason*. Rio de Janeiro: Nova Fronteira, 2003, p. 238.

# Guimarães Rosa e Machado de Assis: uma aproximação*

A minha proposta é a de mostrar o muito de analogia que existe entre dois escritores que, sob tantos aspectos, parecem tão afastados e distintos. Para tanto optei pelo confronto entre *Grande sertão: veredas* e aquele que constitui, talvez, o mais clássico dos romances machadianos: *Dom Casmurro*. As diferenças são evidentes: num caso, um romance urbano, ambientado no Rio de fins do séc. XIX, noutro uma narrativa rural, que transcorre nos Gerais mineiros, em inícios do séc. XX. O contraste estilístico é ainda mais gritante. Assim sendo – poderiam me objetar –, aonde estariam os pontos de aproximação?

Comecemos abordando os projetos narrativos de *Grande sertão: veredas* e *Dom Casmurro*: nesses romances temos um relato de tipo memorialístico, no qual os narradores vão contar não a totalidade de suas vidas, mas uma fase decisiva destas, iniciada, por curiosa coincidência, quando os dois personagens andavam pelos 14/15 anos de idade, e durante a qual eventos tão importantes se passaram que deixaram marca indelével e, em larga medida, traumática em suas consciências e em sua relação com o mundo. Como conseqüência, ambos mantêm uma relação problemática com o passado, do qual, de certo modo, necessitam libertar-se. O caminho para isso encontra-se no resgate, pela memória, desse passado, para que possam então re-

---

* Participação em mesa-redonda na comemoração do "Cinqüentenário de publicação de *Grande sertão: veredas*". Academia Brasileira de Letras, 21/09/2006. Inédito.

encontrar-se, reconstruir-se, recuperando a essência do vivido, a fim de nele poder finalmente encontrar o sentido profundo.

Como exprime Dom Casmurro no início de seu relato, referindo-se à casa que mandara construir, numa réplica da moradia da infância:

> "O meu fim evidente era atar as duas pontas da vida, e restaurar na velhice a adolescência. Pois, senhor, não consegui recompor o que foi nem o que fui. Em tudo, se o rosto é igual a fisionomia é diferente. Se só me faltassem os outros vá; um homem consola-se mais ou menos das pessoas que perde; mas falto eu mesmo, e esta lacuna é tudo". (p. II)[1]

O fracasso da primeira tentativa o leva, então, a tentar o caminho da narrativa:

> ...vou deitar ao papel as reminiscências que me vierem vindo. Deste modo viverei o que vivi. (p. II)

Alguns capítulos adiante, retoma o tema, sob outro ângulo:

> "Eu confessarei tudo o que importar à minha história. Montaigne escreveu de si: *ce ne sont pas mes gestes que j'escris; c'est moi, c'est mon essence*. Ora, há só um modo de escrever a própria essência, é contá-la toda, o bem e o mal. Tal faço eu, à medida que me vai lembrando e convindo à construção ou reconstrução de mim mesmo." (LXVIII)

A "construção ou reconstrução" de si mesmo: este o propósito que une Bentinho e Riobaldo. Contudo, a situação concreta que cerca as duas narrativas impõe dois tipos bem diversos de narradores: de um lado um homem culto, que estudou

---

[1] Nas citações de *Dom Casmurro* indicaremos apenas, entre parênteses, o capítulo em questão, sem referir a página em nossa edição, pois as edições machadianas são inúmeras e, como os capítulos são curtos, os textos poderão ser facilmente localizáveis na edição que o leitor possuir.

em seminário e cursou a Faculdade de Direito; do outro, um ex-jagunço, que teve acesso apenas às primeiras letras, ministradas por um mestre-escola de cidadezinha do interior. Muito embora este sertanejo seja apresentado, desde o início, como alguém dotado de uma inteligência acima da média ("Ah, não é por falar: mas, desde do começo, me achavam sofismado de ladino. E que eu merecia de ir para cursar latim, em Aula Régia – que também diziam."; *GS*, p. 16[2]), de modo algum poderia assumir, com verissimilhança, uma narrativa escrita: daí a opção extremamente sábia de Guimarães Rosa pela narrativa oral, que confere ao texto do romance um tom de conversa informal, de onde provém muito de seu fascínio.

Assim, enquanto o Dom Casmurro narrador, afinado com a cultura racionalista e cética de fins do séc. XIX (que era, não se pode esquecer, a do próprio Machado de Assis), confere a seu relato um tom analítico, reforçado pelo distanciamento irônico e pelo humor corrosivo, Riobaldo, ser mais instintivo e menos reprimido emocionalmente e, além disso, assediado pela consciência culposa do pacto que teria feito com o demo, deixa nítido um envolvimento mais direto com os fatos narrados, e não esconde seu desejo angustioso de conhecer o real significado de tudo aquilo que viveu, pois isso faz-se condição indispensável para que possa reencontrar a paz interior:

> Não devia estar relembrando isso, contando o sombrio das coisas. Lenga-lenga! Não devia de. O senhor é de fora, meu amigo mas meu estranho. Mas, talvez por isso mesmo. Falar com o estranho assim, que bem ouve e logo longe se vai embora, é um segundo proveito: faz do jeito que eu falasse mais mesmo comigo. Mire e veje: o que é ruim, dentro da gente, a gente perverte sempre por arredar mais de si. Por isso é que o muito se fala? (*GS*, pp. 40-41)

---

[2] ROSA, Guimarães. *Grande sertão: veredas*. Rio de Janeiro: J. Olympio, 1956. Após as citações do romance de Guimarães Rosa, indicaremos apenas, entre parênteses, a sigla *GS* e a página na edição referida (1ª).

Eu sei que isto que estou dizendo é dificultoso, muito entrançado. Mas o senhor vai avante. Invejo é a instrução que o senhor tem. Eu queria decifrar as coisas que são importantes. E estou contando não é uma vida de sertanejo, seja se for jagunço, mas a matéria vertente. Queria entender do medo e da coragem, e da gã que empurra a gente para fazer tantos atos, dar corpo ao suceder. (*GS*, p. 100)

"Vida, e guerra, é o que é: esses tontos movimentos, só o contrário do que assim não seja. Mas, para mim, o que vale é o que está por baixo ou por cima – o que parece longe e está perto, ou o que está perto e parece longe. Conto ao senhor é o que eu sei e o senhor não sabe; mas principal quero contar é o que eu não sei se sei, e que pode ser que o senhor saiba." (*GS*, p. 227)

Significativamente, nas duas narrativas temos um destinatário implícito: em Machado, o próprio leitor, ao qual com freqüência o narrador se dirige; em Guimarães Rosa, o visitante anônimo, que não tem voz no texto, mas cujas reações ficam registradas na fala de Riobaldo. Mas pode-se afirmar sem erro que, tanto num caso como noutro, o interlocutor somos nós. Sobre nós se volta tanto a ironia mordaz do narrador machadiano como a ironia disfarçada em matreirice mineira de Riobaldo, quando afirma "sou só um sertanejo, nessas altas idéias navego mal. Sou muito pobre coitado. Inveja minha pura é de uns conforme o senhor, com toda leitura e suma doutoração" (*GS*, p. 16). A sabedoria profunda, conquanto instintiva, que Guimarães Rosa empresta a seu personagem, faz-nos sentir o quão modesta é a "suma doutoração" de que dispomos, nós, pobres leitores, ou o anônimo interlocutor do sertanejo Riobaldo.

Como ficou explicitado no início, em ambos os romances os narradores são personagens já na fronteira da velhice, que sentem necessidade de reconstruir parte da trajetória existencial, porque nela algo de muito importante ocorreu, algo que definiu para sempre os rumos de suas vidas: em um caso o amor a Capitu, no outro a Diadorim. Mas, enquanto na obra machadiana o relato se restringe ao relacionamento entre os amantes e seus desdobramentos (ciúme, traição hipotética, desmoronamento do casamento e da própria vida de todos os envolvidos), a obra rosiana assume amplitude bem maior, pois lado a lado com a trama amorosa – e como derivação natural desta – vai-se desenvolver uma ação de cunho épico-dramático, centrada no conflito entre, de um lado, Diadorim, Riobaldo e os que buscam punição e vingança pelo assassinato de Joca Ramiro, e, do outro, os traidores, os "judas": Hermógenes, Ricardão e seus apaniguados. A luta sertaneja transmuta-se numa ampla batalha entre o Bem e o Mal, entre Deus e o diabo, em conseqüência da qual Riobaldo, paradoxalmente, será levado a realizar o malfadado "pacto", cuja memória o persegue insistentemente agora que a morte se aproxima. Seu relato ganha, desse modo, dupla dimensão: a da reconquista, pela memória, da figura amada de Diadorim, perdida nas neblinas do passado, e a de uma reflexão angustiosa sobre a sua própria trajetória, entre Deus e o diabo, pelas veredas do mundo. A idéia do demo como elemento atuante no direcionamento das ações humanas precisa ser negada e afastada para que Riobaldo possa finalmente se libertar da macabra obsessão com o pacto, da mesma forma como a traição de Capitu necessita ser, ao contrário, afirmada e fundamentada ao longo de toda a narrativa de Bentinho para que, de certa forma, ele possa tranqüilizar-se sobre o acerto de decisões tomadas no passado e que, concretamente, destruíram a si próprio e a todos os seus.

Mas há ainda outro traço que aproxima os dois romances de que tratamos. Como ocorre nas narrativas memorialísticas, um fator decisivo intervém no relato: o tempo. Em *Dom Casmurro* ele se torna elemento nuclear, pois a meta explícita do personagem narrador é, como vimos, "unir as duas pontas da vida", ou, como afirma em outra instância, "fechar e apertar muito os olhos, e ver se continua pela noite velha o sonho truncado da noite moça" (LXIV). Ora, essa busca do tempo perdido revela-se problemática, pois o tempo não se deixa facilmente capturar, de tal forma o enxurro da vida transforma os seres e os valores. O passado, tão ardentemente perseguido, vem quase sempre contaminado pelas vivências do sujeito que, no presente, tenta recuperá-lo. No romance machadiano, a interferência do eu presente no passado infiltra-se sutilmente e com irônica malícia no relato de Bentinho (agora transmudado em um desencantado Dom Casmurro), sempre que este evoca as lembranças da Capitu adolescente, "oblíqua e dissimulada". Por exemplo: a certa altura, dirigindo-se ao leitor, comenta o narrador:

> "Como vês, Capitu, aos quatorze anos, tinha já idéias atrevidas, muito menos que outras que lhe vieram depois; mas eram só atrevidas em si, na prática faziam-se hábeis, sinuosas, surdas, e alcançavam o fim proposto, não de salto, mas aos saltinhos." (XVIII)

Como se pode constatar, a imagem do passado aqui reconstituída aparece fortemente refratada e colorida pelas convicções do personagem no momento presente.

Em *Grande sertão: veredas* o tempo e seu fluir também são essenciais, mas apresentam-se sob ângulo diferente. A relação de Riobaldo com o seu passado é bem diversa da de Bentinho; não há amargor, mas um misto de saudade e inquietude. Riobaldo não deseja, como Bentinho, confirmar um sentido previamente assumido com relação ao passado, mas tentar, numa indagação angustiosa, encontrar o real significado deste. Em tal contexto, o tempo aparece, acima de tudo, como obstáculo a ser vencido pela memória na reconstrução da travessia existencial:

> "Contar é muito, muito dificultoso. Não pelos anos que se já passaram. Mas pela astúcia que têm certas coisas passadas – de fazer balancê, de se remexerem dos lugares. O que eu falei foi exato? Foi. Mas teria sido? Agora, acho que nem não." (*GS*, p. 183)

> "O senhor sabe?: não acerto no contar, porque estou remexendo o vivido longe alto, com pouco caroço, querendo esquentar, de-

mear, de feito, meu coração, naquelas lembranças. Ou quero enfiar a idéia, achar o rumozinho forte das coisas, caminho do que houve e do que não houve. Às vezes não é fácil. Fé que não é." (*GS*, p. 175)

"Ah, eu só queria era ter nascido em cidades, feito o senhor, para poder ser instruído e inteligente! E tudo conto como está dito. Não gosto de me esquecer de coisa nenhuma. Esquecer, para mim, é quase igual a perder dinheiro." (*GS*, pp. 400-401)

Como podemos ver, muitos são os vetores que, por sobre as diferenças, colocam lado a lado os dois romances. Mas antes de concluir esta tentativa de aproximação entre Guimarães Rosa e Machado de Assis, gostaria de lembrar um ponto que, acima de todos, me parece decisivo: ambos os escritores buscaram, em suas obras (e não apenas nos dois romances citados), transcender as limitações de tempo e de espaço para abarcar o sentido do "homem humano", da própria vida em sua essência. Não é a representação do Rio de Janeiro do séc. XIX, nem do sertão mineiro, que constituem o objetivo último, respectivamente, de Machado de Assis e de Guimarães Rosa, mas, como diria Riobaldo, "a matéria vertente". Assim, Guimarães Rosa, em conhecida entrevista a Günter Lorenz, pode afirmar: "E este pequeno mundo do sertão, este mundo original e cheio de contrastes, é para mim o símbolo, diria mesmo, o modelo de meu universo."[3]. É importante, contudo, assinalar que a dimensão de microcosmo conferida ao sertão são se consuma à custa da representação concreta do espaço geográfico e sociocultural dos Gerais mineiros. Longe disso. Em raras obras do regionalismo brasileiro encontramos, como na do Rosa, uma visão tão rica e completa tanto do homem como da terra e da natureza na qual este vive o seu cotidiano. Na narrativa rosiana, o sertão como microcosmo, como espaço da travessia humana, se desdobra,

---

[3] In: COUTINHO, Eduardo de Faria. *Guimarães Rosa*. Rio de Janeiro: Civilização Brasileira, 1983, p. 66.

harmoniosamente, do sertão geograficamente existente e que era tão caro a um escritor que, sempre que podia, fazia questão de afirmar sua condição de sertanejo.

Do Rio de Janeiro de Machado poder-se-ia dizer a mesma coisa: sem deixar de ser um espaço urbano, muito bem configurado social e politicamente, torna-se o teatro onde o escritor faz encenar a comédia humana para desnudar-lhe o sentido (ou, com mais propriedade, no caso machadiano, o seu não-sentido). Sem dúvida, a visão filosófica dos dois autores é radicalmente diferente: Machado é um cético, descrente dos homens e dos deuses, enquanto Guimarães Rosa confessa-se um místico, imbuído de "preocupações religiosas, metafísicas"[4], que, afirma, embebem os seus livros. Mas o importante a assinalar é que, para ambos, muito mais do que o dado histórico-documental das narrativas, importa dotá-las de uma validade superior que faça delas, em última análise, aguda indagação existencial sobre a condição humana. E, sob este aspecto, como sob tantos outros já apontados, os dois vêm finalmente a se encontrar, para além do tempo e do espaço.

---

[4] "/.../ sou profundamente, essencialmente religioso, ainda que fora do rótulo estricto e das fileiras de qualquer confissão ou seita; /.../ Daí, todas as minhas, constantes, preocupações religiosas, metafísicas, embeberem os meus livros." In: ROSA, J. Guimarães. *Correspondência com seu tradutor italiano Edoardo Bizzarri*. 2ª ed. São Paulo: T. A. Queiroz, 1981, p. 57.

# III
# Temas e autores vários

# Ideologia e criação literária em Jorge Amado*

Em quase toda discussão sobre a obra de Jorge Amado o problema da posição ideológica do autor acaba assumindo excessivo destaque e, não raro, torna-se fonte de ampla gama de equívocos e mal-entendidos.

A vinculação do autor, durante uma fase de sua vida, ao Partido Comunista; a postura politicamente engajada que enforma vários romances a partir de *Cacau* (1933) e culmina em *Os subterrâneos da liberdade* (1954); a presença freqüente nestes romances de personagens e cenas visivelmente concebidos com finalidade doutrinária, tudo isso contribuiu para que se fosse aos poucos cristalizando, na mente de leitores e críticos, uma visão estereotipada, reducionista, do criador de Gabriela: a de um fiel seguidor brasileiro do realismo socialista, da literatura proletária, que nos anos 30 e 40 constituía dogma estético na União Soviética; e com base nesse preconceito passou a ser sempre julgado. Exaltado às nuvens por alguns ou condenado por outros sem apelação, em nenhum dos casos se manifestava qualquer esforço efetivo para compreender, através de análise crítica serena, a verdadeira natureza do universo ficcional amadiano.

Ele próprio ajudou, de certo modo, a reforçar tal visão estereotipada. Em uma nota introdutória a *Cacau,* afirma:

---

* In: JUNQUEIRA, Ivan, org. *Escolas literárias no Brasil*. Rio de Janeiro: Academia Brasileira de Letras, 2004, v. II, pp. 649-670.

> Tentei contar neste livro, com um mínimo de literatura, para um máximo de honestidade, a vida dos trabalhadores das fazendas de cacau do sul da Bahia.
> Será um romance proletário? [1]

A forma interrogativa da frase final não esconde o propósito que tinha o autor de criar, se possível, um "romance proletário", ou algo na linha do que se poderia chamar então de "literatura proletária". Quase 50 anos mais tarde, comentando a passagem em entrevista a *O Estado de S. Paulo*, observa:

> Na minha extrema juventude, na minha quase adolescência, eu me perguntava se era um romancista proletário. [...] Hoje olho para os livros que escrevi naquela época e acho que fui um romancista sobretudo dos desprotegidos, dos vagabundos. [2]

E justifica o fato de não ter realizado o "romance proletário" que chegara a cogitar pelo fato de que "no Brasil daquela época não existia um proletariado", não havia sido ainda estabelecida a indústria pesada, que propiciou o surgimento, no país, de um proletariado sociologicamente configurado. Prossegue, então:

> Como isso não existia quando fiz meus primeiros romances, meus personagens são prostitutas, vagabundos, mulheres do povo, pescadores, mestres de saveiro, gente de circo. Os meus livros contam os problemas desta gente.

Ora, conquanto a ponderação do autor sobre a inexistência de uma classe proletária bem definida nos idos de 1930 – pelo menos no Nordeste – seja parcialmente verdadeira, não acreditamos tenha sido esta, verdadeiramente, a razão de não ter ele produzido "romances proletários". Seria atribuir a

---

[1] AMADO, Jorge. "Nota" (introdutória) a *Cacau*. Datada no texto: Rio, 1933.
[2] AMADO, Jorge. Entrevista a Lourenço Dantas Mota. *O Estado de S. Paulo*, 17/5/1981.

causas puramente exteriores – sociológicas ou outras – uma força determinante sobre a criação literária que, na realidade, elas não possuem. Basta considerarmos o fato de uma cidade como Aracaju, de dimensões bem mais modestas que Salvador, ter podido fornecer a Amando Fontes matéria para *Os Corumbas* (1933), que representam um ensaio pioneiro, no Brasil, senão de um "romance proletário" (coisa difícil de conceituar), pelo menos de um romance sobre as vicissitudes da classe operária, então emergente. Jorge Amado também poderia ter enveredado por este caminho, e não o fez, a não ser tangencialmente.

Uma leitura, mesmo superficial, da ficção amadiana revela que o perfil característico do herói nela predominante se afasta bastante, em suas linhas básicas, da figura do operário. A sorte deste último é sempre lastimada, apontada como injusta e espoliativa, mas na hora de conceber os seus protagonistas o autor se volta para tipos sociais bem distintos. Por que isso? Seria a alegada inexistência de um proletariado? Na entrevista já por nós citada, afirma categoricamente:

> Há uma única linha de unidade em meus livros, que é a fidelidade ao povo. Ao povo mais que a qualquer outra coisa. Sempre tive uma perspectiva não propriamente de classe, mas de povo em sua totalidade.

A distinção aqui traçada entre "classe" e "povo" vai ajudar-nos a compreender melhor o universo amadiano: por "povo" o escritor entende sobretudo o homem pobre, o "que está colocado mais baixo na escala social"; conseqüentemente, dele estarão excluídos os burgueses: comerciantes, industriais, etc. Mas o interessante é que, na prática, também dele está ausente, pelo menos na condição de protagonista, o operário. Por quê?

Na verdade, o operário tem algo em comum com os comerciantes e os industriais: tem a sua identidade definida em termos de classe, ou seja, de uma categoria social perfeitamente articulada ao mecanismo da sociedade como um todo. Operários, comerciantes, industriais integram um tecido de inter-relações que constitui, em última análise, o cerne daquele mecanismo. Ao contrário, o "povo" em Jorge Amado não aparece quase nunca sob a forma de uma classe, retratada no impulso de movimentos coletivos, mas através do esforço de resistência de alguns dos indivíduos que compõem esse "povo" à opressão, à injustiça, à desumanização da vida de cada dia.

Aqui chegamos ao nosso ponto: o que repugna acima de tudo ao romancista Jorge Amado é a característica de *mecanismo* que está na base da moderna organização social. Como o Carlitos de *Tempos modernos*, o herói amadiano não consegue ajustar-se aos limites estreitos de uma "classe" – concebida em termos coletivos e com um papel social determinado –, mesmo que esta classe seja o proletariado. Tanto o operário como o burguês são prisioneiros da mesma engrenagem que os transcende e os ignora enquanto individualidades, e o herói amadiano valoriza, acima de tudo, a liberdade. Quando o negrinho Antônio Balduíno, de *Jubiabá*, foge da casa do Comendador Pereira, comenta o narrador:

> Antônio Balduíno agora era livre na cidade religiosa da Bahia de Todos os Santos e do Pai-de-Santo Jubiabá. Vivia a grande aventura da liberdade.[3]

Ao lado da alegada fidelidade ao povo, poderíamos acrescentar, sem risco de erro, uma segunda grande linha de unidade na obra de Jorge Amado: o fascínio permanente que exerce sobre os seus heróis "a grande aventura da liberdade" – desde figuras como Balduíno, Pedro Bala e Guma dos romances iniciais, a Gabriela, Quincas, Vadinho e tantos outros que povoam a sua ficção tardia. Até mesmo os coronéis de *Terras do sem fim*, ao fazerem da coragem e ousadia pessoais as únicas limi-

---
[3] AMADO, Jorge. *Jubiabá*. 9ª ed. São Paulo: Martins, 1960, p. 66.

tações éticas respeitáveis, e ao aceitarem pagar com o risco da própria vida o preço de uma tal posição, acabam por encarnar esse fascínio da liberdade, que leva Guma a preferir o risco da morte na imensidão "livre" do mar, à vida segura e "escrava" na quitanda dos tios de Lívia.

Uma única opção existencial é inaceitável para o herói amadiano: o enquadramento na "normalidade" da máquina social – máquina sinistra que tritura a individualidade e a substância humana das criaturas para reduzi-las à condição passiva de peças de engrenagem. Sob tal ótica o proletário industrial, paradoxalmente, se irmana ao burguês: ambos dignos de lástima (mesmo que um, pelo fato de ser encarado como vítima, mereça a simpatia do romancista, enquanto o outro não).

Pelo que vimos expondo, o leitor pode facilmente deduzir que a disciplina partidária – sobretudo no Partido Comunista, que tinha como pressuposto a subordinação da personalidade individual ao projeto coletivo de luta do proletariado pelo poder –, conquanto aceita em certa fase pelo intelectual Jorge Amado, foi sempre recebida com muita relutância pelo criador ficcional que nele predominava, e que celebrava, acima de tudo, a liberdade do indivíduo. Com isso pretendemos afirmar que as raízes ideológicas profundas do escritor enquanto artista, enquanto alguém que exprime livre e espontaneamente sua visão da vida e da realidade, sempre o conduziram numa direção bem afastada dos imperativos marxistas.

Essa divisão interna vai ser responsável por grande parte das contradições e mesmo incoerências encontráveis nos romances da primeira fase amadiana (anterior a *Gabriela, cravo e canela*, de 1958). Vamos mais longe e afirmamos que, sempre que o homem de partido predominou sobre o artista, o nível estético caiu lamentavelmente, como conseqüência do esforço frustrado deste para enquadrar sua criação nas balizas estreitas da ideologia partidária.

A crítica até hoje tem-se dado pouca conta do problema, preferindo optar por posições simplistas e reducionistas. Em função da militância política do homem, cobra um correspondente enquadramento ideológico da obra, e não o encontrando, pelo menos no nível de coerência desejado, repele esta última como algo sem valor, quando não a acusa de desonesta, oportunista e sabe Deus o que mais...

Quem se proponha a investigar os pressupostos ideológicos que fundamentam qualquer criação literária, é para ela própria e não para a vida pública do homem e do escritor que deve voltar sua atenção. Apenas a leitura crítica atenta e despreconceituosa da obra como um todo é capaz de fazer aflorar as bases, tanto estéticas quanto ideológicas, que lhe formam o arcabouço. No caso de Jorge Amado, os resultados de uma tal investigação revelam-se surpreendentes, sobretudo quando cotejados aos estereótipos em curso.

Livres dos antolhos do preconceito, percebemos que a visão de mundo dominante no universo amadiano tende muito mais para um certo tipo de anarquismo instintivo, de raiz romântica, do que para qualquer forma de marxismo. Como afirmamos, o valor máximo no universo do escritor é a *liberdade*, concebida em termos de liberdade individual: enquanto possibilidade para cada indivíduo que compõe o corpo social de realizar plenamente suas potencialidades humanas. A opressão do forte, as desigualdades econômicas são evidentemente combatidas como entraves a esse ideal, mas igualmente o são todas as formas institucionalizadas de comportamento, freqüentes na sociedade moderna, pelo que encerram de potencial castrador, de mal disfarçada aspiração a impor padrões rígidos e massificados de viver. É este "fundamental anarquismo"[4] que se encontra no centro do universo ficcional do criador de Quincas Berro D'Água.

Examinando deste ângulo aquele elenco de tipos sociais entre os quais o escritor revela ter escolhido de preferência os

---

[4] A expressão é de Oswald de Andrade, no famoso prefácio a *Serafim Ponte Grande* (1933). Diz ele: "Do meu fundamental anarquismo jorrava sempre uma fonte sadia, o sarcasmo". De fonte análoga brota o inconformismo de Jorge Amado e, na fase final, a força dessacralizante do seu humor.

seus heróis (vagabundos, prostitutas, etc.), é possível discernir uma linha de coerência bastante nítida: são todos eles figuras que vivem, em maior ou menor grau, à margem da engrenagem social, pelo menos de suas formas mais repressivas (porque mais estruturadas).

No caso do vagabundo, da prostituta, essa "marginalidade" é evidente, mas mesmo o pescador e o mestre de saveiro, tal como aparecem no romance amadiano, encarnam uma forma de vida livre (perigosa embora...), bem distante do cotidiano cerceado e asfixiante, seja do burguês (representado, por exemplo, em *Mar morto*, pelo tio quitandeiro de Lívia), seja do proletário industrial. Neste sentido, podem ser vistos também como "marginais". De resto, a luta pela sobrevivência do homem do mar aparece representada sob um enfoque heróico, de desafio às forças cósmicas da natureza, o que lhe confere a grandeza épica de todo ausente dos horizontes mesquinhos do viver burguês. Para este último, só resta uma salvação possível: a ruptura radical com seu mundo apodrecido. A história de Quincas, abandonando o conforto repressivo e sufocante da família pequeno-burguesa (e sua falsa moralidade) pelo espaço livre das ruas e ladeiras da cidade, em companhia de vagabundos e cachaceiros, assume dimensão emblemática no conjunto da produção de Jorge Amado, como uma espécie de manifesto velado do anarquismo do escritor. O extremado contraste entre as duas vidas de Quincas serve para tornar ainda mais grotesca e risível a inautenticidade do viver burguês, representado pelo convencionalismo mesquinho dos familiares.

São raros os casos em que o caminho se faz na direção oposta – da liberdade anárquica para o enquadramento social – e soam sempre falsos: quando tal se verifica, sentimos (com pena) que a intenção de proselitismo ideológico do homem de partido Jorge Amado prevaleceu sobre a verdade do artista. Referimo-nos a casos como o final de *Jubiabá*, em que, num lance da mais completa inverossimilhança, o andarilho Antônio Balduíno, legítimo herdeiro da tradição picaresca, torna-se um estivador disciplinado e obediente à palavra do líder sindical, passando a fazer discursos sobre a greve e a luta do proletariado em um tom de autocrítica stalinista lamentável. Chega ao ponto de condenar o próprio pai-de-santo Jubiabá – símbolo dos valores culturais afro-brasileiros, tão importantes no romance – porque este não consegue compreender o sentido da greve e da luta proletária. Desenlace análogo encontramos em *Capitães de areia* (1937).

Essas reviravoltas, no plano do protagonista, felizmente são raras. Em geral, o romancista limita-se a delegar a responsabilidade da pregação ideológica a figuras secundárias (como o médico e a professora de *Mar Morto*). Na parte da obra posterior a *Gabriela, cravo e canela* o homem e o escritor harmonizam-se finalmente, e este abandona de todo o didatismo partidário. A este respeito, assim se manifesta na entrevista que vimos citando:

> Na primeira parte da minha obra, escrita até quando eu tinha trinta e poucos anos, a ação era sempre acompanhada de um discurso político. Eu queria convencer o leitor e não acreditava que a ação fosse suficiente. Por isso, fazia uma espécie de discurso político ao lado. Esse discurso desapareceu depois da minha obra.

Por causa desta mudança e com base naquele estereótipo que mencionamos no início do trabalho, Jorge Amado passou a ser acusado de ter renegado seus princípios ideológicos. Ora, o que ocorreu, na verdade, foi uma tomada de consciência, por parte do escritor, das bases efetivas de sua ideologia – entendida aqui como visão do mundo e do homem. A denúncia permanece, e ganha mesmo em intensidade e contundência, mas não é mais orientada de fora, por injunções partidárias. A obra amadiana volta-se cada vez mais para a defesa intransigente do indivíduo e de sua liberdade, ameaçados ambos pelas "verdades" oficiais do nosso tempo – sejam elas patrocinadas pela esquerda dogmática ou pela direita autoritária.

O humor, conquista do Jorge Amado maduro, faz-se a nova arma de atuação, muito mais eficiente na demolição dos falsos valores que a retórica dos primeiros tempos. Por outro lado, esse individualismo extremado do herói amadiano não resulta nunca anti-social, pois aparece sempre combinado a um arraigado sentimento de solidariedade humana. Pode-se mesmo afirmar que a solidariedade constitui, junto com o anseio legítimo de liberdade, uma das bases essenciais da ética do romancista, e aparece em posição de relevo em quase todas as suas narrativas, desde os pequenos mendigos de *Jubiabá* e *Capitães de areia* aos vagabundos e vigaristas de um livro já da segunda fase, como *Pastores da noite* (1962).

Citamos *Pastores da noite* intencionalmente, pois nele se encontra um dos melhores exemplos de narrativa de denúncia social no Jorge Amado maduro, sem que nela se faça apelo a qualquer daqueles clichês de uso nos romances ditos engajados. Ao invés da crítica unilateral, dirigida de um ponto de vista fixo, projetando uma visão maniqueísta sobre a realidade, o escritor, valendo-se do humor e da ironia, consegue dar a seu discurso uma abrangência muito mais ampla, desnudando as molas ocultas do jogo social, que sociedade bem pensante encobre sob as capas da honradez e do desprendimento, ambos de fachada.

Há uma passagem muito citada das *Memórias póstumas de Brás Cubas*, na qual o narrador machadiano comenta:

> Quem não sabe que ao pé de cada bandeira grande, pública, ostensiva, há muitas vezes várias outras bandeiras modestamente particulares, que se hasteiam e flutuam à sombra daquela, e não poucas vezes lhe sobrevivem?[5]

Ora, o episódio final de *Pastores da noite*, "A invasão do morro do Mata Gato ou os amigos do povo", poderia bem servir

---

[5] ASSIS, Machado de. *Memórias póstumas de Brás Cubas*. Rio de Janeiro: Garnier, 1988, cap. IV, p. 30.

como demonstração viva dessa verdade, com a diferença apenas de que aqui o travo amargo da ironia machadiana é substituído por uma irreverência bem-humorada, a qual, criticando embora de forma impiedosa os "desconcertos do mundo", deixa sempre uma porta aberta para o otimismo e a esperança.

A comparação deste episódio com aquele que marca o final de *Jubiabá* – a greve dos estivadores e padeiros – permite entender que não se trata, neste caso, por parte do escritor, de uma renúncia à literatura social, mas de uma renúncia à literatura doutrinária. A desmistificação dos interesses políticos e econômicos escusos que atuam nos bastidores da sociedade faz-se com bem maior eficácia: desaparece apenas o didatismo canhestro do romance anterior. Outra distinção significativa é que no episódio de *Pastores da noite* não se trata da disciplina de uma organização sindical sustentando a luta dos miseráveis pelos seus barracos, mas de um sentimento espontâneo de solidariedade, que surge de relações de amizade para ganhar em seguida uma abrangência maior, comunitária. Finalmente o maniqueísmo exaltado da visão primeira transforma-se no humor irreverente, que desconfia da retórica humanitária e acredita ainda menos na santidade política.

A inflexão sofrida pela obra tardia de Jorge Amado constitui, assim, a afirmação plena daquele "anarquismo fundamental", sempre latente no escritor, cético com relação às "verdades" oficiais, mas confiante na possibilidade de o homem vir a plasmar, finalmente, um mundo mais justo e autêntico.

* * *

Outra forma privilegiada pela qual se manifesta essa propensão anarquista na obra amadiana é o erotismo. A crítica, sempre predisposta negativamente a tudo o que concerne ao escritor – talvez pelo crime imperdoável de ter ele obtido enorme sucesso junto ao público –, prefere interpretar este erotismo como fruto de simples oportunismo sem escrúpulos: aproveitar a onda de sexo que invade a cultura contemporânea. Esta visão traz consigo a vantagem inapreciável de dispensar maiores análises e ainda satisfaz uma pseudoconsciência moralista daqueles que a propõem. Sua única desvantagem é passar ao largo do problema. Tentemos outro procedimento.

Já no romance inicial, *O país do carnaval* (1931), o erotismo marca a sua presença, na figura da francesa Julia e de seus amores com o protagonista. Desde então vem ocupando um lugar de crescente destaque no universo amadiano, destaque este que ainda mais se acentua a partir de *Gabriela, cravo e canela* (1958), quando não raro passa a assumir o primeiro plano da narrativa: *Dona Flor e seus dois maridos* (1966) é disso expressivo exemplo.

Ora, partindo do pressuposto de que em uma obra literária todos os elementos que a integram têm necessariamente função e significado em algum nível, cabe-nos indagar quais seriam estes no caso do erotismo do escritor baiano.

Vimos que no romance amadiano o valor ético determinante é um arraigado amor à liberdade. Essa liberdade, porém, não é ali apresentada num sentido filosófico abstrato, mas como um movimento instintivo do ser em direção à plenitude da vida. Isto fica claro desde *Jubiabá* (1935), o primeiro romance importante do autor e como que a matriz de toda a obra imediatamente subseqüente; descrevendo a certa altura o protagonista, negro Antônio Balduíno, diz-nos o narrador:

> Andava pelos dezoito anos mas parecia ter vinte e cinco. Era forte e alto como uma árvore, livre como um animal e possuía a gargalhada mais clara da cidade.[6]

As comparações aqui utilizadas são reveladoras por conferirem uma dimensão quase telúrica da natureza do herói. Ao contrário do que ocorre nas imagens do Naturalismo, "animal"

---
[6] AMADO, *Jubiabá*, p. 113.

ganha no contexto uma nítida carga positiva e deixa transparecer o quanto existe de impulso instintivo, primordial, no significado que o escritor empresta à noção de liberdade. A gargalhada, expressão da vitalidade transbordante de Balduíno, faz-se importante *leitmotiv* ao longo da narrativa, chegando mesmo a ser comparada a "um verdadeiro grito de liberdade".

Ora, uma vertente importante desse impulso instintivo do indivíduo em direção à liberdade vai, na ficção amadiana, desaguar no erotismo. Tal como a gargalhada sonora do negro Balduíno, o erotismo adquire um saudável sentido de libertação. Tanto mais quanto, na sociedade burguesa, a repressão sempre se voltou com particular ferocidade contra o sexo e o instinto. O significado libertário do erotismo não aparece, contudo, plenamente desenvolvido desde o início. Muitas barreiras culturais tiveram que ser superadas pelo escritor antes que isso ocorresse.

Jorge Amado começou a escrever seus romances na Bahia da década de 30, em uma sociedade preconceituosa, de costumes extremamente conservadores, e por mais que desejasse lançar de si a carga repressora representada pelos valores do meio sociocultural em que se tinha formado, não conseguiu impedir que uma parte destes valores permanecesse atuante, ainda que de forma inconsciente. Daí o fato de, nos romances iniciais, a liberdade sexual ficar restrita às figuras masculinas — pelo menos no plano dos protagonistas. A algumas personagens femininas secundárias é concedida também tal liberdade — como a Rosa do Palmeirão, de *Mar morto* —, mas jamais ela é estendida às heroínas: para estas segue válida a concepção idealizante da mulher, herdada do Romantismo, na qual a pureza constitui exigência indispensável.

Com efeito, a ficção romântica constitui, juntamente com a vivência íntima da cultura popular baiana, uma das forças determinantes da criação literária de Jorge Amado. Ele próprio o declara, sem hesitação, no discurso de posse na Academia Brasileira de Letras (1962): "Quanto a mim, sou um rebento baiano da família de Alencar"⁷. Certos traços da narrativa romântica se manifestam com tanta força nos primeiros romances, que chegam a configurar um autêntico neo-romantismo, contrabalançando e até superando as tendências neo-realistas da geração de 30 (caso flagrante de *Mar morto*).

À luz dessa herança romântica pode-se entender melhor o modo como aparecem tratadas as heroínas nos romances iniciais do autor: ou como anjos puros (caso de Dora, em *Capitães de Areia*), ou como esposas fidelíssimas (caso de Lívia, em *Mar morto*).

Sob este aspecto, é bem característica a oposição que se estabelece, neste último romance, entre Lívia, a amada ideal, e Esmeralda, a mulata tentadora, que seduz Guma e o leva a cometer um dos crimes mais graves no universo romântico (e amadiano): a traição de um amigo. Apenas a morte heróica do rapaz no final da narrativa será capaz de restaurar-lhe a grandeza comprometida pela queda. Esmeralda, a figura demoníaca, é punida pela morte degradante: assassinada pelo negro Rufino, o amigo traído, que em seguida se suicida. E o livro termina pela apoteose de Lívia, a heroína pura, a amada fiel, cuja lealdade ao marido morto a leva a uma identificação total com ele, assumindo o seu lugar no leme do saveiro.

Outra manifestação eloqüente dessa visão romântica é o tratamento dado à relação entre Balduíno e Lindinalva em *Jubiabá*. Por causa da decadência econômica do pai, a moça, antes rica e orgulhosa, resvala pelas ladeiras da sociedade abaixo, indo terminar nos degraus mais ínfimos da prostituição; contudo, aos olhos do herói, que sempre experimentara por ela um sentimento de adoração ilimitado, a moça permanece pura e ilibada, transfigurada pela força mesma do amor. Em um enfoque um pouco diverso, é a retomada do mito da pureza em meio à corrupção, abordado por Alencar em *Lucíola*.

---

⁷ JORGE AMADO: POVO E TERRA: 40 ANOS DE LITERATURA. São Paulo: Martins, 1972, p. 12.

Como não poderia deixar de ser, a visão romântica vai inibir, nos primeiros romances, um enfoque mais livre do erotismo. Isso fica bastante nítido em *Terras do sem fim* (1943), o mais maduro dos livros da primeira fase: conquanto ali, no episódio do amor entre Ester e Virgílio, o erotismo ganhe pela primeira vez um sentido libertário, a história conserva, em suas linhas mestras, o contorno romântico de um amor proibido, marcado pela fatalidade e destinado a desenlace trágico. Para Ester, espécie de Emma Bovary baiana, o advogado aparece como um caminho de libertação (ainda que ilusório) do mundo opressivo em que ela vive, regido pela violência, e que tem no marido, o coronel Horácio, um representante ao mesmo tempo sinistro e patético. Neste contexto, o código da heroína ilibada é infrigido, sem que isso implique sua condenação aos olhos do leitor, mas ainda assim também será necessária a morte final dos amantes (que no caso de Virgílio torna-se quase uma auto-imolação) para que o sentido sublime do amor romântico, maculado de certa forma pelo adultério, seja enfim resgatado.

O próprio romancista, a essa altura de sua evolução, ainda não se tinha libertado da carga de valores repressivos, no tocante à mulher e ao sexo, que sobre ele haviam imposto o meio e a formação cultural. Serão necessários mais quinze anos e uma reavaliação bastante radical de suas bases ideológicas para que uma face nova, esta sim verdadeiramente livre, desponte na obra: *Gabriela, cravo e canela* (1958).

Ao compararmos a heroína deste romance com qualquer outra das que a precederam, podemos sentir a extensão da mudança operada. Nesta o erotismo assume plenamente a função que desempenhará daí por diante: expressão do anseio de liberdade do indivíduo, que se rebela contra os mecanismos repressores da sociedade. Ao contrário do que ocorrera com Esmeralda, o erotismo de Gabriela não é apresentado como pecaminoso ou destrutivo: resulta de uma entrega feliz à própria vida. Aquele lado "animal" – no sentido instintivo, não-reprimido – que assinalamos no negro Antônio Balduíno triunfa plenamente com

Gabriela. Através da criação de uma personagem que, por uma espontaneidade sem entraves, desconhece os imperativos da moral burguesa, Jorge Amado, por contraste, põe a nu o vazio e a inconsistência dessa falsa moralidade. E, fato novo em sua ficção, tudo isso vem realizado sem que o autor assuma poses doutrinárias; antes com humor irreverente e desmistificador.

À luz da indisfarçável aversão de Jorge Amado às formas institucionalizadas da sociedade bem-pensante, sentidas como inautênticas e castradoras, podemos compreender toda a ironia que envolve a frustrada tentativa de Nacib para "enquadrar" Gabriela nos padrões de conduta da "boa" burguesia ilheense. Ao tentar resguardar o amor da mulata, legitimando-o pelo casamento, Nacib quase o perde, além de expor-se a agruras que não tinha imaginado. O romance, sem grandiloqüência, mantendo-se sempre no registro do humor e da sátira, aniquila, pelo ridículo e pelo grotesco, a posição tradicional, que reduz a mulher e o amor à condição de bens adquiríveis por casamento, e cujo uso e propriedade as leis e tradições são por si capazes de garantir. A burla, a hipocrisia e até mesmo o crime constituem o preço que a sociedade paga para tentar manter essa ficção, muito conveniente sob certos aspectos, mas que resiste mal ao choque da realidade.

Uma leitura sensível de *Gabriela, cravo e canela* deixa perceber o quão longe da verdade andam aqueles que acusam o escritor de, a partir deste romance, ter vendido a alma ao sucesso comercial, pactuando com o *establishment* e renunciando à sua posição crítica. A crítica permanece, e muito mais cortante do que anteriormente, apenas menos sectária e unilateral.

Para confirmar tal assertiva basta um simples exame dos personagens que ocupam o centro das narrativas posteriores a *Gabriela, cravo e canela*, desde Quincas, passando por Vadinho, Pedro Archanjo e Teresa Batista, até Tieta (para citar apenas alguns): todos se caracterizam por uma atitude de recusa das regras do jogo social "correto", as quais, ou contestam diretamente, como Quincas e Pedro Archanjo, ou simplesmente ignoram, como Vadinho, afirmando desta forma uma liberdade que é tanto mais preciosa quanto o valor e a respeitabilidade daquelas regras mostram-se altamente duvidosos.

É nesse processo contestatório que o erotismo, representando uma instância irredutível do ser, desempenha, como dissemos, o papel de verdadeira bandeira do indivíduo em sua luta para garantir a liberdade, ameaçada pela rede sutil de obrigações e interditos com que a sociedade procura envolvê-lo.

Essa liberdade, que constitui a marca mais expressiva do herói amadiano, exigiu também, por parte de seu criador, um longo processo de conquista, que só se completa na plena maturidade do homem e do escritor, que passa então a recusar todos os imperativos ditados por conveniências estranhas à sua visão pessoal da realidade e à natureza íntima de seu processo criativo. O esquema ideológico que até então o limitava e constrangia é afastado em benefício de uma postura mais autêntica de relacionamento com o mundo. Como faz questão de enfatizar na entrevista já citada:

> Durante muito tempo pensei pela cabeça dos outros, tendo às vezes que violentar o meu pensamento para ser disciplinado. Julgava então que aquelas pessoas pensavam melhor do que eu e, conseqüentemente, que eu estaria mais certo pensando como elas do que com a minha própria cabeça. [...] Hoje pago um preço extremamente alto [...] para pensar com a minha própria cabeça.

O sentido dessa libertação se projeta, de certa maneira, em todas as obras maduras do escritor, mas encontra sua expressão mais acabada, como já apontamos, em *A morte e a morte de Quincas Berro d'Água*. O gesto extremado de Quincas reproduz, no plano simbólico, a atitude do próprio Jorge Amado, abandonando as balizas estreitas do pensamento sectário para encontrar sua própria identidade.

Dentre os romances da segunda fase, o que melhor revela o universo ideológico do escritor é *Tenda dos Milagres* (1969).

No protagonista Pedro Archanjo, mulato, autodidata, que opõe às falsas verdades da cultura oficial uma vivência direta e autêntica do povo baiano, Jorge Amado projeta muitos de seus valores mais caros.

Nessa obra aparece desenvolvido, em toda a amplitude, um dos temas centrais de sua ficção: o caráter fundamentalmente mestiço da realidade étnica e cultural brasileira. Em *Jubiabá* (1935), o romancista já abordara o problema, mas razões doutrinárias acabaram, como vimos, por desviá-lo para outros rumos, fazendo com que a figura do pai-de-santo, que empresta o nome ao livro, apareça no final com sua dimensão bastante reduzida: a disciplina ideológica predominou neste caso sobre a coerência ficcional para determinar o desenlace bastante forçado do livro.

Já no romance de 1969 o problema da mestiçagem ocupa, sem quaisquer restrições, o primeiro plano. Através do protagonista, Pedro Archanjo, o autor entrega-se à defesa ardorosa da miscigenação racial e cultural, denunciando o caráter odioso e insustentável da posição racista, personificada na figura de Nilo Argolo, pseudocientista, professor de medicina legal na Faculdade de Medicina da Bahia. O personagem constitui, na verdade, um duplo satírico de Nina Rodrigues, que também fora professor da Faculdade, e que, no final do século XIX e início do XX, sustentava em seus escritos a tese, amplamente aceita nos meios intelectuais da época, sobre a superioridade da raça branca e inevitável degenerescência do mestiço. Como *A morte e a morte de Quincas Berro d'Água* constituíra um manifesto velado do anarquismo libertário do autor, *Tenda dos Milagres* faz-se afirmação apaixonada de outro traço essencial da ideologia amadiana: a concepção da mestiçagem como um valor inalienável do povo brasileiro.

Além disso, do ponto de vista ideológico há um detalhe na ação de *Tenda dos Milagres* que merece ser ressaltado: a greve da Companhia Circular da Bahia, ocorrida em 1934, que fornecera a matéria para o final de Jubiabá, vem narrada também, de passagem, no novo romance, como que estabelecendo um fio de ligação entre ambos. Tal como Balduíno, Pedro Archanjo tem participação ativa no movimento, mas ao justificar esta adesão o narrador deixa transparecer uma distinção bastante significativa da posição atual do autor. Diz ele:

> ... poucos moços podiam competir com aquele velho na ação e na iniciativa. Porque ele não o fazia a mando, por obrigação, para cumprir tarefa de grupos ou de organismo partidário Fazia-o por achar justo e divertido.[8]

É um sentimento espontâneo de justiça e solidariedade o que comanda a atitude de Archanjo. O que já não é mais aceito são as imposições exteriores, a disciplina partidária sobreposta à livre determinação do indivíduo.

Os pontos acima abordados é que podem fornecer um enfoque correto para se compreender o Jorge Amado da plena maturidade, não a imagem distorcida que alguns tentam vender, de um escritor "renegado", que abriu mão de suas convicções sociais e políticas para cortejar o sucesso. Sucesso que, diga-se de passagem, ele sempre teve a seu lado, e deveu-o ao talento extraordinário de narrador, à força comunicativa de sua prosa, não a esta ou àquela posição ideológica.

De resto, se uma parcela da receptividade encontrada junto aos leitores, tanto no passado como hoje, pode ser creditada à visão de mundo corporificada nos romances, não é ao lado propriamente político desta, mas ao já ressaltado romantismo do escritor e à presença em sua obra de dois outros elementos pouco encontradiços na ficção contemporânea: a esperança e a alegria. Em uma época em que a arte em geral se faz sombria, asfixiante, sem horizontes, a criação amadiana respira uma atmosfera de desafogo, de que o leitor contemporâneo sente falta.

Graciliano Ramos, quando preso na Ilha Grande, teve oportunidade de constatar este fato, sem porém discernir to-

---

[8] AMADO, Jorge. *Tenda dos Milagres*. São Paulo: Martins, 1969, p. 346.

das as implicações que ele comportava. Registra o autor de *Angústia*:

> Descobri alguns romances de José Lins, de Jorge Amado, meus. E, tanto quanto posso julgar, o mais lido era Jorge: apareciam-me com freqüência, nas tábuas e nas esteiras, malandros, tipos das favelas, atentos no *Suor* e no *Jubiabá*. Por que estaria Jorge, só ele, a provocar o interesse dessa gente?[9]

Adiante, depois de encarecer o realismo com que José Lins expõe de forma "nua e bárbara" a vida nos engenhos de açúcar, comenta:

> O nosso público em geral afastava-se disso, queria sonho e fuga. [...] A imaginação de Jorge os encantava, imaginação viva, tão forte que ele supõe falar a verdade ao narrar-nos existências românticas nos saveiros, nos cais, nas fazendas de cacau[10].

Graciliano, realista implacável, não pôde evitar o toque irônico ao referir-se, com muita verdade, ao romantismo de Jorge Amado, tão sensível nos romances iniciais, objeto de seu comentário. Contudo, se nos idos de 30 o realismo se impunha quase como um dogma, tal não sucede hoje: a imaginação e o sonho também fazem parte essencial da realidade humana, e nessa condição têm pleno direito de cidadania na república das letras.

Que o sonho sempre esteve presente no universo amadiano é fato que nunca passou desapercebido a seus leitores mais sensíveis; mas apenas em sua plena maturidade o escritor passa a afirmá-lo em plena consciência. Não havia mesmo por que rejeitá-lo ou dele envergonhar-se: o sonho, como sabemos, sempre constituiu uma das dimensões essenciais da arte, antecipan-

---

[9] RAMOS, Graciliano. *Memórias do cárcere*. Rio de Janeiro: José Olympio, 1953, v. 3, p. 132.
[10] Ibidem, p. 133.

do formas que o futuro, com freqüência, acaba por transmutar em realidades históricas.

A certa altura, na entrevista já por nós referida, falando de sua posição política, o escritor faz questão de reiterar a opção pelo socialismo, mas faz uma ressalva importante:

> Quero o socialismo, porque com ele não haverá fome, não existirá essa terrível miséria nordestina. Mas hoje não mais abro mão da liberdade em troca disso. A palavra "mais" aí é importante, porque quando jovem eu aceitava isso. Mas chega um momento em que se quer as duas coisas, que haja comida e liberdade. Infelizmente, em geral, não há nem liberdade nem comida. Também no mundo capitalista não há muita liberdade. Ela é muito limitada. Muitos dirão que é impossível socialismo com liberdade e responderei que se trata do direito ao sonho.

Jorge Amado não era sociólogo, nem estadista. Como artista, como escritor não cabia a ele reformar a sociedade (nem teria poderes para tanto): podia apenas trazer "à angústia de muitos uma palavra fraterna" — para usarmos uma expressão de Manuel Bandeira[11] ao justificar o sentido da sua poesia.

E isso ele soube fazer admiravelmente.

---

[11] BANDEIRA, Manuel. *Itinerário de Passárgada*. 3ª ed. Rio de Janeiro: Editora do Autor, 1966, p. 139: "De fato cheguei ao apaziguamento das minhas insatisfações e das minhas revoltas pela descoberta de ter dado à angústia de muitos uma palavra fraterna."

# *Jubiabá*: encruzilhada de muitos caminhos*

Para o estudante ou o simples leitor que deseje partir para um conhecimento mais íntimo da obra de Jorge Amado, nenhum livro apresenta maior interesse do que *Jubiabá* (1935). Isso porque nele se encontram presentes os principais núcleos temáticos, bem como as linhas de força ao longo das quais se irá desenvolver a criação ficcional do autor. O conjunto romanesco amadiano, nas suas qualidades e também nas suas limitações, encontra-se prefigurado, de forma mais ou menos embrionária, nesse que é o primeiro de seus grandes romances. Dizemos o primeiro de seus grandes romances porque os três iniciais – *O país do carnaval, Cacau* e *Suor* – constituem ainda, no dizer do próprio Amado, simples "cadernos de um aprendiz de romancista"[1], à procura de seus temas e de sua linguagem narrativa.

Não que esses livros iniciais careçam de interesse. Não se trata disso. *O país do carnaval* (1931), obra de estréia, reveste-se inclusive de um valor particular para o leitor amadiano, por apresentar, sob muitos aspectos, o retrato intelectual de um pré-Jorge Amado, ou seja, o retrato do artista antes de ele assumir sua face característica, aquela pela qual todos o ficaram conhecendo: a do romancista engajado, do homem de esquerda,

---

* In: *Letterature d'America*. Anno IX, nº 40, 1990: "Jorge Amado: 60 anni di vita letteraria". pp. 95-116. Para a atual publicação o trabalho sofreu vários ajustes, mantendo embora o pensamento original.

[1] AMADO, Jorge. *Conversations avec Alice Raillard*. Paris: Gallimard, 1990, pp. 41 e 86.

comprometido literariamente (e não só literariamente) com os processos de mudança política e social no Brasil.

O *país do carnaval*, através do retrato de um grupo de jovens na Salvador de vésperas da revolução de 1930, apresenta os vários dilemas de uma geração que se iniciava na vida política e cultural naquele momento decisivo da evolução brasileira. Vários são os caminhos possíveis, desde o ceticismo anatoliano do velho poeta panfletário Paulo Ticiano, admirado mas recusado pelos jovens, passando pelo dandismo eclético do protagonista Paulo Rigger, até o comunismo pouco convicto a que se entrega, no final, José Lopes, o mais sério e consciente dos membros do grupo. É interessante notar que a obra termina sem que seja apontada uma direção segura: o balanço final é antes um balanço de hesitações e fracassos. Em se tratando de Jorge Amado, cujo perfil intelectual, gravado profundamente na consciência do público, é o de um homem de convicções nítidas, em geral associadas ao comunismo, um tal início surpreende e alerta-nos contra o excessivo enrijecimento da imagem oficial do escritor.

Mais tarde este repudiou a obra, vendo nela uma simples pose de adolescente[2], mas na verdade apresenta um retrato bastante válido da jovem intelectualidade brasileira em torno de 1930. A esse respeito, convém compará-lo com outro livro, de um escritor mineiro, de tendências políticas e culturais bem diversas, mas que aborda, em última análise, problemas semelhantes. Referimo-nos a *O amanuense Belmiro* (1937), de Cyro dos Anjos. Esse romance, cuja ação transcorre em Belo Horizonte, por volta de 1935, traz à baila questões análogas àquelas levantadas por Jorge Amado, mostrando que tais dilemas, longe de poderem ser reduzidos a simples pose intelectual de adolescente, merecem ser examinados com atenção, como retrato de uma inquietação cultural e social profundamente enraizada no

---

[2] Ibidem, pp. 29-30.

momento histórico vivido então pelos autores. De toda maneira, *O país do carnaval*, em que pesem as dimensões modestas e o caráter ainda inseguro da realização formal, guarda um valor particular na trajetória amadiana.

As duas obras seguintes, *Cacau* (1933) e *Suor* (1934), são já posteriores à conversão do autor ao comunismo. Sem negar o caráter de tentativas ainda imaturas, Jorge Amado vê nesses dois livros as matrizes iniciais das duas grandes vertentes de sua obra: a rural, ligada à região do cacau, no sul da Bahia, e a urbana, centrada em Salvador.[3]

Cumpre observar, entretanto, que tais vertentes aparecem aí concretizadas de um modo ainda extremamente precário e, no caso de *Cacau*, acentuando o lado pior da ficção amadiana: a preocupação de proselitismo ideológico, a realidade social apresentada pela ótica redutora do maniqueísmo simplista.

Daí voltarmos à nossa afirmativa de que a verdadeira matriz da ficção amadiana deve ser procurada em *Jubiabá*. O estudo desse romance desvenda melhor do que nenhum outro os mecanismos e valores da criação do autor. Nele podemos flagrá-lo de ângulos os mais diversos e reveladores. Tentemos, pois, brevemente, examinar alguns desses ângulos.

Do ponto de vista da matéria narrativa, o que mais salta à vista em *Jubiabá* é a presença destacada da cultura afro-brasileira. Nessa obra, pela primeira vez, o negro, com seus valores próprios, com seus problemas sociais, com as suas tradições culturais, vai ser tematizado, vai-se encontrar no centro de interesse de um romance brasileiro.

Não que antes o negro estivesse ausente das narrativas aqui realizadas: ele aparece, por exemplo, no papel de protagonista, em um importante romance do naturalismo: *Bom-Crioulo* (1895), de Adolfo Caminha. Contudo, o tema aí abordado

---

[3] Ibidem, p. 41.

– o homossexualismo – não se prende essencialmente à condição de negro do personagem. O fato de Amaro se apresentar como tal serve tão-somente para dar um colorido mais forte, mais chocante, à situação descrita, muito ao gosto do figurino naturalista. A opção de Adolfo Caminha por fazer de seu personagem um negro procede, em última análise, da visão preconceituosa característica da época: o negro visto como mais primitivo, mais animal, mais próximo da vida crua dos instintos e das paixões.

Sabemos que o naturalismo favorecia uma visão animalizante do homem, simples joguete de impulsos fisiológicos, mormente no plano sexual. Conjugando tal postura com os preconceitos raciais da época, Adolfo Caminha parece encontrar num negro o personagem ideal para o tratamento do tema. Veja-se o retrato que o narrador traça de Amaro, em sua primeira aparição na narrativa:

> /.../ um latagão de negro, muito alto e corpulento, figura colossal de cafre, desafiando, com um formidável sistema de músculos, a morbidez patológica de toda uma geração decadente e enervada /.../.[4]

Em síntese, um portentoso animal, que logrou escapar à decadência generalizada. Mais à frente, refletindo sobre os atos homossexuais que era levado a cometer por sua natureza incontrolável, o próprio Amaro conclui: "Se os brancos faziam, quanto mais os negros!".[5] Ou seja, a condição de negro do protagonista, quando evocada, é para que sobre ela se projete uma visão etnológica negativa, endossada pelo próprio personagem! Por aí pode-se avaliar o quanto ainda nos encontramos distantes da posição de Jorge Amado em *Jubiabá*. O caráter revolucionário da narrativa amadiana fica ainda mais nítido se a com-

---

[4] CAMINHA, Adolfo. *Bom-Crioulo*. 3ª ed. Rio de Janeiro: Organização Simões, 1956, p. 18.
[5] Ibidem, p. 61.

pararmos a outra, sua contemporânea, de romancista também nordestino: *Moleque Ricardo*, de José Lins do Rego, publicada, como *Jubiabá*, em 1935.

*Moleque Ricardo* tem também como protagonista um negro, que foge do engenho onde nascera para tentar melhor sorte na cidade grande, no Recife. Lá ele vai lutar com dificuldades, envolver-se em lutas sociais e políticas, etc... Contudo, como em *Bom-Crioulo* (conquanto por razões diversas), o caráter negro do protagonista permanece, em larga medida, um elemento circunstancial. Ele é negro porque negra é a camada mais pobre do meio rural, descendente dos antigos escravos. Sociologicamente falando, o dado é significativo, mas para a estrutura dramática da narrativa, acessório. O romance aborda não o problema específico do negro e sua cultura, mas o êxodo da população miserável do campo para a cidade, movida pela ilusão de melhoria e ascensão social.

*Moleque Ricardo* se entronca, pelo tema, em uma linhagem relevante da ficção nordestina, que deu outras obras significativas na própria geração de 30, como *Os Corumbas* (1933), de Amado Fontes, e *Seara Vermelha* (1946), do próprio Jorge Amado.

Apenas tangencialmente a especificidade cultural do negro aflora em *Moleque Ricardo*, e quando isso acontece é sob uma luz negativa. Para aquilatarmos o valor dessa observação, basta comparar o lugar do pai-de-santo Jubiabá no universo significativo da narrativa de Jorge Amado (à qual confere, inclusive, o título), com um outro pai-de-santo, o jardineiro Seu Lucas, da obra de José Lins do Rego. Jubiabá assume, no plano simbólico do romance, o papel de representante dos valores culturais afro-brasileiros, e como tal é revestido da mais alta dignidade pelo romancista; no plano da estória, é mostrado como um líder espiritual a quem todos acatam: "Ele era como que o patriarca daquele grupo de negros e mulatos /.../ Quando ele falava todos o escutavam atentamente e aplaudiam com a cabeça, num respeito mudo."⁶ O mesmo não ocorre com Seu Lucas; sua atividade religiosa e sua própria figura humana tornam-se objeto de medo e desconfiança por parte dos demais, inclusive do negro Ricardo.

> /.../ Seu Lucas oficiava num culto. Era sacerdote de xangô, pai-de-terreiro. O que ele ganhava nas flores gastava com o Deus dele, com os negros que lhe tomavam a benção, com as negrinhas que dançavam em sua igreja. Estivera preso como catimbozeiro, como negro malfeitor. Mas Seu Lucas passava por tudo isso sem mágoa. Ele era de Deus, que lhe importavam os homens? Chamava Ricardo para ir com ele, para ver somente. O moleque enjeitava sempre. Ouvia no engenho falarem de feitiçaria com pavor. Negro catimbozeiro era negro venenoso, que vivia do mal, matando gente, virando a cabeça. Ricardo acreditava em Deus e em almas do outro mundo. Acreditava também nos feitiços. Havia negro com esta força de mandar nos outros. O Recife para o povo do engenho estava cheio de negros feiticeiros. Uma pessoa queria fazer um inimigo, tomar uma mulher, secar uma perna de outro, e o negro fazia. Deus o livrasse de se meter com xangô. Passava por Seu Lucas assim cortando caminho.⁷

Ricardo, embora negro, endossa o preconceito geral e o romance não dedicará maior atenção ao problema. Pelo contrário, Seu Lucas encarna sempre uma visão primária, culturalmente primitiva e politicamente alienada: vai-se opor à greve, porque ela rouba os fiéis do seu terreiro com uma força maior do que a sua: "Este mundo está se perdendo!"⁸ É como se o próprio José Lins do Rego (a partir, evidentemente, de pressupostos culturais de outra ordem) partilhasse a visão preconceituosa de seus personagens para com o catimbozeiro. Talvez faltasse ao ro-

---
⁶ AMADO, Jorge. *Jubiabá*. 9ª ed. São Paulo: Martins, 1960, p. 30. Nas demais citações do texto de *Jubiabá* virá indicado, entre parênteses, apenas o título do livro e a respectiva página.
⁷ REGO, José Lins do. *Moleque Ricardo*. Rio de Janeiro: José Olympio, 1961, pp. 33-34.
⁸ Ibidem, p. 182.

mancista paraibano, típico intelectual de classe média, formado na Faculdade de Direito do Recife e descendente de senhores de engenho, a vivência de Jorge Amado, que passou a adolescência mergulhado no caldo cultural afro-brasileiro, tão vivo nos meios populares de Salvador e do Recôncavo Baiano. A presença da cultura negra nessa área é muito mais sensível do que no Recife, traduzindo-se num complexo de valores que vão da religião à culinária, incluindo a arte e as diferentes formas da vida social e afetiva.

O fato é que com *Jubiabá* Jorge Amado nos dá a primeira narrativa em que o sincretismo cultural afro-brasileiro surge como valor positivo e ocupa, de fato, o primeiro plano. Esse núcleo temático, uma vez introduzido no universo ficcional amadiano, torna-se um de seus traços mais marcantes, reaparecendo sempre, com maior ou menor intensidade, em diferentes narrativas, e alcançando seu desenvolvimento mais amplo com *Tenda dos milagres*, de 1969. O próprio autor, referindo-se a esta última obra, afirma:

> /.../ mas é a *Jubiabá* que eu realmente voltei, vinte e cinco anos mais tarde, com um romance que escrevi em 1969, *Tenda dos milagres*, onde são colocados os mesmos problemas, com vinte e cinco anos de distância, quando minha experiência literária e humana era maior, creio. *Tenda dos milagres* é a reescrita de *Jubiabá*, mas a conotação é diferente. É o problema da formação da nacionalidade brasileira, da luta contra os preconceitos, sobretudo os preconceitos raciais, contra a falsa ciência, contra uma falsa erudição "europeisante", contra as teorias deste francês que foi embaixador no Brasil.[9]

A passagem citada confirma nossa opinião quanto ao papel verdadeiramente seminal de *Jubiabá* para a obra ulterior

---

[9] AMADO, Jorge. *Conversations avec Alice Raillard*, pp. 91-92. O francês em questão é Gobineau (1816-1882), autor do famoso *Ensaio sobre a desigualdade das raças humanas* (1853-1855), que se tornou uma das obras-chave do pensamento racista.

do romancista, mas cabe talvez aqui uma observação crítica. Se em *Tenda dos milagres* a temática afro-brasileira encontra tratamento mais amplo e mais específico, uma excessiva preocupação ideológica faz com que a obra perca um pouco do fluir espontâneo que encontramos na narrativa de *Jubiabá*. Enquanto neste romance parece haver integração natural entre a trama e a personalidade do protagonista Antônio Balduíno, resultando num tom de espontaneidade meio picaresco que constitui um de seus traços mais sedutores, em *Tenda dos Milagres* o projeto explícito de defender uma visão mestiça da cultura brasileira acaba impondo uma direção mais rígida à narrativa. Pedro Archanjo, que o autor considera seu personagem mais importante, foi visivelmente concebido para dar corpo à tese – sobre todas cara ao romancista – do caráter mestiço da formação cultural brasileira, bem como da fecundidade criadora dessa mestiçagem. Contudo, não há como negar que a arquitetura da obra é muito mais elaborada, fruto da maturidade técnica do escritor. A restrição acima apontada não implica, pois, negar o lugar de destaque que *Tenda dos milagres* ocupa no conjunto ficcional do romancista,[10] mas apenas alertar para os problemas que o envolvimento ideológico por vezes acarretam na obra amadiana.

Finalizando, convém lembrar que o filão temático afro-brasileiro, que aflora em *Jubiabá*, perpassa por várias narrativas e recebe um tratamento particular em *Tenda dos Milagres*, não se esgota aí: com *O sumiço da santa* (1988), escrito mais de 50 anos após aquela primeira obra, o autor volta ao tema, já agora, porém, sob a ótica do humor e da paródia, tão característica de sua fase tardia.

Se a questão da mestiçagem cultural aparece como o traço mais saliente de *Jubiabá*, nem por isso o significado do romance se resume a ela. Muitas das características futuras do escritor

---

[10] "Aliás, o personagem que eu talvez considere o mais importante de minha obra, e que me toca muito, é o Pedro Archanjo, da *Tenda dos Milagres*". Entrevista publicada em *O Estado de S. Paulo*, 17.05.1981.

– temáticas, ideológicas, de visão do homem e sua relação com a realidade – despontam nesse livro.

Não requer grande acuidade crítica para perceber que os temas das duas obras seguintes, *Mar morto* (1936) e *Capitães de areia* (1937), encontram-se embrionários na narrativa de *Jubiabá*.[11] De *Capitães de areia* se pode dizer que constitui simples expansão da matéria referente à adolescência de Baldo, quando este, após a fuga da casa de Lindinalva, se torna líder de um grupo de mendigos-crianças nas ruas de Salvador. Pedro Bala está inteiro no Baldo adolescente. A relação com *Mar morto* pode parecer menos evidente, mas seu núcleo central – a exaltação mítica, lírico-dramática, do mar da Bahia – surge também pela primeira vez em *Jubiabá*. O capítulo intitulado "Uma toada triste que vem do mar" antecipa *Mar morto* não somente no plano temático, mas – o que é talvez mais significativo – no próprio estilo, um estilo que se vale do mecanismo de reiteração de imagens e palavras com o objetivo de produzir efeito encantatório, musical, capaz de sugerir o mistério e a magia associados ao mar. A prosa de Jorge Amado aproxima-se aqui do universo expressivo da poesia:

> Mas de longe, do escuro do mar, vem uma voz que canta. Apesar das estrelas não se vê de quem é, nem de onde vem, se das canoas, se dos saveiros, se do forte velho. Mas vem do mar esta toada triste. Uma voz forte, longe.
> 
> ..................................................................
> 
> O vento, que invade o botequim como uma carícia, traz a tristura da voz. De onde virá ela? O mar é tão grande e tão misterioso que não se sabe de onde vem essa velha valsa triste. Mas é um negro que está cantando. Porque só os negros cantam assim.
> 
> ..................................................................

De onde virá a toada triste que atravessa os saveiros, as canoas, o quebra-mar, o cais, a "Lanterna dos Afogados", a

---

[11] O próprio Jorge Amado o afirma na entrevista com Alice Raillard que vimos citando, p. 91.

baía toda e que vai se perder nas ladeiras da cidade? (*Jubiabá*, pp. 131-32).

> Uma voz assim tão cheia e sonora espanta todos os outros ruídos da noite. É do forte velho que ela vem e se espalha sobre o mar e a cidade. Não é bem o que ela diz que bole com o coração dos homens. É a melodia doce e melancólica que faz as conversas serem em surdina, baixinho /.../ A voz do negro cobre a noite. (*Mar morto*, p. 34)[12]

Em que pese a aparente continuidade, a última das passagens transcritas não pertence a *Jubiabá*, mas a *Mar morto*: não se poderia desejar demonstração mais eloqüente da filiação temático-estilística entre as duas obras. Filiação que se manifesta igualmente pela reiteração de personagens, como o casal Mestre Manoel e Maria Clara, presentes em ambos os romances e que representam a encarnação arquetípica do mar e dos homens que dele vivem e que com ele se identificam.

Assim como em *Capitães de areia* Jorge Amado desenvolve, de forma ampliada, o tema das crianças abandonadas que introduzira em *Jubiabá*, em *Mar morto* explora, no seu grau máximo, as potencialidades da prosa poético-sugestiva, já ensaiada no romance anterior, dando-nos a mais lírica das narrativas produzidas pela geração de 30. No espaço da ficção moderna brasileira e no da obra amadiana a saga de Lívia e Guma ocupa lugar análogo ao de *Iracema* no romantismo brasileiro e na criação alencariana. Mais do que em qualquer outro livro seu, Jorge Amado se afirma aqui um autêntico "rebento baiano da família de Alencar", como ele próprio se autodefine no discurso de posse na Academia Brasileira de Letras.[13]

---

[12] AMADO. Jorge. *Mar Morto*. 6ª ed. São Paulo: Martins, 1957, p. 34.
[13] JORGE AMADO POVO E TERRA, 40 ANOS DE LITERATURA. São Paulo: Martins, 1972, p. 12.

Dentro da perspectiva que vimos desenvolvendo, que vê em *Jubiabá* um romance gerador, no qual se anunciam as linhas mestras da obra futura, não chegou a ser abordada a saga cacaueira, tão relevante para o autor de *Terras do sem fim*. Será que o fato de ser *Jubiabá* voltado para a vida popular de Salvador e do Recôncavo Baiano excluiu a presença dessa vertente temática? Curiosamente, neste, mais do que em outros aspectos analisados, o livro deixa perceber seu caráter antecipatório da obra amadiana, pois embora enfoque uma realidade social e espacial de todo alheia ao mundo do cacau, o romancista encontra jeito de torná-lo presente na narrativa. Para isso introduz um viajante desconhecido, que vem em busca das virtudes de curandeiro do pai-de-santo, e que narra episódios passados nas distantes terras do cacau: "E o homem de Ilhéus se demorou contando histórias e mais histórias de morte e tiros da sua terra heróica" (*Jubiabá*, p. 40).

Chamamos a atenção para o fato de que, ao contrário do que ocorre em *Cacau*, concebido pelo autor como romance proletário, voltado para a denúncia da condição dos trabalhadores nas plantações do sul da Bahia, em *Jubiabá* o tema, conquanto apenas aflorado, vai ser apresentado pelo lado heróico, que predominará em *Terras do sem fim*. Nessa última obra, graças justamente ao sentido épico que assume a narrativa, o autor consegue transcender a visão maniqueísta e simplista das oposições de classe para nos dar sua criação mais equilibrada no âmbito da geração de 30.

No exame até agora desenvolvido de *Jubiabá* enquanto germe e prenúncio da obra madura de Jorge Amado, deixamos propositalmente para o fim dois tópicos que se nos afiguram essenciais para a compreensão do escritor. Não se trata, como no caso da cultura afro-brasileira ou da saga cacaueira, de matéria propriamente temática, mas de valores irredutíveis, que impregnam diferentes romances, sejam quais forem as matérias tratadas. Poderiam ser sintetizados com duas palavras apenas: liberdade e alegria. Conquanto conceitos em si diversos, encontram-se interligados no universo ficcional amadiano.

Por liberdade não se entenda noção filosófica abstrata, mas posição existencial profundamente arraigada no escritor e que se projeta, de forma mais ou menos consciente, em seus personagens mais significativos, sejam homens (Baldo, Guma, Quincas, Vadinho, etc.), sejam mulheres (Gabriela, Tieta, etc.). O aspecto que assume a liberdade em Jorge Amado tem em si muito do individualismo extremado, característico do anarquismo. Ao herói amadiano repugna, acima de tudo, enquadrar-se nos limites estreitos da sociedade institucionalizada. O próprio autor, refletindo sobre sua criação dos anos 30, declara:

> Hoje olho para os livros que escrevi naquela época e acho que fui um romancista sobretudo dos desprotegidos, dos vagabundos. Porque no Brasil daquela época não existia um proletariado. /.../. Como isso não existia quando fiz meus primeiros romances, meus personagens são prostitutas, vagabundos, mulheres do povo, pescadores, mestres de saveiro, gente do circo.[14]

Na verdade, a alegação de inexistência de um proletariado no Brasil para explicar a sua quase total ausência dessas narrativas constitui apenas uma tentativa de racionalização de um mecanismo muito mais profundo. Basta lembrar que Amando Fontes vai escrever, em 1933, um romance sobre lutas proletárias passado na Aracaju dos anos 20/30. Não faltaria ao autor baiano matéria para tais romances, se o desejasse. Além disso, de lá para cá, quando o processo da industrialização brasileira se afirmou com mais nitidez e o proletariado enquanto classe se torna cada dia mais atuante, os personagens de Jorge Amado, longe de assumirem características de heróis proletários, engajados nas lutas de classe, identificam-se crescentemente com aquele modelo anarquista dos inícios: são indivíduos que se

---

[14] AMADO, Jorge. Entrevista citada a *O Estado de S. Paulo*.

revoltam, que não aceitam os mecanismos repressores da sociedade industrial. Ao contrário, por conseguinte, do proletário, estruturalmente integrado no complexo produtivo da sociedade moderna, o personagem amadiano, em uma postura de visível raiz romântica, procura situar-se na periferia desta, buscando preservar acima de tudo a liberdade.[15] Quincas Berro d'Água constitui o paradigma desses anti-heróis que povoam a obra tardia do escritor e encontram seu antepassado mais notável no negro Antônio Balduino, de *Jubiabá*.

Baldo traz em si um traço que parece assimilá-lo ao herói picaresco: a mobilidade extrema. Em sua curta existência teve que se ajustar às mais diversas situações, percorrendo uma gama variada de espaços físicos e sociais: moleque de favela, agregado em casa burguesa, líder de adolescentes mendigos, malandro, lutador de boxe profissional, trabalhador nas roças de fumo, artista de circo pobre e, finalmente, estivador engajado em lutas sindicais. Com exceção dessa metamorfose final, visivelmente imposta por imperativos ideológicos a que então se curvava o intelectual comunista Jorge Amado, todo o restante da carreira de Baldo responde a um anseio ilimitado de liberdade pessoal e se desenvolve, por assim dizer, à margem dos mecanismos institucionais (sentidos como esmagadores) da sociedade organizada.

Por tudo isso, o desenlace do romance torna-se uma experiência constrangedora para o leitor mais exigente: a intenção doutrinária conduz o escritor a transformar o negro em porta-voz da "sã doutrina", chegando ao ponto de levá-lo a proferir discursos no sindicato e rejeitar a figura respeitadíssima do pai-de-santo Jubiabá, porque este (tal como ocorre com o Seu Lucas, de José Lins do Rego) não consegue alcançar o sentido das lutas proletárias:

---

[15] O tema foi por nós desenvolvido de forma mais extensa no trabalho intitulado "Jorge Amado: criação ficcional e ideologia", que integra o presente volume.

Ele julgara que a luta, luta aprendida nos *ABC* lidos nas noites do morro, nas conversas em frente à casa de sua tia Luisa, nos conceitos de Jubiabá, na música dos batuques, era ser malandro, viver livre, não ter emprego. A luta não é esta. Nem Jubiabá sabia que a luta verdadeira era a greve, era a revolta dos que estavam escravos. Agora o negro Antônio Balduino sabe. (*Jubiabá*, p. 316)

Excetuando-se porém o enquadramento ideológico final, todo o restante da trajetória de Baldo se constrói como um verdadeiro canto á liberdade do indivíduo que resiste, irredutível, às peias com que a sociedade procura subjugá-lo. Quando o moleque rebelde foge dos duvidosos confortos da casa burguesa do comendador, o narrador comenta:

> Antônio Balduíno era livre na cidade religiosa da Bahia de Todos os Santos e do Pai-de-Santo Jubiabá. Vivia a grande aventura da liberdade. (*Jubiabá*, p. 66)

A referência à liberdade, sentida como o valor maior na grande aventura do indivíduo pela amplidão do mundo (em oposição à "escravidão das fábricas, do campo, dos ofícios proletários"; *Jubiabá*, p. 37), constitui uma constante por toda a narrativa.

> /.../ o negro Antônio Balduíno amava somente duas coisas: malandragem e Maria. Malandragem na língua que ele fala quer dizer liberdade. (*Jubiabá*, p. 141)

Já perto do final, quando se liberta de Rosenda Rosedá, mulher que pretendera dominá-lo, e se encontra com os velhos amigos de adolescência, retorna o refrão:

> Eles são novamente donos da cidade como no tempo em que mendigavam. *São os únicos homens livres da cidade.* São malandros, vivem do que aparece, cantam nas festas, dormem pelo areal do cais, amam as mulatas empregadas, não têm horário de dormir e de acordar. (*Jubiabá*, p. 269, grifo nosso)

Como se pode ver, o *tour-de-force* didático-ideológico do desenlace é tanto menos convincente quanto mais consistente é a construção picaresca e libertária do protagonista ao longo da narrativa: os exemplos neste sentido poderiam ser multiplicados indefinidamente, mas nesse caso o melhor é remeter o leitor à própria obra como um todo.

Para alguém familiarizado com a ficção amadiana, não é necessário acentuar quão rica é nela a descendência de Baldo: menos evidente (conquanto sensível) nos romances dos anos 30 e 40, explode com força total na chamada segunda fase, a partir de *Gabriela, cravo e canela* (1956), para encontrar a expressão mais acabada e revolucionária em Quincas e em Vadinho.

Para concluirmos o ensaio, gostaríamos de abordar um tema que, a nosso ver, ocupa posição de particular relevo no universo do escritor baiano e lhe confere um lugar de destaque entre os escritores contemporâneos: a alegria, que nele assume a dimensão de valor ético e de atitude vital.

Em uma época na qual o tom dominante, quase exclusivo, na literatura é uma visão sombria e desencantada da vida e da condição humana, a obra de Jorge Amado se constrói como um verdadeiro canto de amor a essa mesma vida e de esperança na realização plena do homem. A alegria torna-se assim valor central, índice de integração entre o homem e o mundo. Alegria que não significa conformismo nem passividade diante das estruturas sociais existentes, mas, ao contrário, se faz revolucionária na proporção mesma em que questiona as bases repressoras e inautênticas do detestado mundo burguês. *Quincas Berro d'Água* pode também ser considerado paradigma dessa posição ética, mas, como no caso de outros aspectos abordados, o tema da alegria encontra sua realização primeira em *Jubiabá*.

É importante deixar bem claro que a afirmação da alegria como valor ético-existencial não implica a negação dos aspectos sombrios da realidade, mas sim a crença de que eles constituem aspectos contingentes, que não atingem a substância mesma da vida. A visão pessimista da injustiça e do sofrimento como inerentes à condição humana não encontra abrigo no universo amadiano.

Em *Jubiabá*, como em geral na obra de Jorge Amado, a alegria aparece estreitamente associada à liberdade, na medida em que esta é pressuposto indispensável àquela. Em uma espécie de auto-referência, o romancista introduz, a certa altura do romance, a figura de um homem branco que aparece no candomblé do pai-de-santo Jubiabá, e comenta:

> /.../ um dia aquele homem iria escrever o *ABC* de Antônio Balduíno, um *ABC* heróico, onde cantaria as aventuras de um negro livre, alegre, brigão, valente como sete. (*Jubiabá*, p. 108)

Mais adiante, descrevendo Baldo aos 18 anos, assim se expressa:

> Era forte e alto como uma árvore, livre como um animal e possuía a gargalhada mais clara da cidade. (*Jubiabá*, p. 113)

Essa "gargalhada" vai se tornar um motivo recorrente na narrativa, símbolo, ao mesmo tempo, da liberdade e da alegria de viver, valores supremos no mundo de *Jubiabá*:

> E nas ruas e becos estreitos ressoava a gargalhada dos moleques, gargalhada livre e feliz. (*Jubiabá*, p. 72)

> A gargalhada dos moleques estruge pelas ruas /.../ (*Jubiabá*, p. 72)

Quando, derrotado no boxe, Baldo se entrega temporariamente ao desespero por causa de Lindinalva, a primeira coisa que perde é a gargalhada:

> /.../ ele quis soltar a sua gargalhada alta, que era o seu grito de liberdade. Mas ele a havia perdido. (*Jubiabá*, p. 137)

Vai então fugir pelo mar e iniciar o seu périplo pelo Recôncavo, em busca da gargalhada perdida:

> Ia procurar nas feiras, nas cidades pequenas, no campo, no mar, a sua gargalhada, o seu caminho de casa. (*Jubiabá*, p. 137)

Mesmo quando o romance assume um discurso diretamente ideológico, transformando Baldo em um estivador disciplinado, engajado nas lutas de sua classe, a lição final vem ainda expressa em termos daquela alegria essencial, inseparável da idéia de liberdade:

> Nem Jubiabá sabia que a luta verdadeira era a greve, era a revolta dos que estavam escravos. Agora o negro Antônio Balduíno sabe. É por isso que vai tão sorridente, porque na greve recuperou a sua gargalhada de animal livre. (*Jubiabá*, p. 316)

A alegria enquanto valor essencial do homem encontra sua expressão mais acabada nos romances da segunda fase do escritor, quando ela se manifesta não mais apenas no nível da estória e dos personagens, mas do próprio discurso narrativo. A partir de *Gabriela, cravo e canela* (1958) o humor, a paródia, a farsa passam a constituir a força estruturadora do universo ficcional de Jorge Amado. Livros como este, como *Velhos marinheiros*, *Pastores da noite*, *Dona Flor e seus dois maridos* e tantos outros poderiam perfeitamente levar de epígrafe aqueles versos que Rabelais antepôs ao seu *Gargantua*, dirigindo-se aos leitores do tempo:

> Vray est qu'icy peu de perfection
> Vous apprendrez, sinon en cas de rire;
> Aultre argument ne peut mon coeur élire,
> Voyant le dueil qui vous mine et consomme:
> Mieux est de ris que de larmes escripre,
> Pour ce que rire est le propre de l'homme.[16]

---

[16] RABELAIS, *Oeuvres complètes*. Paris: Gallimard, 1965, p. 2.

> Verdade é que aqui pouca perfeição
> Encontrareis, exceto em matéria de riso;
> Outro assunto não pode meu coração eleger,
> Vendo a tristeza que vos mina e consome:
> Mais vale escrever sobre risos do que sobre lágrimas
> Porque rir é que é próprio do homem.

Pode soar estranho o verso final nos dias que correm, mas a obra de Jorge Amado, em seus melhores momentos, parece endossar a máxima enunciada pelo grande humanista do Renascimento. Como Rabelais, o criador de Quincas Berro d'Água sabe que o riso e a alegria não são conformistas e encerram um incalculável potencial demolidor das convenções e preconceitos que escravizam o homem.

Esse amor à vida, essa confiança nela depositada, que se manifesta superiormente pelo riso e pela alegria e ilumina a grande criação amadiana, constitui, a nosso ver, uma das razões decisivas para a receptividade incomum que o romancista encontra junto a leitores os mais diversos, em diferentes países. Ele próprio tem consciência disso. De uma feita, interrogado por um jornalista sobre como explicava o enorme sucesso de *Gabriela, cravo e canela*, respondeu:

> Não sei bem. Talvez porque no momento em que o livro foi publicado todo mundo estivesse cansado de ler coisas terríveis.[17]

De fato, a nota terrível, trágica, sombria se tornou de tal modo dominante na literatura do séc. XX que uma obra como a de Jorge Amado se torna um oásis ansiado.

Uma reflexão final: tendo em conta o papel seminal que emprestamos a *Jubiabá* para a obra do romancista, nosso leitor poderia objetar que até aqui foram ressaltados sobretudo aspectos temáticos e de visão do mundo; apenas no caso de *Mar*

---

[17] AMADO, Jorge. Entrevista a *O Estado de S. Paulo*.

*Morto* foram feitas referências estilísticas. Será que o humor irreverente da prosa tardia do escritor estaria de todo ausente naquela obra de mocidade?

Ainda sob este ângulo a narrativa de *Jubiabá* reserva surpresas: uma das cenas mais geniais do humor amadiano, a cena do velório em *A morte e a morte de Quincas Berro d'Água*, quando, em clima de magia e alucinação, o olhar escarninho do morto fustiga a hipocrisia da família burguesa na pessoa da filha Vanda e encanta os companheiros de vadiagem, entregues à tristeza da perda e à alegria da cachaça; essa cena já se encontra magistralmente antecipada em uma seqüência análoga de velório, em *Jubiabá*, quando Baldo, cobiçoso da filha da finada e aquecido pela garrafa de pinga que circula de mão em mão, começa a se sentir perseguido pelos olhos da defunta (*Jubiabá*, capítulo intitulado "Sentinela"). Convém assinalar que a cena de *Jubiabá* não vale apenas enquanto antecipação daquela outra, mas constitui uma obra-prima em si própria, sem dúvida o momento mais alto de um romance tão rico e revelador.

Fiquemos por aqui: não é necessário prolongarmos mais essas considerações. Acreditamos que a proposição inicial já foi suficientemente demonstrada. O melhor para o leitor é esquecer o ensaio e mergulhar uma vez mais na narrativa do próprio Jorge Amado.

# Coelho Netto, escritor maldito*

O romancista de *O morto* constitui um dos "casos" mais desconcertantes da literatura brasileira. Depois de haver gozado em seu tempo – a década final do séc. XIX e o primeiro quartel do séc. XX – de um prestígio imenso e quase inconteste, caiu após a morte em completo ostracismo: seu nome transformou-se em símbolo de mau gosto e passadismo literário. Embarcando na canoa confortável do "não li e não gostei", a crítica tem preferido voltar as costas a uma obra de dimensões intimidantes (mais de cem volumes publicados) e sancionar, sem maior exame, os estereótipos herdados do passado, da época da batalha modernista: trata-se de um verbalista insuportável, vazio de substância, fonte de tédio infinito, etc... Como isso ocorreu? Para entendermos o fenômeno convém examinarmos, em suas grandes linhas, a trajetória criativa do escritor. Coelho Netto (1864-1934) se inicia na literatura em 1893, com *A capital federal*, e, senhor de uma fecundidade nunca desmentida, mantém ritmo frenético de produção até quase à morte, em 1934. Essa extensa (e volumosa) trajetória criativa, longe de constituir um passaporte seguro para a posteridade, acabou por tornar-se, ironicamente, a fonte principal do infortúnio crítico que, a partir da morte, não mais abandonou o nosso autor.

As razões são várias. A primeira é que produção abundante nunca foi caminho seguro para qualidade constante. A obra dos escritores excessivamente fecundos, mesmo os maiores — um

---

* Introdução à edição de *O morto*. Rio de Janeiro: Fundação Biblioteca Nacional, 1994. pp. III-IX.

Dickens, um Balzac – sempre se caracterizou por um desnível qualitativo acentuado, às vezes no interior de um mesmo romance. Esse fenômeno vem agravado, no caso de Coelho Netto, pelo fato de ter ele dado o melhor de si na primeira metade da carreira criativa: entre *A capital federal*, de 1893, e *Rei negro*, de 1914, publica a quase totalidade de seus textos mais válidos e expressivos. Em alguns contos dessa fase e em romances como *Miragem* (1895), *O morto* (1898), *A conquista* (1899), *Turbilhão* (1906), Coelho Netto firma-se como um dos grandes realistas da nossa literatura – um realismo depurado, mais na linha de Flaubert, Maupassant ou do Eça tardio do que na de Zola, que tanto seduzira os romancistas brasileiros da geração de 1880. Esses romances, nos quais focaliza preferencialmente a realidade carioca de seu tempo, compõem um dos mais expressivos retratos do Rio até hoje produzidos pela literatura. Neles o observador arguto (e bem-humorado) do meio social combina-se a um narrador de raro talento, capaz de manter sempre aceso o interesse do leitor.

A partir da segunda década do século, infelizmente, Coelho Netto abandona o caminho da narrativa realista, onde dera o melhor de si, seduzido cada vez mais pelos fogos de artifício do preciosismo verbal e por uma certa concepção ornamental da palavra literária, de raiz parnasiana, que parecia fascinar os criadores e o público de nossa *belle époque* literária. Não que esse traço negativo estivesse de todo ausente nas obras anteriores, mas nas melhores dentre elas aparece muito atenuado ou, ainda quando presente, é amplamente compensado pelas qualidades positivas do ficcionista. Essa "opção pelo pior" fica bastante nítida quando comparamos, por exemplo, *A conquista* (1899) com *Fogo fátuo* (1929): os dois romances, de cunho autobiográfico, abordam matéria semelhante, utilizando mesmo a repetição de alguns personagens. Contudo, enquanto *A conquista* se realiza plenamente como narrativa ágil, sóbria e impregnada de um vivo sentido de humor e de sátira, *Fogo fátuo* (o qual Coelho Netto levou anos escrevendo) perde-se no verbalismo incontido, numa falsa noção de qualidade literária, e revela dolorosamente a decadência criativa do escritor.

Em sua época Coelho Netto foi aclamado de modo quase unânime pela crítica, mas por uma crítica bem pouco lúcida, que tendia a exaltar nele justamente os defeitos: no plano estilístico, o verbalismo extremado e o preciosismo formal; no plano ficcional, a imaginação exuberante. Não pretendemos, evidentemente, sugerir que a imaginação seja em si um defeito, mas em Coelho Netto ela se torna, com freqüência, instrumento para a produção de uma subliteratura fácil e culturalmente alienada (de que *O rajá do Pedjab*, de 1899, constitui o exemplo mais conhecido), destinada apenas a comprazer a um público pouco exigente e de gosto discutível. Tal produção pouco concorreu para a enriquecimento do legado literário do escritor e teve papel relevante na elaboração de sua imagem póstuma negativa. E com ela ia-se obliterando a expressiva contribuição de Coelho Netto para a narrativa realista brasileira, sem dúvida nenhuma o seu maior título de glória.

Quando, em 1922, a nova geração literária promove a revolução modernista, o autor, já em acentuado declínio de criatividade e transformado em verdadeiro monumento do *establishment* literário, vai-se tornar o alvo predileto da zombaria dos jovens. A situação se agrava ainda por ter Coelho Netto assumido conscientemente o papel de defensor dos valores literários tradicionais, tomando posição contra o modernismo. Na célebre sessão da Academia Brasileira de Letras, de 1924, em que Graça Aranha rompe com a instituição, o autor de *O morto*, com uma frase infeliz, acaba por chamar a si o papel ingrato e um tanto ridículo de paladino do passadismo. A nova geração não o perdoa e, conquanto ainda em vida o escritor Lima Barreto já houvesse inaugurado a atitude de negação irrestrita e criticamente irresponsável da obra de Coelho Netto, é a partir do modernismo que tal posição se torna dominante e quase compulsória no meio intelectual brasileiro. Jorge Amado nos dá um testemunho delicioso do poder do anátema que os modernistas lançaram sobre o velho romancista, quando descreve, numa entrevista, a vida literária dos grupos jovens na Salvador de fins da década de 20:

> Os escritores não-modernistas a gente combatia violentamente, sem ter lido. Eu sempre conto que tinha vergonha de meter o pau em Coelho Netto, pois lera e gostara de um livro dele, *A capital federal*, mas a gente tinha que esculhambar Coelho Netto, não é mesmo? Esse é um remorso que vou carregar a vida toda, de ter achado o livro ótimo e falado mal do autor, mas Coelho Netto era para nós o símbolo do atraso em matéria de literatura.[1]

Com o triunfo da geração modernista esse veredicto torna-se verdade aceita *a priori*, sem direito a apelação. A crítica prazerosamente o endossa, desdenhando a simples idéia de reler os textos do autor antes de assinar a condenação.

Hoje, quando o modernismo já é uma página virada na história da literatura brasileira, torna-se possível um reexame sereno da produção de Coelho Netto, para resgatar o muito de valioso que ela encerra, perdido em meio à massa de escritos merecidamente esquecidos: textos de circunstância, improvisações jornalísticas ou obras simplesmente fracassadas – e devolver, assim, ao escritor maranhense o lugar que lhe cabe de direito no panorama da nossa ficção. Uma tal releitura crítica, além de constituir exigência mínima de honestidade intelectual, irá trazer, estamos convictos, muitas surpresas agradáveis ao leitor não preconceituoso. No momento em que o espaço literário – aqui como no resto do mundo – começa a mostrar nítidos sinais de saturação das experiências vanguardistas, parece ter chegado a hora da reavaliação de muitos escritores (ou mesmo períodos literários inteiros, como o nosso pré-modernismo) excomungados pela intole-

---

[1] AMADO, Jorge. Entrevista biográfica. In: *Literatura comentada*. São Paulo, Abril Educação, 1981, p. 12.

rância discriminatória da crítica modernista. Esta a razão da presente reedição.

Cabe agora uma pergunta: por que *O morto*? Por que a escolha recaiu sobre esse romance?

Convém não esquecer que, além dos romances, Coelho Netto produziu um conjunto respeitável de contos, entre os quais se destacam os reunidos nos volumes *Sertão* (1896), *Treva* (1905) e *Banzo* (1912). São narrativas de ambientação rural (não propriamente "regionalistas", como aparecem por vezes classificadas por equívoco), em que uma visão telúrica, primitivista, confere por vezes intensidade dramática rara aos personagens. Contos como "Os pombos" ou "Fertilidade", de *Treva*, servem bem para exemplificar a força criativa de Coelho Netto no gênero. A presente coleção pretende, em um de seus próximos números, editar uma antologia desses contos para submetê-los igualmente ao crivo do leitor atual. A preferência recaiu inicialmente sobre o romance, pela dimensão maior que assume na obra do autor, e porque nele mais se evidenciam as grandes qualidades de narrador realista que constituem o traço dominante do melhor Coelho Netto.

Resta justificar a opção por *O morto*. Na verdade outros romances poderiam ter sido escolhidos, mas além de constituir um de seus textos mais sugestivos, *O morto* é um livro de acesso muito mais difícil para o leitor do que obras como *A conquista* ou *Turbilhão*, de mérito equivalente ou até superior, mas que mereceram reedições recentes.

Em *O morto,* Coelho Netto desenvolve uma trama que despertará ressonâncias bastante sugestivas em leitores que conservam na lembrança (por terem-na experimentado pessoalmente ou conhecido por depoimentos) a situação vivenciada pelo brasileiro comum nos anos da ditadura militar. A ação desenvolve-se em 1893, na época da revolta da armada e da ditadura florianista, quando vigorou no Rio um estado de exceção, que suspendia as garantias individuais e colocava a liberdade e a vida de cada cidadão nas mãos de um sistema suspeitoso e vingativo. Dosando com felicidade suspense e humor, Coelho Netto narra a existência de um burguês pacato, envolvido de repente nas malhas de uma intriga kafkianamente absurda. Como pano de fundo para a ação, o autor desenha notável painel do Rio nos meses da revolta da armada, em que se destacam as cenas do êxodo da população litorânea, apavorada pela ameaça de bombardeamento da cidade pelos rebeldes. Nessas páginas — e não nos execráveis textos de antologia, que privilegiam a pirotecnia verbal do estilista parnasiano — poderá o leitor constatar o poder expressivo do narrador Coelho Netto. A segunda metade do romance transcorre no meio rural e revela, na fixação dos quadros da natureza e da vida em uma fazenda, elaborados em linguagem límpida e expressiva, o lado lírico do escritor. Visto no seu todo, *O morto* constitui uma obra equilibrada e estilisticamente sóbria, capaz de desacreditar a imagem simplificadora de verbalista vazio a que se tem pretendido reduzir o seu autor.

Mas tal imagem, já de si obstáculo respeitável, dificultando o acesso dos leitores ao mundo ficcional de Coelho Netto, não representa a única pedra nessa vereda arriscada: o tecido de equívocos que cerca a obra do escritor maranhense tem urdidura mais cerrada. Um outro estereótipo, esse de natureza temática, começou a articular-se ainda em vida do escritor, na pena ressentida de Lima Barreto. Na visão do criador do Isaías Caminha o romancista de *Turbilhão* exerce uma "ditadura /.../ particularmente nociva" no meio intelectual brasileiro, por reduzir a literatura à produção de frivolidades para leitoras ociosas: "Não posso compreender que a literatura consista no culto do dicionário; não posso compreender que ela se resuma em elucidações mais ou menos felizes dos estados d'alma das meninas de Botafogo ou de Petrópolis; /.../"[2]; o crítico segue por aí adiante, numa negação raivosa, tingida de ressentimentos pessoais, do valor de seu contemporâneo mais afortunado, detentor

---

[2] BARRETO, Lima. *Impressões de leitura*. São Paulo: Brasiliense, 1956, p. 261.

na época de razoável sucesso junto aos leitores. Anos depois, em artigo cujo título já define as intenções do autor — "Histrião ou literato"[3] —, Lima Barreto volta à carga e, a propósito de um simples discurso de circunstância, pronunciado por Coelho Netto na inauguração de uma dependência do Clube Fluminense, proclama-o "o sujeito mais nefasto que tem aparecido em nosso meio intelectual", reduz sumariamente a zero todo o valor do romancista maranhense e, ressumando carga ainda maior de ressentimentos pessoais e sociais, torna a repisar a velha tecla de que "desde menino, o Senhor Coelho Netto ficou deslumbrado por Botafogo e as suas relativas elegâncias".

Tudo isso é criticamente desprezível, e poderia ser aqui ignorado não fosse o prestígio quase mítico com que toda uma corrente intelectual, a partir dos anos 30, passou a cercar a figura de Lima Barreto. Com o triunfo, por essa época, de uma concepção engajada de literatura, o criador do Policarpo Quaresma passou a ser exaltado até ao absurdo (como o de considerá-lo superior ao próprio Machado de Assis — romancista "alienado"), ao mesmo tempo em que, por um corolário perverso, transformava-se Coelho Netto em uma espécie de espelho negativo das virtudes barretianas, vilão maior no processo de canonização do rival. Tal postura acarretava o endosso, sem maior exame, do estereótipo posto em circulação por Lima Barreto, que reduzia Coelho Netto às dimensões de um "romancista de Botafogo e suas elegâncias". Se a crítica se desse ao trabalho de ler a ficção do criador de *O morto*, constataria surpresa que tal estereótipo, como costuma suceder com a maior parte dos estereótipos, tem como característica única a falsidade; que as "meninas de Botafogo e de Petrópolis" pouco freqüentam a ficção de Coelho Netto; e que, no plano social, o seu romance volta-se de preferência para a classe média (à qual pertencia o escritor), enquanto no tocante à geografia urbana focaliza o centro da cidade e os bairros a ele periféricos — bairros típicos

---

[3] Ibidem, pp. 188-191.

de classe média. Em suma: nem meninas elegantes, nem Botafogo, nem Petrópolis... Coelho Netto é, acima de tudo, um cronista do viver da pequena e média burguesia carioca na virada do século. Evidentemente, o seu realismo moderado, de corte flaubertiano, pouco propenso ao libelo acusatório no gênero das *Recordações do escrivão Isaías Caminha*, detinha um potencial de fascínio bastante modesto para uma geração marcada pelas lutas ideológicas que dilaceraram o Brasil após a revolução de 30. Mas também sob esse aspecto o momento atual — de crepúsculo das ideologias — pode e deve abrir espaço à reavaliação de numerosos escritores banidos sumariamente da cidade das letras por não se conformarem a um modelo ideológico fixado *a priori* pela crítica. Quem sabe esteja próximo o momento em que o autor de *O morto* poderá abandonar finalmente o incômodo e excêntrico papel de "escritor maldito" a que o reduziram, ironicamente, os adversários. Quem sabe surja em breve o dia em que o jovem interessado em letras possa ler Coelho Netto sem antes ter o cuidado de encapar discretamente o livro, para não comprometer-se diante dos colegas. Afinal, cada época tem suas interdições e seus valores impositivos, mas que, felizmente, um dia desaparecem, levados pelo enxurro da vida – como diria o nosso lúcido Machado de Assis.

# Drummond, cantor do tempo presente*

Em um poema famoso, "Mãos Dadas", de *Sentimento do mundo*, Drummond formula uma espécie de compromisso ético e poético com a realidade de seu tempo, e manifesta intenso desejo de participação nas grandes causas que, naquele momento (1940), agitavam a humanidade:

> O tempo é a minha matéria, o tempo presente, os homens presentes, a vida presente.

As poesias de *Sentimento do mundo*, realizadas na segunda metade da década de 30, refletem, em larga medida, a conjuntura política da época, marcada pela guerra civil espanhola, pelos embates ideológicos entre comunistas e nazi-fascistas e pelo início da Segunda Guerra Mundial. O compromisso expresso em "Mãos Dadas" envolve pois a adesão à idéia de uma arte participante, posta à serviço da luta coletiva, e relega a segundo plano os problemas puramente individuais. Drummond está aqui em sintonia com os valores da geração de 30, que encontraram sua realização mais visível no romance social regionalista, mas que marcaram, de modo mais ou menos intenso, boa parte da criação cultural do período, tanto na literatura como nas artes visuais.

---

\* Participação em mesa-redonda no Congresso Internacional "O mundo, vasto mundo de Drummond". Faculdade de Letras da UFRJ, 16/05/2002. Publicado em *Poiesis*, ano VIII, nº 80, out/2002.

Ora, o que procuraremos aqui mostrar é que essa sintonia com o tempo presente, tão claramente manifesta em *Sentimento do mundo*, longe de representar um momento especial na obra de seu autor, constitui, na verdade, sua marca distintiva por excelência. Não é apenas o poeta que canta o tempo presente, mas é o tempo presente que faz sentir seu canto, de forma intensa, na obra do poeta, fazendo dela uma câmera de ressonância dos anseios, conflitos e frustrações que marcaram o séc. XX, tanto no plano social como no intelectual e literário. Tal característica se deve, a rigor, a dois fatores de caráter distinto: um deles intrínseco, o fato de o poeta ser dotado de sensibilidade particularmente antenada com tudo o que se desenrola à sua volta, captando os movimentos profundos da realidade em toda a riqueza e multiplicidade; o outro, circunstancial, derivado da longevidade do próprio Drummond, que nasce em 1902, quase com o século, começa a sua vida intelectual na década de 20, tempos heróicos do movimento modernista, e conserva-se produtivo até à morte, em 1987.

Devido, precisamente, ao fato de pressuporem a integração de dois fatores de natureza tão diversa, um de ordem temporal – a longevidade criativa; outro de ordem intelectual – a sensibilidade aguçada para os fenômenos da vida e da cultura de sua época, é que obras como a de Drummond não constituem fenômenos freqüentes na história das artes. Muitos são os artistas, e, por vezes, grandes artistas, que, encerrados em seu universo criativo, manifestam escasso pendor para um diálogo mais aprofundado com "o tempo presente". Com freqüência, buscam, através da criação, transcender as determinações desse presente para alcançar a essência intemporal do ser: é o caso de um Guimarães Rosa, que afirmava desejar, com sua obra, libertar o homem do peso da temporalidade: "Escrevendo, descubro sempre um novo pedaço do infinito. Vivo no infinito; o momento não conta".[1]

---

[1] ROSA, Guimarães. Entrevista a Günter Lorenz. In: COUTINHO, Eduardo, org. *Guimarães Rosa*. Rio de Janeiro: Civilização Brasileira, 1983, p. 72.

Outros, intensamente envolvidos com os problemas e dilemas de sua época, têm, contudo, uma carreira curta, fazendo com que a secção de tempo de que a obra dá testemunho seja relativamente limitada. Ninguém negará a grandeza de um Graciliano Ramos, mas, observando bem, verificamos que sua atividade criativa se restringe, cronologicamente, a um período de vinte anos (1933-53) e, do ponto de vista intelectual, se circunscreve aos problemas e anseios da geração nordestina de 30. Conquanto a profundidade com que Graciliano aborda tais problemas compense largamente a relativa limitação de seu universo, tal limitação restringe, pelo menos do ponto de vista histórico, o escopo de seu romance.

Ora, como vimos, Drummond integra um grupo assaz restrito de criadores nos quais o tempo e a natureza parecem ter unido esforços não apenas para conceder à sua travessia existencial prazo suficientemente dilatado para que pudessem testemunhar uma larga faixa do percurso histórico, como ainda para dotá-los dos instrumentos necessários a dar forma artística a esse testemunho: sensibilidade aguçada, associada a incomum força criativa; tal conjugação de fatores torna a obra deles a expressão mais acabada do período em que viveram. No caso específico do nosso poeta, esse período abarca a quase totalidade do séc. XX, uma época marcada pelas mais radicais e profundas transformações jamais experimentadas na história e na cultura do Ocidente.

Mesmo se pensarmos apenas em termos de Brasil, as mudanças que Drummond pôde presenciar são enormes: nascido na Minas Gerais agrária e ultraconservadora do início do século, chega à vida adulta no momento em que as agitações políticas que eclodem no fim da República Velha iniciam a gestação de uma nova realidade, mais urbana e mais dinâmica, que se faz sentir com força crescente a partir da Revolução de 30. No plano cultural, são os modernistas que chegam para "acertar o relógio império da literatura nacional" e ensinar os artistas a "ver com olhos livres"[2] o mundo à sua volta. Mergulhando com entusiasmo nas águas desse grande movimento de renovação, Drummond vai ter atuação destacada no grupo modernista mineiro, que se articula, em Belo Horizonte, nos idos de 1925, em torno de *A revista*.

A agitação cultural dessa fase heróica das letras brasileiras transparece de forma exemplar em seus dois livros iniciais, *Alguma poesia* (1925-1930) e *Brejo das almas* (1931-1934). Neles configura-se a luta do poeta *gauche*, que anseia libertar-se da estagnação do mundo rural e da "vida besta" das modorrentas cidades provincianas (e a Belo Horizonte da década de 20 e início de 30 era ainda um vilarejo do interior...), mas que, por outro lado, começa já a desenvolver aguda consciência crítica com relação aos aspectos enganosos da civilização moderna e dos riscos de desumanização que ela traz consigo. "O sobrevivente" (*Alguma poesia*) ilustra bem esta preocupação, que, com o passar dos anos e dos livros, irá definir-se como um dos mais ricos e constantes veios da lírica drummondiana. Basta lembrar o magnífico "Edifício esplendor", de *José,* ou o desconcertante "Os materiais da vida", de *A vida passada a limpo*: poemas contrastantes na linguagem, mas dominados pelo mesmo sentimento de falência das promessas idílicas da modernidade industrial.

Em 1934 Drummond transfere-se para o Rio e mergulha num mundo novo de experiências com o qual, na modesta Belo Horizonte de então, apenas tinha contato através de livros e jornais. A Capital Federal vivia a fermentação política dos anos iniciais da era Vargas, marcada por crescente polarização ideológica, fruto tanto de tensões internas do próprio país quanto do influxo dos movimentos europeus: comunismo e nazifascismo. A resposta do poeta a este clima conturbado encontra-se, como vimos, no engajamento literário de *Sentimento*

---

[2] ANDRADE, Oswald de. Manifesto da poesia Pau-Brasil. In: TELES, Gilberto Mendonça. *Vanguarda européia e modernismo brasileiro*. 3ª ed. Petrópolis: Vozes, 1976, p. 270.

*do mundo*, que reúne os poemas realizados entre 1935 e 1940. A poesia de Drummond abandona o humor corrosivo dos livros anteriores em prol de uma dicção séria, uma dimensão ética da vida, de que "Os ombros suportam o mundo" fornece exemplo eloqüente. Ainda nessa linha, "Mundo grande", espécie de ato público de contrição do poeta, termina por um grito (bem pouco drummondiano) de confiança utópica no futuro: "– Ó vida futura! nós te criaremos". O artista sensível sabe, contudo, que o sentimento do mundo por si só não consegue preencher totalmente o sentido da existência: as recordações, anseios e sonhos do indivíduo são para este tão essenciais quanto as mais ardentes utopias. Lado a lado com a indignação raivosa de "Elegia 1938" faz-se ouvir, mais intimista e doloroso, o "imortal soluço de vida" de "Os mortos de sobrecasaca", que anuncia as preocupações do livro seguinte, *José* (1941-1942).

Os doze poemas de *José* constituem, a nosso ver, um momento privilegiado na obra do poeta: neles os grandes temas de Drummond, que são ao mesmo tempo os grandes temas do homem contemporâneo, cristalizam-se em uma forma de rara força expressiva, e a crítica da realidade social desumanizada faz-se o grito de angústia do indivíduo solitário, abandonado em um mundo hostil, e que tenta, inutilmente, reencontrar as raízes perdidas no tempo. Resta sempre ao artista o caminho da criação, mas ele lucidamente reconhece que se trata de um caminho enganoso, pois "lutar com palavras / é a luta mais vã", um "inútil duelo" que "jamais se resolve" ("O lutador") e deixa após si um sabor amargo de incompletude e frustração. A consciência aguda do poeta em face das árduas exigências da palavra poética redundará aqui em textos com um nível de acabamento formal raramente atingido nos livros anteriores, como bem o atestam poemas como "José" ou o próprio "O lutador".

Fechando o ciclo dos livros publicados durante a fase áurea da literatura engajada aparece *Rosa do povo*, cuja realização (1943-1945) corresponde, cronologicamente, à fase final da

2ª Grande Guerra, na Europa, e da ditadura getulista no Brasil. *Rosa do povo*, a partir das implicações semânticas do título, é com freqüência vista como uma obra ideologicamente comprometida, toda voltada para a problemática social. Na verdade, transcende de muito tal visão redutora: temática e estilisticamente o livro pode ser visto como a síntese dialética dos dois anteriores, pois nele a preocupação social de *Sentimento do mundo* alterna-se ou funde-se com o questionamento existencial de *José*, assim como o tom discursivo da primeira dessas obras alterna-se ou funde-se com a dicção mais rigorosa e exigente dos textos da segunda. Se alguns poemas, a exemplo de "Carta a Stalingrado" ou "Visão 1944", parecem remeter à grandiloqüência algo fácil que aflora, por vezes, em *Sentimento do mundo*, eles não constituem a face dominante de *Rosa do povo*: em seus momentos mais altos, como "A flor e a náusea", o coletivo e o individual articulam-se tão estreitamente que a crítica do universo social encontra sua expressão na angústia mesma do indivíduo diante de uma realidade que ele rejeita com repugnância; a linguagem, por sua vez, recusa qualquer facilidade e expressa-se por imagens duras e contundentes. Em outros poemas, como em "O elefante", o anseio de comunicação do poeta, distanciado de qualquer injunção ideológica, vibra em notas de rara pungência.

O fim da guerra na Europa, em 1945, longe de confirmar as grandes esperanças no futuro da humanidade – que muitos intelectuais (entre os quais o próprio Drummond...) cultivaram naqueles anos sombrios, talvez como forma de atenuar e conferir algum sentido à barbárie espantosa de que eram testemunhas –, trouxe consigo apenas um profundo desencanto e, não muito tempo depois, o início da Guerra Fria. Um tal clima, pouco propício às utopias, vai marcar, em larga medida, a nova geração literária que se afirma no Brasil por essa época. A literatura politicamente engajada, voltada para a idéia de transformação social, perde terreno para uma concepção mais ontológica do que sociológica, que encontra a razão de ser no diálogo do homem com seu destino, à busca do sentido, aparentemente perdido, da existência. Em que pese a diferença dos pressupostos filosóficos em que se funda a obra de cada um, o que aproxima escritores como Guimarães Rosa, Clarice Lispector ou Adonias Filho é esta interrogação ansiosa diante da vida e seus caminhos. Em tal contexto, a obra drummondiana toma nova inflexão, vibrando em consonância com os movimentos profundos de seu tempo.

*Novos poemas* (1946-1947) constitui, na verdade, o marco de viração do lirismo socialmente interessado dos livros anteriores para o pessimismo filosófico que dá o tom à criação de Drummond, do imediato pós-guerra à década de 60; funciona, entretanto, como obra de transição, tornando menos abrupto o choque produzido pela rigorosa aspereza do livro seguinte, *Claro enigma* (1948-51), talvez o momento mais alto da lírica drummondiana. Nesta obra, do poema inicial, "Dissolução", aos textos finais, que integram "A máquina do mundo", nenhuma ilusão subsiste à "ingaia ciência" do poeta:

> O agudo olfato,
> o agudo olhar, a mão, livre de encantos,
> se destroem no sonho da existência.

Bem longe ficara o criador de "Mãos dadas", que se propunha a cantar "o tempo presente, os homens presentes, a vida presente", porque ainda acreditava possíveis as utopias; ao mergulho no tempo histórico que propunha a literatura engajada sucede uma impiedosa reflexão atemporal, que perscruta todos os desvãos do Ser, mas que ao fim de tudo descobre, desencantada (como em "Cantiga de enganar"), que "O mundo não vale o mundo, meu bem" /.../ "O mundo não tem sentido". O amor subsiste, mas traz um sabor ambíguo, com muito de acerbo e doloroso, e os amantes de "Fraga e sombra", contemplando solitários o espetáculo do mundo, hesitam entre o anseio pela vida e o desejo de aniquilação:

> E calcamos em nós, sob o profundo
> instinto de existir, outra mais pura
> vontade de anular a criatura.

O pessimismo filosófico de *Claro enigma* encontra expressão numa forma elaborada e exigente, que representa, em larga medida, a superação do ciclo modernista – superação que, por essa mesma época e por vias bem diversas, também se consumava na geometria ascética de Cabral. À doce "Canção amiga", de Novos poemas, que soa como canto de despedida de uma literatura ainda visitada pela esperança, sucedem os versos duros de "Oficina irritada", que querem "pungir", "fazer sofrer", e sinalizam a rejeição pelo poeta dos mitos e utopias consoladoras inventados pelo homem para entreter (como dizia Machado de Assis) "a necessidade da vida e a melancolia do desamparo."[3]

Os livros subseqüentes, *Fazendeiro do ar* (1952-1953) e *A vida passada a limpo* (1954-1958), que formam com Novos poemas e *Claro enigma* o que José Guilherme Merquior chamou de "o quarteto metafísico de Drummond"[4], mantêm a mesma tonalidade básica. O poeta, que se vê, ironicamente, como simples fazendeiro do ar, continua a recusar o envolvimento na realidade sociopolítica brasileira do momento, para voltar-se seja para temas de ordem filosófica, seja para matéria colhida em sua vivência mais íntima. Na verdade estas duas vertentes tendem a se confundir, e um motivo pessoal por excelência – a experiência amorosa – torna-se fonte inesgotável de reflexão existencial sobre a natureza mesma do amor (como ocorre em "Escada", "Elegia", e em tantos sonetos admiráveis).

Vimos salientando, ao longo deste trabalho, a estreita sintonia do poeta com seu tempo. Pode parecer um desmentido

---

[3] ASSIS, Machado de. *Memórias póstumas de Brás Cubas*. Rio de Janeiro: Civilização Brasileira, 1975, Cap. VII: "O delírio", p. 113.
[4] MERQUIOR, José Guilherme. *Verso universo em Drummond*. Rio de Janeiro: José Olympio, 1975, p. 124. Na verdade, como vimos, trata-se antes de um trio, precedido de breve preâmbulo, representado por alguns textos de Novos poemas.

a esta tese o fato de ter ele, no pós-guerra, voltado as costas, por tanto tempo, ao contexto social, para entregar-se, em sua poesia, a uma meditação filosófica atemporal. A contradição é apenas aparente: longe de resultar de um processo de alienação, sua atitude é antes o fruto da náusea de alguém que se cansou de esperar, inutilmente, o desabrochar da flor.

O início dos anos 60, que se segue, no Brasil, à fase construtiva e autoconfiante do governo JK (marcado no plano cultural pela construção de Brasília, pelo surgimento da Bossa Nova e pelo Movimento Concretista) representa outro marco de viração na obra de Drummond e na literatura brasileira em geral. O poeta – influenciado talvez pelo clima esperançoso que se desenha da época, talvez movido por sua atuação crescente, como cronista, na imprensa carioca – volta a estabelecer, na criação poética, laços mais diretos com a realidade social circundante.

A obra que consuma essa virada, *Lição de coisas* (1959-62), constitui um livro-encruzilhada na produção de Drummond: nele ainda se vislumbram os últimos clarões da fase metafísica (como no admirável soneto "Destruição"), mas despontam novas veredas por onde trilhará a criação drummondiana nos anos subseqüentes: os poemas de "Memória" (que preludiam o ciclo de livros centrados, proustianamente, no resgate do tempo perdido: *Boitempo*, 1968; *Menino antigo*, 1973; e *Esquecer para lembrar*, 1979); a poesia narrativa de "O padre e a moça"; a reflexão-denúncia de "A bomba"; ou os jogos verbais de "Isso é aquilo", que sinalizam um diálogo produtivo com o concretismo. Já então distanciado quase 40 anos de seus primeiros textos, Drummond permanece, contudo, atuante e como nunca afinado com as transformações que o tempo vai impondo às formas da vida e da criação artística.

A partir de *Lição de coisas*, o poeta e cronista se faz cada vez mais o observador arguto e vigilante do mundo contemporâneo. No Brasil, após as agitações políticas do governo Jango, tão cheio de esperanças malogradas, iniciam-se os anos sombrios e repressivos da ditadura militar, que se prolongam até quase o final da vida de Drummond; paradoxalmente, na mesma fase, pelo mundo afora, consuma-se a grande revolução dos costumes e da sexualidade, que tem em 1968 a data emblemática. Toda essa realidade contraditória e multifacetada reflete-se, ainda uma vez, com grande riqueza de aspectos, na criação drummondiana. Mas, já agora liberto de compromissos ideológicos ou ilusões utópicas, o poeta, com a sabedoria conquistada na longa travessia da vida, pode contemplar, com um misto de indignação e ironia, de compreensão e de humor, a grande feira de vaidades e de insensatez que se espraia à sua volta.

1987: o périplo do *gauche* toca finalmente o seu termo. Mas não importa: partindo da pequena e distante Itabira, o menino rebelde lograra tornar-se, por obra do tempo e da poesia, o cantor maior, o intérprete privilegiado, no Brasil, dos caminhos e descaminhos do homem moderno nesse tão sofrido e controvertido séc. XX.

# Mito e realidade na narrativa do sertão[*]

Se tomamos como tema de estudo o sertão e sua presença na narrativa brasileira, constatamos que, ao longo do tempo, o tratamento ficcional da matéria sertaneja esteve sempre intimamente associado ao processo histórico-cultural do país e, em função disso, oscilou com freqüência entre uma abordagem mítica, que tendia a exaltar o universo retratado, e uma abordagem realista, voltada para a denúncia do abandono e das precárias condições sociais que prevalecem em toda a área sertaneja, mormente no Nordeste.

Cada etapa do desenvolvimento histórico de um povo traz consigo problemas específicos, não apenas na esfera econômica, mas em áreas menos suscetíveis de conceituação rigorosa, como a da busca de identidade nacional e da tomada de consciência de potencialidades e limites.

O sertão fez sua entrada na narrativa brasileira em plena fase do nacionalismo romântico, respondendo à crescente necessidade, por parte dos escritores, de encontrar mitos de identificação nacional capazes de se contraporem àqueles erigidos pelos românticos europeus, movidos, eles também, por impulsos nacionalistas. Sabemos que, nesse anseio, os brasileiros vão se voltar inicialmente para o índio, ao qual emprestam todos os traços de nobreza e bravura que definiam o perfil

---

[*] Trabalho apresentado no "Colloque International: Réalité, Mythe, Fiction". Université de Rennes 2 Haute Bretagne. 12-14/09/1991. Para a atual publicação o trabalho sofreu vários ajustes, mantendo, no entanto, o pensamento original.

característico dos heróis criados pela literatura romântica do Velho Mundo.

Significativo é o depoimento de Alencar em *Como e por que sou romancista*, de 1873. Defendendo sua criação indianista de ataques incompreensivos, afirma: "No *Guarani* o selvagem é um ideal que o escritor intenta poetizar, despindo-o da crosta grosseira de que o envolveram os cronistas".[1] Vale dizer, tornando-o suscetível de encarnar um mito nacionalista.

Nos anos 70, as mudanças ocorridas no cenário literário europeu com o advento do realismo começam a repercutir no meio brasileiro, gerando uma crescente resistência ao excessivo idealismo da estética romântica, sobretudo em sua feição indianista. Tal reação levará Alencar, no propósito de encontrar o tipo humano que melhor representasse a forma ideal do brasileiro, a voltar-se para o habitante do sertão, daquelas regiões que, por demasiado afastadas dos grandes centros urbanos, ainda preservariam o *ethos* autêntico do brasileiro. Desse projeto basicamente nacionalista nasce *O sertanejo* (1875), uma das últimas obras a saírem da pena do escritor, quando já o romantismo agonizava.

Objetivando talvez apresentar uma fundamentação "realista" para a nova atitude, Alencar vai desenvolver longa reflexão sobre a poesia popular sertaneja nas famosas cartas a Joaquim Serra, publicadas em fins de 1874 (pouco antes do romance), sob o título de *O nosso cancioneiro*. A frase de abertura da primeira carta é altamente reveladora:

> É nas trovas populares que sente-se mais viva e ingênua a alma de uma nação.[2]

O problema central está, como se vê, em encontrar essa "alma". O caminho para tanto conduz naturalmente ao mito.

---

[1] ALENCAR, José. *Como e por que sou romancista*. Rio de Janeiro: ABL, 1987, p. 40.
[2] ALENCAR, José. *O nosso cancioneiro*. Rio de Janeiro: São José, 1962, p.15.

Assim, na quarta carta, analisando o que denomina "rapsódias sertanejas", comenta:

> Na infância dos povos, certas individualidades mais pujantes absorvem em si a tradição de fatos praticados por indivíduos cujo nome se perde; e tornam-se por esse modo símbolos de uma idéia ou de uma época.
> Com o incremento da civilização, que nivela os homens, debilita-se aquela tendência; e o mitologismo só aparece nas latitudes sociais onde ainda não dissiparam-se de todo a primitiva rudeza e ingenuidade do povo.[3]

*O nosso cancioneiro* pode assim ser entendido como uma autêntica certidão de nascimento do sertanismo na literatura brasileira.

Trata-se para o romancista (em demanda da "alma" da nação, da "primitiva rudeza e ingenuidade do povo") de fugir à civilização niveladora e descaracterizadora, visando dar forma àquele "mitologismo" essencial. A narrativa do sertão nasce, deste modo, sob a ótica do mito, como aliás fica evidenciado desde os parágrafos iniciais de *O sertanejo*:

> Esta *imensa* campina, que se dilata por horizontes *infindos*, é o sertão de minha terra natal.
> Aí campeia o *destemido* vaqueiro cearense, que a unha de cavalo acossa o touro *indômito* no cerrado mais espesso, e o derriba pela cauda com *admirável destreza*. (grifos nossos)[4]

Aqui, tanto o sertão como o homem que o habita são mitificados, submetidos a um tratamento épico que lhes confere a grandeza indispensável para que possam simbolizar, em plano mais geral, a terra e o homem brasileiros.

---

[3] Ibidem, p. 50.
[4] ALENCAR, José de. *Romances ilustrados*: v. 5 – *Til* & *O sertanejo*. 7ª ed. Rio de Janeiro: J. Olympio, 1977, p. 161.

A exigência engrandecedora vai levar Alencar a retratar uma natureza exuberante, pletórica, bem distante daquela imagem de seca e privação que mais tarde se tornará o traço dominante da representação literária do sertão. Por sua vez, Arnaldo, o protagonista de *O sertanejo*, descendente direto, no plano simbólico, do Peri de *O Guarani*, (1857), encarna, como cavaleiro impecável, na honra e na valentia, o mito nacionalista do homem brasileiro em sua face mais alta e mais pura. Não por acaso o herói é um mestiço do branco europeu com índio americano, ou seja, dos dois povos e culturas que se confrontaram e se fundiram na formação da nacionalidade – pelo menos na visão idealizada dos românticos, que excluíam o negro, por sua condição de adventício e por estar ainda submetido ao regime servil.

Com o triunfo do Realismo-Naturalismo, nos anos 80, a narrativa do sertão sofre inevitável mudança de perspectiva e de tom. A problemática da seca e do êxodo rural começa a assumir papel de destaque: retirantes miseráveis, banditismo e misticismo exaltado tornam-se matéria freqüente dos romances. É o caso de *Luzia-Homem*, de Domingos Olímpio. Mesmo em uma obra que apenas tangencia tal temática, *Dona Guidinha do Poço* (1892?), de Manuel de Oliveira Paiva, a realidade social áspera e os valores culturais primitivos da região assumem papel destacado e são tratados com objetividade realista.

Uma nova abordagem da temática sertaneja vai surgir, no início do séc. XX, com *Os sertões* (1902), que, conquanto não constituam obra propriamente ficcional, vão contribuir decisivamente para uma retomada da visão mítica que Alencar inaugurara. No livro de Euclides da Cunha as duas vertentes aparentemente inconciliáveis, a mítica e a realista, se conjugam e se integram em tal ordem que, ao invés de se neutralizarem reciprocamente, têm efeito intensificador: o cientificismo realista é colocado a serviço do mito, enquanto este multiplica, no plano expressivo, a força de denúncia social contida na narrativa dos fatos históricos.

Todos sabemos que Euclides da Cunha, fiel ao espírito de sua época, buscou dar ao livro uma estrutura de ensaio, no qual primeiro viria estudada a terra sob seus múltiplos aspectos (topografia, vegetação, clima, etc.), depois o homem da região (sob um enfoque que combinaria dados etnológicos, históricos, de psicologia social, etc.), para culminar com a narração da luta propriamente dita, dos combates entre os exércitos da República e os fanáticos de Antônio Conselheiro.

Se este foi o traçado inicial, a visão dramática do escritor e sua linguagem tensa, carregada de um *pathos* quase expressionista, acabaram por transfigurar a narrativa, conferindo-lhe dimensão épica e transpondo-a ao registro ideal do mito. A rigor, os parágrafos iniciais de *O sertanejo* poderiam também servir, com ligeiras adaptações, para introduzir *Os sertões*: as "imensas campinas" e os "horizontes infindos" tornam-se, em "A terra", o "desmedido anfiteatro", o "majestoso palco"[5] onde se desenrolará a luta. O estilo euclidiano é mais metafórico, mais teatral; a finalidade, contudo, é análoga: fixar um cenário à altura da ação que se seguirá. Simétrica reflexão pode ser desenvolvida a propósito de "O homem": analisando com cuidado a famosa descrição do sertanejo ali contida, percebemos que, sob a pretensa objetividade da postura naturalista, vibra intensa emoção, que torna o personagem retratado digno descendente de seu antepassado romântico, daquele "destemido vaqueiro cearense que à unha de cavalo acossa o touro indômito no cerrado mais espesso", do velho Alencar. Em ambos os casos o sertanejo ganha uma dimensão mítica.

A diferença mais significativa está em que, no caso de Alencar, esse sertanejo mítico irá se encarnar, no curso da narrativa, em uma daquelas "individualidades mais pujantes /.../ símbolos de uma idéia ou de uma época", a que ele se refere em *O nosso cancioneiro*; ou seja, num personagem que sintetize as

---

[5] CUNHA, Euclides da. *Os sertões*. Ed. crít. de Walnice Nogueira Galvão. São Paulo: Brasiliense, 1985, p. 92.

virtudes que desejava associar ao homem cearense e, *lato sensu*, ao brasileiro. Já em Euclides, o sertanejo mítico assumirá, enquanto personagem, uma dimensão coletiva: seus atos heróicos serão lançados a crédito de todo um povo, ainda mesmo quando alguns líderes se tornam objeto de referência individualizadora: os feitos pessoais de bravura e audácia tendem a fundir-se na massa de um movimento coletivo. Esmagados numa luta feroz e desigual, os sertanejos de Euclides tornam-se, coletivamente, heróis de uma tocante epopéia, porque uma epopéia dos vencidos.

Essa visão coletiva do sertanejo euclidiano transparece de modo inequívoco na avaliação que o autor faz de Antônio Conselheiro, que poderia ter ocupado o papel de "individualidade pujante", com tintas heróicas, mas que, longe disso, longe de merecer uma apreciação positiva, é tratado como expressão viva de um fanatismo delirante. Para Euclides, ele só veio a assumir a importância que teve porque cristalizava tendências dispersas naquela sociedade:

> /.../ o historiador só pode avaliar a altitude daquele homem, que por si nada valeu, considerando a psicologia da sociedade que o criou. Isolado, ele se perde na turba dos nevróticos vulgares.
> ........................................................................................
> /.../ Ele foi, simultaneamente, o elemento ativo e passivo da agitação de que surgiu. (*Os sertões*, pp. 206-207).

Para Euclides, Antônio Conselheiro personifica o lado negativo da sociedade sertaneja, ao contrário do que ocorre com o protagonista da obra de Alencar. A propósito, é interessante observar que, a partir de "A luta", quando ganha corpo o aspecto propriamente épico da narrativa, Antônio Conselheiro desaparece quase completamente de cena.

Com tudo isso, apesar das diferenças que, obviamente, são muitas e grandes, permanece como fato incontestável certa dívida de *Os sertões* para com o romance de Alencar – dívida que se percebe não apenas no tratamento mítico da matéria sertaneja, como em certos detalhes da narrativa e até mesmo no plano imagístico. Assim, ao descrever a coragem e destreza do sertanejo que, unido estreitamente ao seu cavalo, dispara pelo campo ao encalço da rês bravia, Euclides segue de perto o texto de Alencar. Senão, vejamos:

> É um dos traços admiráveis da vida do sertanejo, essa corrida veloz, através das brenhas; e ainda mais quando é o vaqueiro a campear uma rês bravia. Nada o retém; *onde passou o mocambeiro lá vai-lhe no encalço o cavalo e com ele o homem* que parece incorporado ao animal, *como um centauro*. (*O sertanejo*, grifos nossos)[6]

Em *Os sertões* vamos encontrar, narrando perseguição equivalente, a passagem seguinte:

> Não há contê-lo, então no ímpeto. /.../ nada lhe impede alcançar o garrote desgarrado, porque *por onde passa o boi passa o vaqueiro com o seu cavalo*... (grifo do autor)
> Colado ao dorso deste, confundindo-se com ele, graças a pressão dos jarretes firmes, realiza a criação bizarra de *um centauro bronco*. (grifos nossos)[7]

As semelhanças saltam à vista. Como se pode constatar, até a famosa metáfora do sertanejo como "um centauro bronco" Euclides a foi haurir no texto de Alencar. Aliás, em outra passagem do romance, voltando a se referir à simbiose profunda que se opera entre vaqueiro e cavalo, no mundo do sertão, Alencar torna a compará-los a um "centauro antigo":[8] coincidências eloqüentes demais para serem descartadas.

A relação entre Alencar e Euclides da Cunha na visão do sertanejo e nas estratégicas de sua mitificação desponta, visível, a cada passo.

---

[6] ALENCAR, José de. Op. cit., p. 239.
[7] CUNHA, Euclides da. Op.cit., pp. 180-181.
[8] ALENCAR, José de. Op.cit., p. 280.

Um dos procedimentos mais utilizados pelo criador de Arnaldo para conferir dimensão mítica a seus heróis foi, como dissemos, o de traçar um paralelo entre eles e os heróis das narrativas históricas românticas européias, que exaltavam as raízes medievais das nacionalidades: semelhanças nítidas prevaleceriam sobre as disparidades de tempo e espaço. Trata-se de um recurso posto em prática sistematicamente desde *O guarani* (1857), e ao qual Alencar recorre com freqüência em *O sertanejo*. Nesta linha, os vaqueiros do sertão são comparados a cavaleiros medievais e aos "mais esforçados paladinos de outras eras",[9] a vaquejada é apresentada como uma monteria à européia, o gibão de couro como uma armadura, etc.

Voltando-nos para Euclides da Cunha, o que iremos encontrar? Vejamos a descrição que faz do vaqueiro:

> O seu aspecto recorda, vagamente, à primeira vista, o de guerreiro antigo exausto da refrega. As vestes são uma armadura./.../ É como a forma grosseira de um campeador medieval desgarrado em nosso tempo.[10]

Os exemplos poderiam ser multiplicados à saciedade.

A transfiguração mítica do real faz-se tão intensa no engenheiro Euclides da Cunha, orgulhoso de sua ciência positiva, quanto no romântico criador de Peri e Arnaldo. Isso em parte se deve a que as transformações ocorridas no processo histórico brasileiro foram lentas, inseguras e, com freqüência, enganosas. A necessidade do mito permanecia viva, ainda quando a consciência do real concreto assumia um aspecto tão intenso e doloroso como em Euclides: talvez por isso mesmo.

Em *Os sertões,* a visão mítica do universo sertanejo vai-se alimentar da própria historicidade dos eventos narrados: a

---
[9] ALENCAR, José de. Ibidem, p. 230.
[10] CUNHA, Euclides da. Op. cit., p.182.

história faz-se avalista do mito, conferindo a ele a densidade e a consistência que a narrativa puramente ficcional de Alencar não poderia atingir.

De qualquer modo, se o mito toma corpo nos jagunços de Euclides da Cunha, não convém esquecer que, enquanto projeto literário e cultural, *Os sertões* são concebidos como obra realista e representam, efetivamente, um marco decisivo na tomada de consciência pelos brasileiros e pela literatura brasileira da realidade concreta do sertão e do próprio país como um todo.

A evolução histórica da narrativa sertaneja com respeito aos modos de figuração da realidade não termina, contudo, em Euclides.

Sintetizemos o que até aqui ficou dito: o sertão faz sua entrada na literatura brasileira sob a égide do mito, com Alencar, e gradualmente a abordagem mítica vai cedendo o passo a posições mais diretamente comprometidas com a realidade socioeconômica da região, conquanto tal processo não se efetive sem ambigüidades e sem tensões, como se pode verificar no modo altamente dramático com que mito e realidade se combinam em *Os sertões*.

Neste caminhar no sentido da incorporação e do desvendamento do mundo social do sertão pela narrativa brasileira, o ponto mais radical será atingido, já no âmbito da ficção de 30, com *Vidas secas* (1938). Na obra de Graciliano Ramos, pela primeira vez a abordagem mítica é totalmente recusada: *Vidas secas* realiza a mais completa desmitificação (e desmistificação) da matéria sertaneja até hoje tentada nas letras do país: ao invés do Arnaldo intrépido e imbatível de Alencar, ou dos "titãs acobreados e potentes"[11] de Euclides da Cunha, temos agora um pobre ser, esvaziado de tudo, reduzido à medula da sua condição humana, que se esforça por sobreviver e resguardar uns restos de dignidade no ambiente hostil, que ameaça reduzi-lo

---

[11] CUNHA, Euclides da. Ibidem, p. 180.

ao nível infra-humano de simples vivente. Fabiano, esmagado pelo patrão, pelo soldado amarelo e pela natureza inclemente, vê-se a si próprio — num momento de expansão orgulhosa — não como um homem (seria excessivo!), mas como um bicho, alguém que conseguiu, afinal de contas, resistir e levar adiante o ciclo eterno e inexorável da vida (ainda que o de uma pobre vida seca):

> – Fabiano, você é um homem, exclamou em voz alta.
> Conteve-se, notou que os meninos estavam perto, com certeza iam admirar-se ouvindo-o falar só. E, pensando bem, ele não era homem: era apenas um cabra ocupado em guardar coisas dos outros. Vermelho, queimado, tinha os olhos azuis, a barba e os cabelos ruivos; mas como vivia em terra alheia, cuidava de animais alheios, descobria-se, encolhia-se na presença dos brancos e julgava-se cabra.
> Olhou em torno, com receio de que, fora os meninos, alguém tivesse percebido a frase imprudente. Corrigiu-a, murmurando:
> – Você é um bicho, Fabiano.[12]

O mesmo desnudamento que opera na realidade sertaneja Graciliano realiza na linguagem literária, uma linguagem descarnada, que recusa o ornamento, a hipérbole euclidiana, a tentação metaforizante, para reduzir-se à sua própria ossatura semântica.

Com Graciliano Ramos a narrativa realista do sertão completa um ciclo. Não era possível ir mais longe na mesma direção; por outro lado, o universo sertanejo estava bem distante de se ter esgotado enquanto fonte permanente de inspiração para o romance brasileiro.

O passo seguinte vai ser dado por um escritor que, sem recusar a abordagem mítica de Alencar e lançando raízes profundas na realidade física, social e até lingüística do sertão, renova completamente um veio que parecia exaurido: João Guimarães

---

[12] RAMOS, Graciliano. *Vidas secas*. 4ª ed. Rio de Janeiro: J. Olympio, 1953, p. 22.

Rosa. Em suas novelas e, mais especialmente, no romance *Grande sertão: veredas*, Guimarães Rosa transpõe a narrativa sertaneja para um registro simbólico e confere ao espaço retratado a dimensão de um microcosmo, uma "*selva selvaggia*", onde se defrontam as eternas forças do bem e do mal e onde o homem, entregue a si próprio, luta por encontrar as veredas seguras em sua arriscada travessia existencial. A discussão da obra de Guimarães Rosa iria conduzir-nos, contudo, para além dos limites deste trabalho. Deixemo-nos, pois, ficar por aqui.

# Regionalismo e Modernismo: duas faces da revolução cultural dos anos 20[*]

Desde, pelo menos, a época romântica que as relações entre o contexto sociocultural e a criação artística vêm sendo objeto de intermináveis debates entre filósofos, sociólogos e críticos literários, sem que se chegue a nenhum acordo: as posições vão da afirmação enfática de uma autonomia triunfante da obra de arte ao mais estrito e estreito determinismo econômico. As respostas parecem depender sempre mais do prisma ideológico do pesquisador do que, em cada caso concreto, de uma ponderação serena dos fatores em jogo. Em verdade, na análise deste complexo processo de inter-relacionamento, qualquer posição apriorística corre o risco de deformar os resultados, pois são inúmeras as variáveis que nele intervêm, fazendo com que o peso dos diferentes componentes oscile bastante de caso para caso. Qualquer que seja, contudo, o papel de cada elemento no produto resultante, é inegável que entre este e o solo no qual se criou existe estreita solidariedade, sob a forma de um fluxo contínuo de valores que interliga, numa trama sutil, os criadores, as obras, o meio, e a todos alimenta.

O início do modernismo no Brasil constitui um momento privilegiado para o exame do fenômeno, mormente quando

---

[*] Participação em mesa-redonda na VII Jornada de Ciências Sociais – "Jornada de Estudos Gilberto Freyre". Faculdade de Filosofia e Ciências da UNESP – Marília, 6-9/11/2000. Publicado em KOSMINSKY, Ethel Volfzon, LÉPINE, Claude; PEIXOTO, Fernanda Arêas. *Gilberto Freyre em quatro tempos*. Bauru, SP: EDUSC, 2003, pp. 315-326.

confrontamos as manifestações que se desenvolveram em S. Paulo, na década de 1920, com o processo ao mesmo tempo similar e antagônico ocorrido no Nordeste, tendo por centro a cidade do Recife.

Em São Paulo a liderança do movimento é assumida por dois poetas, Mário de Andrade e Oswald de Andrade, ambos perfeitamente antenados com o que de mais avançado se realizava na Europa no plano da criação artística e literária, e desejosos de acertar o passo de um Brasil ainda regulado pelo figurino acadêmico e parnasiano; em contraste, Gilberto Freyre, que assume no Recife o papel análogo de líder do processo de renovação cultural, apresenta um perfil bastante diverso: não se trata de um poeta, mas de um sociólogo e antropólogo. Tendo estudado nos Estados Unidos, em Columbia, Gilberto Freyre orientou-se para o campo das ciências sociais, onde foi aluno de Franz Boas, um dos fundadores da moderna antropologia. É interessante registrar que, ao contrário de Mário de Andrade, que nunca viajou para fora do Brasil, Gilberto Freyre viveu longe do país o período decisivo da formação universitária e da consolidação do perfil intelectual (entre 18 e 23 anos – 1918-1923); a maior parte desse tempo, passou-o nos Estados Unidos, mas antes de retornar ao Recife visitou a Europa e teve oportunidade de conhecer em Paris (onde então vivia o seu conterrâneo Vicente do Rego Monteiro) os movimentos artísticos e literários que inspiraram nossas vanguardas; estava, por conseguinte, perfeitamente a par do que se fazia em arte nos centros mais avançados. Mas seu caminho seguiu outras direções, buscou outros valores, que acabaram por se transmitir ao movimento cultural por ele liderado, imprimindo-lhe um perfil muito diverso daquele que distingue o modernismo de São Paulo. Para melhor compreendermos os sentidos divergentes assumidos pelos dois movimentos de renovação cultural do Brasil nos anos 20, bem como a atuação de seus líderes, convém nos determos um momento no exame das condições socioeconômicas concretas das regiões onde tais movimentos se formaram e desenvolveram.

Como se sabe, a formação histórica e econômica do Brasil processou-se no sentido Norte-Sul, iniciando-se, ainda no séc. XVI, na região canavieira do Nordeste, para vir gradualmente descendo em direção ao eixo Centro-Sul: Minas Gerais, Rio de Janeiro e, finalmente, São Paulo. Já na segunda metade do séc. XVI e durante todo o séc. XVII a área litorânea do Nordeste se tornara o cadinho cultural da colônia; ali estavam situados os seus dois centros urbanos mais importantes e atuantes: Olinda (e, após as invasões holandesas, Recife) de um lado, e Salvador, capital do país até 1763, do outro. Muito antes de o ouro ter suscitado brilhante civilização artística na região das Minas Gerais, já o barroco alcançara grande esplendor no Nordeste, tanto na arquitetura e nas artes visuais em geral como na literatura, com figuras do porte de um Vieira ou de um Gregório de Matos.

No séc. XVIII, a descoberta do ouro desloca o pólo cultural da colônia para Minas Gerais, o que propiciará, por sua vez, grande surto de desenvolvimento na cidade do Rio de Janeiro, porto natural de escoamento da produção aurífera. Como conseqüência, esta é elevada em 1763 à condição de capital da colônia. No séc. XIX, a partir da vinda da Família Real, em 1808, o Rio de Janeiro – inicialmente como sede da Corte, depois como Capital Federal – passa a exercer hegemonia cultural inquestionável, que mantém até o início do séc. XX, com base na riqueza gerada pelo café do Vale do Paraíba. Os escritores brasileiros de então, mesmo quando originários de outras Províncias, como Alencar ou Aluísio Azevedo, acabavam radicando-se no Rio e criando ali sua obra. As instituições culturais mais importantes, culminando na Academia Brasileira de Letras (1897), centro da mais forte resistência às inovações do Modernismo, encontravam-se sediadas no Rio; as únicas exceções expressivas eram as Faculdades de Direito de Recife e de São Paulo e a Faculdade de Medicina da Bahia. Cabe perguntar: durante todo esse tempo, qual o papel representado por São Paulo?

Durante a fase colonial, com as Bandeiras, os paulistas deram contribuição decisiva para a expansão econômica e territorial do Brasil; contudo, as riquezas por eles descobertas foram gerar desenvolvimento longe do burgo modesto de onde tinham partido. O ciclo da mineração, responsável pelo esplendor de cidades como Vila Rica, Mariana, São João del Rei, Diamantina, pouco benefício direto trouxe para São Paulo. Fora da região das minas, o ouro achado pelos paulistas acabou por impulsionar grandemente o progresso do Rio, mas não, ironicamente, o de São Paulo... Na fase do Império, a cidade fundada por Anchieta restringia-se, no plano cultural, ao modesto papel de um burgo de estudantes, que cursavam a já famosa Faculdade de Direito (fundada em 1827). A arrancada no crescimento da cidade somente se inicia a partir dos anos 80, sobretudo após a Abolição; mas aí, o ritmo de crescimento, apoiado na expansão do café, no afluxo intenso de imigrantes e, logo, na industrialização, acelera-se rapidamente, fazendo com que, em 1920, São Paulo já detivesse a posição de segunda maior cidade do país, e seu maior e mais dinâmico centro industrial.

Em vivo contraste com este quadro, aproximadamente na mesma época em que explode o desenvolvimento econômico paulista, acentua-se o declínio do Nordeste: o açúcar, fundamento da economia local desde o séc. XVI, e que, ao longo do tempo, alternara períodos de esplendor e depressão, entra em irreversível decadência nas décadas finais do séc. XIX e início do XX, pressionado pela concorrência de Cuba e do açúcar de beterraba europeu. Com isso, toda uma sociedade que se erigira em torno da cultura canavieira – com seus valores, seus hábitos, suas realizações culturais – entra igualmente em fase de estagnação e decadência.

Na década de 1920, quando tomam corpo os processos de renovação cultural e artística, tanto no Recife quanto em São Paulo, são esses dois cenários vivamente contrastantes que prevalecem nas duas regiões, e, seguramente, terão papel não desprezível na forma e na direção assumida pelos dois movimentos.

A São Paulo de 1920 era, do ponto de vista do desenvolvimento urbano (conquanto não da arquitetura), uma cidade praticamente moderna, onde a herança colonial e imperial, já de si modesta, ia-se dissolvendo cada dia no intenso dinamismo gerado pelos imigrantes, pela riqueza do café e pelo acelerado processo de industrialização. Ao contrário das grandes cidades do Nordeste, onde, no quadro de uma realidade estagnada, o riquíssimo legado artístico e cultural do passado multissecular se fazia sentir a cada momento, impondo sua presença orgulhosa na consciência de artistas e intelectuais, São Paulo era dominado acima de tudo pelo presente e – por que não? – por um futuro carregado de promessas e expectativas de novas conquistas. O rótulo de "futuristas" com que no início foram designados, com intenção pejorativa, os modernistas, se no plano conceitual põe a nu a confusão e o quase generalizado desconhecimento, por parte do público e da crítica tradicionalista, dos movimentos europeus de vanguarda, revela-se, quando observado a distância e dentro do contexto global da realidade brasileira do período, curiosamente adequado. Não no sentido estrito do corpo doutrinário de Marinetti, mas como síntese de um clima intelectual mais geral, de que o Movimento Futurista italiano constitui apenas uma das muitas influências efetivas. Neste sentido, *Paulicea desvairada* (1921)[1] pode ser visto como o livro emblemático do modernismo paulistano: a celebração da nova urbe, cheia ainda de contradições, mas marcada por intenso dinamismo e caminhando confiante para o futuro. Mesmo ironizando o caráter informe e caótico com que a cidade se apresentava – "Galicismo a berrar nos desertos da América!"[2] –, a poesia de Mário não esconde seu imenso orgulho com

---

[1] ANDRADE, Mário. *Poesias completas*. São Paulo: Martins, 1955 (*Paulicea desvairada*: pp. 7-82).
[2] Ibidem, poema "Inspiração", p. 33.

as realizações, sem dúvida admiráveis, dos conterrâneos. A combinação, bem característica daquele momento histórico, de um olhar ao mesmo tempo irônico e afetivo, satírico e entusiasta, aflora de forma reveladora em um poema como "O domador"[3], espécie de síntese, ou de caleidoscópio da Paulicéia modernista: à miscelânea de estilos arquitetônicos soma-se a mistura de etnias, criando o "espetáculo encantado da Avenida!". Diante do fascínio deste espetáculo, o poeta, embora ainda saudoso dos ontens, não resiste, e vai aplaudir, esfuziante, o filho do imigrante, que, na condição de "heróico sucessor da raça heril dos bandeirantes", "passa galhardo /.../, loiramente domando um automóvel". O imigrante e o automóvel constituíam, simultaneamente, atores e emblemas de um mundo vigoroso e confiante, que brotava e crescia a cada dia na São Paulo dos anos 20.

Dentro deste contexto, era mais do que natural que a nova geração se voltasse para as vanguardas européias, em busca de uma linguagem com a qual pudesse exprimir todo o dinamismo do mundo à sua volta. A realidade socioeconômica já continha em si os germes da renovação, o que faltava era uma arte antenada com todas essas transformações e apta para expressá-las, o que estava longe de acontecer com o sovado academismo dominante. Como exprime Oswald de Andrade no "Manifesto da poesia Pau-Brasil"[4], "O trabalho da geração futurista foi ciclópico. Acertar o relógio império da literatura nacional". Assim, pelo menos no momento inicial do modernismo, os artistas da Paulicéia se concentravam nos problemas propriamente artísticos, reagindo contra os "passadistas", encastelados nas instituições culturais, tanto em São Paulo como na Capital Federal. Os principais textos programáticos do período – o "Prefácio interessantíssimo" e "A escrava que não é Isaura", de Mário de

---

[3] Ibidem, p. 50.
[4] In: TELES, Gilberto Mendonça. *Vanguarda européia e modernismo brasileiro*. 3ª ed. Petrópolis, Vozes, 1976, pp. 266-271.

Andrade, e o "Manifesto da poesia Pau-Brasil", de Oswald de Andrade – são textos de poetas, que abordam questões específicas de linguagem artística, e que, mesmo quando se voltam para questões mais gerais, o fazem pensando sobretudo nos problemas de criação e representação artística que elas acarretam. A "Semana de Arte Moderna", de 1922, constitui, antes de mais nada, um festival das artes. Num segundo momento, a obra de Mário de Andrade e de outros modernistas vai assumir uma dimensão cultural mais abrangente, mas em sua fase inicial o modernismo paulistano caracterizava-se sobretudo pela dominância de preocupações estéticas.

\* \* \*

O panorama contemporâneo no Nordeste era, como vimos, bastante distinto, suscitando, da parte dos intelectuais, uma reação e um enfoque também distintos. Curiosamente, desde o Romantismo, por um mecanismo de racionalização compensatória, o atraso e a estagnação da região começam a ser interpretados – no plano cultural – como uma "vantagem" sobre o que ocorria na região desenvolvida do sul do país. Tal atitude, que pode causar estranheza, deve ser entendida à luz do conceito romântico da "pureza" e "autenticidade" culturais, sentidas como ameaçadas a partir da vinda da Família Real e da abertura dos portos, pela rápida e intensa penetração no Brasil de valores europeus, mormente ingleses e franceses. Já Alencar, na "Bênção paterna" a *Sonhos d'ouro* (1872), aborda o tema da descaracterização dos costumes brasileiros, mormente nas grandes cidades, pelo influxo das civilizações mais adiantadas. Por isso, em sua busca do *ethos* autêntico brasileiro, volta-se para os recantos mais afastados e preservados:

> Onde não se propaga com rapidez a luz da civilização, que de repente cambia a cor local, encontra-se ainda em sua pureza original,

sem mescla, esse viver singelo de nossos pais, tradições, costumes e linguagem, com um sainete todo brasileiro.[5]

Do ponto de vista valorativo, observe-se neste texto o caráter ambíguo de que se reveste "a luz da civilização", inimiga, no fundo, da "pureza original" do brasileiro. Quatro anos depois, no "Prefácio do autor" a *O Cabeleira* (1876), Franklin Távora retoma a questão, abordando-a agora de forma mais doutrinária e introduzindo um enfoque explicitamente regionalista, ausente em Alencar. Não apenas estabelece uma distinção literária entre o Norte e o Sul do país, como exalta aquele por mais puramente "brasileiro":

> As letras têm, como a política, um certo caráter geográfico; *mais no Norte, porém, do que no Sul abundam os elementos para a formação de uma literatura propriamente brasileira, filha da terra.*
> A razão é obvia: o Norte ainda não foi invadido como está sendo o Sul de dia em dia pelo estrangeiro.
> *A feição primitiva*, unicamente modificada pela cultura que as raças, as índoles, e os costumes recebem dos tempos ou do progresso, *pode-se afirmar que ainda se conserva ali em sua pureza, em sua genuína expressão* (grifos nossos).[6]

Ora, entre a década de 1870 e a de 1920, a situação geral do Nordeste agrário e patriarcal não sofrera nenhuma modificação expressiva. Ao contrário, em termos relativos, o contraste desvantajoso com o Sul próspero e a caminho de uma rápida industrialização tornara-se ainda mais acentuado. Dentro deste quadro, não teria qualquer sentido a exaltação modernista e "futurista" de um Mário de Andrade. Para o intelectual nordestino, em busca de afirmação no plano nacional, não se tratava de encontrar linguagens artísticas revolucionárias para exprimir um mundo em acelerada transformação, mas de procurar apoiar-se

---

[5] In: ALENCAR, José de. *Obra completa*. Rio de Janeiro: José Aguilar, 1959, p. 698.
[6] In: TÁVORA, Franklin. *O cabeleira*. Rio de Janeiro: Editora Três, 1973, p. 27.

na riqueza das tradições culturais e artísticas locais para fazer de sua revalorização bandeira de luta. Assim, não deve causar surpresa o fato de, nos anos 20, os escritores da região retomarem, de certo modo, o caminho do regionalismo, tal como proposto por Franklin Távora. *Região* e *tradição* tornam-se as duas palavras-chave do movimento de renovação desenvolvido no Nordeste, e nele a liderança vai ser assumida, como vimos, não por um poeta, mas por um antropólogo.

Seria de todo ingênuo e insustentável querer explicar o talento de Gilberto Freyre, ou mesmo a direção por ele assumida em sua formação intelectual, como simples fruto das circunstâncias socioeconômicas nordestinas, mas é inegável que, como no caso tão diverso de Mário de Andrade, estabeleceu-se uma estreita sintonia entre um determinado perfil intelectual e as necessidades do meio e do momento histórico. Em artigos escritos para o *Diário de Pernambuco*, ainda no período de permanência nos Estados Unidos, e, sobretudo, após seu retorno, entre 1923 e 1925, Gilberto Freyre demonstra grande preocupação com a defesa das tradições regionais, sob os mais variados aspectos, da arquitetura ao paisagismo, da literatura à culinária[7]. Por trás de sua resistência ao modernismo do Sul, que começava a ser então divulgado no Recife pela atuação de Joaquim Inojosa, está, evidentemente, a consciência de que as diferenças profundas existentes entre o contexto nordestino e o paulistano tornavam o projeto estético dos modernistas uma resposta pouco adequada aos problemas e necessidades da região. A modernização da cultura nordestina deveria passar antes, paradoxalmente, pela revalorização das tradições locais, descuradas, ou, simplesmente, rejeitadas com vergonha pelo cosmopolitismo afrancesado das elites brasileiras do início do séc. XX.

---

[7] Sobre a atuação de Gilberto Freyre por essa época, vide: AZEVEDO, Neroaldo Pontes de. *Modernismo e regionalismo*; os anos 20 em Pernambuco. 2ª ed. João Pessoa: UFPB: Editora Universitária, 1996.

Assim, em 1925, convidado a organizar para o *Diário de Pernambuco* um volume comemorativo dos cem anos do jornal, que se intitularia significativamente *Livro do Nordeste*, Gilberto Freyre procura – tanto na escolha dos colaboradores como dos temas a serem abordados – tornar a publicação um amplo inquérito sobre a realidade regional, enfocando-a sob ângulos os mais diversos, desde a história e a economia até a cultura popular, a culinária ou a arte das rendeiras. Fugindo ao modelo usual de celebração de efemérides, a obra procura mergulhar num filão mais íntimo e mais profundo da memória regional, trazendo à luz a rica herança do passado nordestino, que ainda alimentava o seu presente, mas que este afetava ignorar, seduzido por um falso progressismo e uma modernidade de fachada. Exemplo expressivo do espírito que norteava toda a obra encontra-se no único texto poético do livro, "Evocação do Recife", composto por Manuel Bandeira a pedido de Gilberto Freyre (e publicado, posteriormente, em *Libertinagem*, de 1930), no qual o poeta utiliza magistralmente o verso livre dos modernistas, não para cantar os ritmos trepidantes do mundo moderno, mas para evocar liricamente o Recife bucólico de fins do séc. XIX, "o Recife sem história nem literatura / Recife sem mais nada / Recife de minha infância".

Era um enfoque que renovava a maneira convencional de tratamento da temática nordestina, mas que – de modo perfeitamente coerente com o contexto peculiar da região – se voltava antes para um resgate proustiano do tempo perdido do que para a exaltação marioandradina do presente. E foi Gilberto Freyre quem, com sua atuação dinâmica, soube despertar a consciência dos intelectuais para o riquíssimo filão regional, que irá mais tarde alimentar a criação de escritores como José Lins do Rego, Jorge de Lima, Joaquim Cardoso, Ascenso Ferreira e tantos outros.

Entre os textos reunidos no *Livro do Nordeste*, caberia destacar os do próprio organizador, mormente aquele intitulado *Vida social no Nordeste* (1825-1925), no qual transparece claramente o quanto o regionalismo dos anos 20 se entronca na vertente vinda do romantismo. Radicalizando a posição de Franklin Távora, reaparece a afirmação orgulhosa da cultura nordestina como a mais autenticamente brasileira. No final do ensaio, ao comentar os efeitos desastrosos da abolição sobre a economia do Nordeste – que não pudera contar, como ocorrera em São Paulo, com a mão-de-obra do imigrante para substituir a do escravo liberto –, assim se expressa o autor:

> Entretanto, a desvantagem de não ter contado com imigrantes que lhe substituíssem a força, de repente estancada, do trabalho escravo, fez do Nordeste esse "refúgio da alma do Brasil", de que fala, em livro de mocidade, o Sr. Oliveira Lima.

Como nos românticos, o relativo isolamento com relação ao influxo europeu ou norte-americano é apresentado como fator de preservação da mais pura essencialidade brasileira. Daí concluir que:

> Mesmo com as fundas alterações sofridas na sua ordem social e que o separam tanto do seu passado, *continua o Nordeste a parte mais brasileira do Brasil; a mais característica* (grifo nosso).[8]

A posição tradicionalista de Gilberto Freyre, muitas vezes atacada como reacionária, ou simplesmente saudosa do velho patriarcalismo, tinha suas raízes numa consciência aguda da realidade sociocultural de sua região, profundamente diversa daquela que embasava o movimento de São Paulo. Tentar reencenar no Recife a rebelião modernista dos paulistanos teria sido demonstrar alienação completa com relação à situação do Nordeste e ao desafio peculiar que ele propunha aos seus intelectuais. Daí o sentido modernizador da pregação e atuação

---

[8] FREYRE, Gilberto, ed. *Livro do Nordeste*; comemorativo do primeiro centenário do Diário de Pernambuco (1825-1925). Recife, nov. 1925. 2ª ed., facsimilar. Recife, Arquivo Público Estadual, 1979, p. 90 (ambas as citações).

daquele antropólogo recentemente reintegrado em sua terra, e cujo longo afastamento dela como que tornara seu olhar mais lúcido e aguçado para com os seus problemas, ao mesmo tempo que mais amoroso e sensível aos seus encantos mais íntimos. Prova do acerto e oportunidade da luta então desenvolvida por Gilberto Freyre, além das realizações inspiradas diretamente no projeto regionalista (o "Centro Regionalista do Nordeste", de 1925, e o "1º Congresso Regionalista do Nordeste", realizado em 1926), foi toda uma literatura que despontou, tanto na poesia quanto no romance, a partir de fins da década de 1920, e que buscou no solo regional – na existência sofrida do povo, bem como nas contradições da realidade nordestina – a matéria mesma da criação literária. Partindo inicialmente de uma visão afetiva e nostagica, a atitude regionalista encaminha-se finalmente para o questionamento crítico, em profundidade, das bases sociais e políticas da região.

O exemplo mais evidente dessa evolução gradativa da consciência regionalista pode ser encontrado em José Lins do Rego, de todos os escritores nordestinos o que mais intimamente partilhou o projeto cultural de Gilberto Freyre. No seu "Ciclo da cana-de-açúcar", de *Menino de engenho* (1932) a *Fogo morto* (1943), constata-se a passagem de um enfoque nostálgico, idealizante, da sociedade patriarcal canavieira, para o retrato trágico e pungente de seu desmoronamento. O despertar progressivo do intelectual nordestino para a realidade de sua região, responsável pela brilhante floração ficcional dos anos 30, pode ser creditado, em larga medida, à pregação de Gilberto Freyre, naqueles anos fecundos em sementeiras que foram os da década de 1920; sem esquecer que alguns dos frutos mais notáveis dessa sementeira encontram-se na obra histórica e sociológica do próprio Gilberto Freyre, como *Casa-grande & senzala*, de 1933, *Sobrados e mocambos*, de 1936, e *Nordeste*, de 1937, entre outros.

Observadas a distância no tempo, para além dos debates ideológicos que as cercaram, pode-se perceber que as manifestações regionalistas do Nordeste constituíram, no seu contexto específico, um movimento de renovação cultural equivalente ao modernismo sulino; apenas o sentido e o conteúdo eram outros. Testemunho disso, e refutando o ponto de vista daqueles que consideravam seus valores estéreis e alienados, está o fato de o impulso por elas gerado ter tido fecundo desdobramento ao longo das décadas seguintes, enquanto, paradoxalmente, na própria São Paulo, pelo menos no campo da narrativa, o projeto modernista parece ter-se esgotado no primeiro momento. É sintomático que, enquanto *A bagaceira*, de José Américo de Almeida, abre em 1928 uma riquíssima fase criativa para o romance nordestino, *Macunaíma*, deste mesmo ano, representa, em larga medida, um encerramento, ainda que grandioso, do ciclo modernista. Os ficcionistas da geração de 30, em busca de uma linguagem adequada para exprimir sua visão da realidade, praticamente ignoram as experiências da geração anterior, buscando seus modelos na grande tradição realista; as obras de Mário e Oswald de Andrade terão que aguardar a década de 60 para ressurgirem, como força fecundante, no cenário da cultura brasileira.

Não importa: no fundo, modernismo e regionalismo são apenas faces diferentes de um mesmo processo de luta pelo aprofundamento da consciência nacional, na arte como na cultura: é natural que, em cada momento histórico e em cada latitude, o sol ilumine, com luz diversa, cada uma dessas faces.

# Literatura e mestiçagem[*]

A formação histórica brasileira apresenta um traço distintivo por excelência, que a individualiza diante da maioria das nações oriundas da colonização européia: o intenso processo de miscigenação étnica e cultural. O colono português que, diversamente dos puritanos ingleses na América do Norte, deixava em sua pátria a família e aqui aportava em grupos pouco numerosos e basicamente masculinos, era naturalmente levado a se acasalar com a mulher que encontrava disponível – inicialmente a indígena e, mais tarde, a africana. Aqui não havia, para reprimir essa tendência espontânea, nada que se pudesse comparar ao papel exercido, nas colônias inglesas do norte, pela força do grupo familiar ou pelo rigor religioso da comunidade. Assim, desde os primórdios, o Brasil foi levado a aceitar a miscigenação como realidade de fato. Como pondera com acerto Gilberto Freyre, em *Casa-grande & senzala*:

> Foi misturando-se gostosamente com mulheres de cor logo ao primeiro contato e multiplicando-se em filhos mestiços que uns milhares apenas de machos atrevidos conseguiram firmar-se na posse de terras vastíssimas e competir com povos grandes e numerosos na extensão de domínio colonial e na eficácia de ação colonizadora.[1]

---

[*] Publicado originalmente, em tradução francesa, com o título "Littérature et métissage", na revista *Diogène*. Paris: PUF, Automne/2000.
[1] Freyre, Gilberto. *Casa-grande & senzala*. 11ª ed. Rio de Janeiro: J. Olympio, 1964, v. 1, p. 12.

Tais circunstâncias históricas, sem anular os preconceitos de raça, tornaram de todo inviável uma política rigorosa de discriminação, tal como se desenvolveu nos Estados Unidos e na maior parte dos impérios coloniais. Por outro lado, em uma sociedade em que os brancos lusitanos eram os senhores da terra e do poder político, e onde os africanos ou (em grau bem mais modesto) os indígenas compunham a força de trabalho escrava, os filhos mestiços dos senhores, com freqüência alforriados pelo pai, vão ocupar um espaço social intermédio e se voltar para os ofícios artesanais, formando assim, desde os primórdios da colônia, uma camada operosa e criativa da população. Eram mestiços alguns dos mais notáveis artistas no domínio das artes visuais nos primeiros tempos da formação histórica brasileira: tal processo vai encontrar sua expressão mais alta na figura do Aleijadinho (1738-1814), mestre da arquitetura e da escultura barroca, cuja obra, já no apagar das luzes da colônia, se apresenta como a culminância genial de três séculos de criação artística no Brasil.

Um documento ao mesmo tempo curioso e extremamente expressivo dessa mistura entre raças e culturas e da presença constante do mestiço na vida colonial encontra-se na magnífica representação da "Assunção" que Manuel da Costa Ataíde (1762-1830) – pintor notável e colaborador freqüente do Aleijadinho – executou no forro da Igreja de S. Francisco, em Ouro Preto: nela, não apenas a Virgem é mulata, como toda a corte celeste. Ataíde não era ele próprio mestiço, mas reza a tradição que teria tomado como modelo para a Imaculada a sua amante e mãe de seus filhos, ela sim, mulata. O importante é que os traços mulatos não se restringem à Virgem, mas invadem toda a composição, tornando-a, por assim dizer, uma representação emblemática do processo de mistura que há séculos vinha presidindo à construção da sociedade brasileira (a pintura em questão é de fins do séc. XVIII).

No campo das letras, a questão da mestiçagem começa desde cedo a se fazer sentir, como testemunha a obra de Gregório de Matos (1633-1696), o grande poeta do barroco brasileiro, que desenvolveu a parte mais expressiva de sua produção na Bahia da segunda metade do séc. XVII. Filho de portugueses estabelecidos no Brasil e ligados à exploração do açúcar, teve sua formação humanística realizada em Portugal, na Universidade de Coimbra. De volta ao Brasil, mergulhou profundamente na vida popular da cidade de Salvador e nela encontrou rica matéria-prima para a criação poética.

A leitura dos poemas de Gregório deixa perceber, de modo eloqüente, a importância e a amplitude que o processo de miscigenação assumia naquela sociedade de formação recente e de perfil ainda indefinido. Se a mulata aparece exaltada pela sedução erótica, o mulato, ao contrário, é vítima de toda sorte de críticas e invectivas, na proporção mesma em que começa a se tornar um concorrente para os brancos puros nos mais diferentes campos de atividade. Assim, numa sátira demolidora, em que se propõe ironicamente a definir "o que em todos os tempos é a Bahia", o poeta extravasa, a certa altura (estrofes 5 e 6), todo o seu ressentimento:

> Quais são os seus doces objetos? .................. Pretos.
> Tem outros bens mais maciços? .................. Mestiços.
> Quais destes lhe são mais gratos? .................. Mulatos.
>
> Dou ao demo os insensatos,
> Dou ao demo a gente asnal,
> Que estima por cabedal
> Pretos, mestiços, mulatos.[2]

Neste texto, como em tantos outros, aflora o despeito do branco de estirpe lusitana, orgulhoso do sangue e da formação acadêmica, diante da importância que vinham ganhando

---

[2] MATOS, Gregório de. *Poemas escolhidos*. Ed. José Miguel Wisnik. São Paulo: Cultrix, 1976, p. 37.

os mestiços (os *"mulatos desavergonhados"*, como os qualifica em outro poema). A intensa mestiçagem que se desenvolvia na cidade natal do poeta, Salvador, então capital política e cultural do Brasil, vai alimentar sua veia criativa, sobretudo pela ótica da zombaria e da sátira – o que não impede a obra de Gregório de se constituir num testemunho precioso do caldeamento étnico e cultural que, desde o início, presidiu à formação da sociedade brasileira.

Todavia, em que pese à presença na literatura, mesmo antes da Independência (1822), de poetas mestiços, só após o advento do Romantismo, em meados do séc. XIX, temas e personagens relacionados de alguma forma ao processo de miscigenação passam a ocupar lugar de destaque no universo literário, sendo pela primeira vez enfocados sob ótica positiva.

## A *visão romântica*

Dos grupos não-europeus que contribuíram para a formação histórica do Brasil – indígenas e africanos –, foram os indígenas que inicialmente ocuparam o imaginário romântico, favorecidos pela exaltação nacionalista do momento. Não é difícil discernir as razões do fenômeno: os escritores brasileiros, produtos de um país recém-emancipado do domínio lusitano e em busca de mitos que enobrecessem as suas raízes, eram naturalmente levados à exaltação do indígena. Portugueses e negros se prestavam mal à mitificação nacionalista: os primeiros, por constituírem justamente o povo diante do qual o Brasil independente buscava se afirmar; os segundos, porque na época romântica a escravidão negra formava ainda a base econômica do país, e o escravo, socialmente degradado, não poderia de forma alguma inflamar o imaginário nacional na condição de antepassado mítico do brasileiro. Além do mais, os africanos, como os europeus, vindos de fora, não estavam organicamente ligados à terra americana.

Os indígenas tinham tudo para ocupar o papel que ocuparam na literatura romântica: eram autóctones e haviam sempre resistido ao máximo às tentativas de escravidão (o que ajudava a fazer deles mártires da *liberdade*, palavra-chave no universo romântico). Salvo em áreas restritas de pecuária, no sertão, o índio nômade sempre se havia mostrado rebelde ao regime escravista, que implicava trabalho sedentário nas plantações de cana, prática de todo incompatível com o seu estágio cultural. Para tal fim, tiveram que ser importados os africanos, muito mais bem adaptados a tais atividades, por já terem-nas desenvolvido em sua terra de origem. Independentemente de quais fossem as causas da resistência do indígena, o fato é que ela contribuiu para reforçar-lhe o potencial mítico, o que bem pode ser atestado pelo fato – extraliterário – de que, logo após a independência, muitas famílias brasileiras, levadas pelo ardor nacionalista, tenham trocado seu sobrenome lusitano por outros de origem ameríndia. Além do mais, na época romântica as tribos remanescentes de um longo processo de destruição encontravam-se muito afastadas dos centros urbanos: deste modo, não havia o risco de que sua realidade efetiva pudesse interferir no indispensável processo de idealização a que o índio teria de ser submetido para encarnar um mito fundador da nacionalidade.

O *indianismo* romântico (como ficou conhecida esta tendência estética de idealização mítica do indígena) foi muitas vezes atacado pela deformação a que submetia a cultura e a figura do índio, mas tal posicionamento se funda num equívoco: ao exaltar o indígena, os escritores da época buscavam constituir mitos de identidade nacional *para os brasileiros* recém-independentes, não estando de forma alguma preocupados com a realidade etnográfica das tribos remanescentes. Os heróis da poesia ou da narrativa indianista deviam encarnar valores com que *o brasileiro da época* pudesse se identificar. E isto foi plenamente alcançado.

Dentre os muitos escritores que exploraram o filão indianista, apenas dois lograram plenamente dar vida e força expressiva às propostas desta tendência: Gonçalves Dias, o primeiro grande poeta do Romantismo brasileiro, e José de Alencar, a figura central da ficção romântica. Na poesia de Gonçalves Dias o indígena e sua cultura, conquanto idealizados e submetidos a um diapasão heróico, são tratados de forma autônoma, como que flagrados numa fase pré-cabralina; o europeu, quando aparece, o faz na condição de inimigo, de ameaça, de alguém que irá destruir os valores da tribo. O contato entre os dois povos mostrado como um evento fecundo, rico em possibilidades futuras, está de todo ausente no poeta. Não assim em Alencar. Nele o mito indianista se torna, simbolicamente, um mito cosmogônico, através da integração do português com o índio (ou com a "terra americana", que o índio metonimicamente representa), para dar origem ao brasileiro. Alencar sanciona, desse modo, pela via de uma ficção poética, as raízes mestiças do brasileiro.

Dois são os romances em que a temática indianista assume tal dimensão cosmogônica: *O guarani* (1857) e *Iracema* (1865). No primeiro deles, um chefe índio, Peri, tomado de amor pela filha de um fidalgo português, devota sua vida – como os cavaleiros andantes europeus – a servi-la e protegê-la. Durante o período em que Ceci, a heroína, vive sob o teto da poderosa casa do pai, espécie de fortaleza medieval erguida às margens de um rio, Peri é apenas tolerado e tratado com altivez, como um inferior. Entretanto, por causa de um conflito com selvagem tribo inimiga, a casa se vê, a certa altura, na iminência de ser destruída; o orgulhoso fidalgo apela então para a coragem e lealdade do índio, pedindo-lhe que salve a filha, descendo com ela, à noite, pelo rio, numa canoa. A idéia é posta em prática, e quando os dois já se encontram longe, ocorre terrível explosão, que destrói, simultaneamente, o mundo português do fidalgo e o mundo hostil, feroz, da tribo inimiga. Sobrevivem apenas os dois, Peri e Ceci, em meio à grandiosidade da natureza brasileira. Nesse contexto, cercada pelo cenário sublime, Ceci descobre a beleza e a nobreza do índio. Uma chuva diluviana, provocando violenta enchente, arrasta os dois, que se salvam flutuando num tronco de palmeira. A cena final do romance mostra a palmeira fugindo sempre rio abaixo e Peri inclinando-se sobre Ceci para dar-lhe um primeiro – e simbólico – beijo. Duas páginas antes vem relatado o mito de Tamandaré, o Noé dos selvagens, que, em situação e condições análogas à de Peri, salva a si e a sua companheira, para que os dois possam depois repovoar a terra. O paralelismo mais do que evidente reitera o sentido de cosmogonia poética que o autor busca conferir ao desenlace da história. Da fusão entre Ceci (simbolizando o universo europeu) e Peri (a terra americana) surgirá um novo homem – o brasileiro.

Em *Iracema*, que tem por subtítulo "lenda do Ceará" (província natal do romancista), o enredo está mais próximo da realidade dos tempos coloniais, pois é a índia que se entrega ao herói português, e vai-lhe gerar um filho, apontado na narrativa como o "primeiro cearense". Em que pese o tom intensamente lírico da linguagem do romance – quase um poema em prosa – o aspecto erótico do relacionamento entre o português e a índia é tratado com muito mais liberdade e a *condição mestiça* (cabocla) desse "primeiro cearense" não deixa margem a ambigüidade. Desta forma, seja através da sugestão alegórica, em *O guarani*, seja por meio de um erotismo poetizado, mas bastante concreto, em *Iracema*, o indianismo de Alencar confere à mestiçagem, como fator de formação do homem brasileiro, elevada dignidade. Evidentemente, como apontamos acima, na época de Alencar o contato sexual entre o branco e o índio, salvo em regiões geograficamente remotas (na Amazônia, por exemplo), havia-se tornado fato muito improvável, o que tornava mais aceitável, para os leitores, a idealização da origem mestiça do brasileiro.

Conjuntura equivalente não se verificava, entretanto, com relação ao negro, que, não apenas nas fazendas, mas nos centros urbanos, vivia lado a lado com os brancos, participando ativamente da máquina social – sem contar o número crescente de mulatos, produto, como vimos, de um processo de miscigenação que remontava ao início da vida colonial. Tal quadro contribuiu seguramente para que a mestiçagem com o africano nunca se tenha beneficiado do fermento nacionalista, nem suscitado tratamento poético equivalente àquele dispensado ao indígena.

Testemunho sugestivo da imagem fortemente desprestigiada do negro na sociedade da época nos é fornecido por *A escrava Isaura* (1875), romance de um escritor menor, mas bastante representativo dos valores da época, Bernardo Guimarães (1825-1884). Na década de 1870 começara a tomar impulso a campanha pela abolição da escravatura[3], e a obra se alinha, explicitamente, no movimento geral de combate a essa instituição. No entanto, a heroína, escrava assediada pelo desejo lúbrico de um senhor devasso, e que a ele resiste estoicamente, não é uma negra, mas uma mulata quase branca. Isaura vivia dentro da casa-grande (longe, evidentemente, dos demais escravos, relegados às senzalas), e havia sido educada por sua senhora com excepcional esmero. Logo no início do romance ela surge cantando ao piano, e o narrador, ao descrever seu rosto, salienta: "A tez é como o marfim do teclado, alva que não deslumbra, embaçada por uma nuança delicada, que não sabereis dizer se é leve palidez ou cor-de-rosa desmaiada."[4] Mais adiante, sua senhora assim se dirige a ela: "És formosa, e tens uma cor linda, que ninguém dirá que gira em tuas veias uma só gota de sangue africano."[5] Isso em um romance de intenção abolicionista!!! Uma escrava negra como heroína seria inaceitável para a sensibilidade e os preconceitos das leitoras românticas (e talvez do

---

[3] Após uma série de medidas paliativas e mais ou menos inócuas, a abolição total da escravatura só ocorrerá no Brasil em 1888. No ano seguinte é proclamada a República, pondo remate ao período do Império, que se estabelecera com a Independência, em 1822.
[4] GUIMARÃES, Bernardo. *A escrava Isaura*. Rio de Janeiro: Nova Aguilar, 1976. p. 29.
[5] GUIMARÃES, Bernardo, ibidem, p. 31.

próprio Bernardo Guimarães...). No máximo, um discretíssimo e longínquo toque de sangue negro, simples "nuança delicada" na alvura da tez...

Mesmo na obra de Castro Alves (1847-1871), o grande cantor dos escravos e uma das figuras máximas da lírica romântica, observamos que, se os seus poemas voltados para o tema do negro e da escravidão (todos de fins dos anos 60) são dominados pelo tom de denúncia do regime odioso e por um olhar humanitário sobre as suas vítimas, nem remotamente acenam com a grande contribuição dos africanos e de sua cultura para a formação nacional. Sequer em termos líricos e idealizados, como ocorre com o índio de Alencar, o negro é associado à gênese do brasileiro. E do mulato, camada tão atuante na sociedade da época (mas, por isso mesmo, pouco propícia às amplificações melodramáticas caras ao Romantismo), Castro Alves não se ocupa.

## *A geração realista e republicana*

O mulato aparece pela primeira vez como personagem central de um romance em obra que inaugura, na literatura brasileira, a fase realista e que tem por título, justamente, *O mulato* (1881). A narrativa transcorre em São Luís, uma das mais antigas cidades brasileiras, e nela o autor, Aluísio Azevedo (1857-1913), denuncia o preconceito de raça e a estreiteza de horizontes que dominam o meio provinciano e que impedem Raimundo, o protagonista, de se casar com uma moça branca da sociedade local: o rapaz termina assassinado e a moça, dócil aos anseios familiares, casa-se com um português. Para melhor pôr a nu a irracionalidade do preconceito, o autor faz de seu personagem um mulato fino, educado, bacharel em direito pela Universidade de Coimbra, com todos os títulos – menos a cor

– para ocupar posição social de destaque. O romance, se por um lado revela o forte preconceito latente na sociedade brasileira do tempo, mostra, por outro, que tal preconceito constitui, na verdade, a contrapartida do processo de ascensão dos mestiços, não agora apenas através do artesanato e das artes (mais freqüente na época colonial), mas pelo aprimoramento intelectual, na condição de bacharéis, formados muitas vezes – como o protagonista do romance – em universidades européias. Do ponto de vista sociológico, a situação é complexa, pois o mulato educado vai-se tornar, inevitavelmente, um competidor da camada branca dominante (fato que, como vimos, já no séc. XVII tanto incomodava ao poeta Gregório de Matos). Mas, ainda assim, as barreiras eram relativas e em muitos casos o mérito intelectual logrou superá-las, assegurando a plena aceitação e, mesmo, o prestígio do homem de cor.

O caso exemplar entre todos é o de Machado de Assis (1839-1908), a figura maior da literatura brasileira. O escritor era mulato escuro (pai mulato forro e mãe portuguesa dos Açores). Conquanto, ao longo da vida, tenha tido que enfrentar alguns obstáculos erguidos pelo preconceito (como na ocasião de seu casamento com uma portuguesa branca, cuja família não o via com bons olhos), Machado de Assis, tanto intelectual como socialmente, foi plenamente reconhecido em vida, culminando seu enorme prestígio com o fato de ter sido o fundador (em 1897) e o primeiro presidente da Academia Brasileira de Letras.

A geração intelectual que, no Brasil, promoveu o advento da República, e que se firmou no cenário político e intelectual a partir de 1880, foi fortemente influenciada pelo positivismo filosófico e, de modo mais genérico, pelas tendências cientificistas que dominaram o pensamento ocidental na segunda metade do séc. XIX. Dentre o amplo arsenal de idéias aceitas então como "verdades" científicas estava a da superioridade da raça branca sobre as demais, e a conseqüente condenação inapelável da mestiçagem. Gobineau, autor da obra mais influente nessa direção (*Essai sur l'inégalité des races humaines*; 1853-1855), foi durante certo tempo embaixador no Brasil e seus postulados contribuíram, sem dúvida, para o ideário da nova geração.

Ora, nos anos iniciais da República verificou-se nos sertões da Bahia um episódio que abalou fundamente a consciência do país: liderados por uma figura de iluminado, de místico popular – Antônio Conselheiro –, considerável massa de sertanejos, miseráveis em sua maioria, depois de vagar algum tempo pela região, terminou por estabelecer-se em uma fazenda abandonada e ali construir uma espécie de povoação rústica: Canudos. A comunidade dos sertanejos, unida por intensa fé religiosa (que combinava doutrinas católicas com crenças milenaristas) e organizada sob a forma de um comunismo primitivo, não cessou de crescer, alimentada pela afluência ininterrupta de novos adeptos; em seu momento de maior amplitude, chegou a comportar mais de cinco mil habitações. Por não conseguirem compreender certas instituições da recém-implantada República – como o casamento civil, visto como obra do demônio –, os seguidores do Conselheiro (conhecidos depois sob a designação de jagunços, ou fanáticos) voltaram-se instintivamente contra ela, sem que tal atitude implicasse qualquer posicionamento ideológico coerente. Tratava-se apenas de uma rejeição emocional, fruto do estágio cultural ainda bastante precário das populações sertanejas.

Um choque circunstancial entre os jagunços e o poder público acabou por deflagrar a luta armada, que, pela inépcia das autoridades, assumiu enormes proporções. O governo republicano, estabelecido nos grandes centros urbanos do litoral e desconhecendo totalmente a realidade do sertão, acabou por considerar o conflito sertanejo uma maquinação de monarquistas com a intenção maligna de restaurar o regime deposto! A opinião pública, açulada pela imprensa republicana, endossou a mesma visão. O resultado foi uma sangrenta campanha (1896-7), na qual o exército sofreu sucessivas derrotas e só logrou destruir o malsinado arraial mais de um ano após o início dos combates, mobilizando um efetivo superior a dez mil soldados, equipados com o mais moderno material bélico (os jagunços, no início, lutavam com armas primitivas, e só com o tempo puderam, ironicamente, se abastecer com as armas abandonadas, no tumulto das retiradas, pelos próprios soldados em fuga!).

Com base em sua vivência no cenário da luta (embora já na fase final da campanha, entre agosto e outubro de 1897), quando atuou como correspondente de guerra de um jornal do sul, e após cinco anos de cuidadosa elaboração, o escritor Euclides da Cunha (1866-1909) publicou, em 1902, um livro que marcou época na história da literatura e da cultura brasileira, *Os sertões*. Misto de ensaio histórico-sociológico e de narrativa épica, a obra representa um momento decisivo na consciência do brasileiro com relação a seu próprio país. Nela o problema da mestiçagem é amplamente abordado, e recebe um tratamento ao mesmo tempo frustrante e surpreendente. Frustrante porque Euclides, intelectual típico da geração positivista e republicana, endossa as teorias racistas, aceitas então como dogma científico, e que, como vimos, estabeleciam a inferioridade inexorável do mestiço – pois no cruzamento de duas raças predominariam sempre os atributos da raça considerada inferior e o produto resultante seria, inevitavelmente, um desequilibrado. Por outro lado o escritor havia podido constatar, em pessoa, a notável capacidade de resistência e o heroísmo espantoso dos jagunços na defesa de sua comunidade, atributos estes totalmente incompatíveis com o que as teorias racistas apregoavam. A saída encontrada para dilema tão paradoxal foi estabelecer uma diferença entre os mestiços do sertão e os do litoral: aqueles, por seu quase total isolamento, haviam podido, ao longo de séculos, realizar um caldeamento gradual e harmonioso entre os diferentes componentes étnicos (brancos, índios e, em menor proporção, negros), furtando-se ao traumatismo das adaptações bruscas: isso permitiu que de tal caldeamento, ao invés de desequilibrados, surgisse uma raça forte e original.

Por essa linha de raciocínio o defensor teórico dos postulados racistas pôde escrever:

> Nos sertões a integridade orgânica do mestiço desponta inteiriça e robusta, imune de estranhas mesclas, capaz de evolver, diferenciando-se, acomodando-se a novos e mais altos destinos, porque é a sólida base física do desenvolvimento moral ulterior.[6]

O intelectual Euclides,[7] que chegara a Canudos armado dos dogmas inquebrantáveis da ciência racista, diante do choque produzido pela realidade, acaba por ver "*naqueles rijos caboclos o núcleo de força da nossa constituição futura, a rocha viva da nossa raça*".[8] (Ou, numa imagem ainda mais explícita, "*o cerne de uma nacionalidade*").[9]

O seu grande livro constitui, em larga medida, uma epopéia: não a epopéia dos triunfadores, e sim a dos vencidos. Muito significativamente o autor se refere a Canudos, em mais de um ponto da narrativa, como "*a Tróia de taipa*": por trás da fórmula irônica e aparentemente depreciativa, aflora a aproximação com o universo de Homero. Em certo momento, comentando a coragem sobre-humana dos jagunços que, cercados pelo exército e privados de água, tentam sair à noite para a tarefa quase impossível de conseguir alguns baldes do líquido, debaixo do olhar e das balas dos soldados, assim se exprime o narrador:

> Estes episódios culminaram o heroísmo dos matutos. Comoviam, por fim, aos próprios adversários. [...] Em muitos despontou, ao cabo, irreprimível e sincero entusiasmo pelos valentes martiriza-

---

[6] CUNHA, Euclides da. *Os sertões*. Ed. crít. Walnice Nogueira Galvão. São Paulo: Brasiliense, 1985, p. 177.
[7] Ele era, como Gonçalves Dias, de origem mestiça (por parte de uma avó paterna), e apresentava acentuados traços fisionômicos do caboclo sertanejo. Curiosamente, não era raro nessa época, dominada por uma antropologia de fundo racista, ver-se intelectuais mestiços, seduzidos pelas doutrinas "científicas", condenando a mestiçagem!
[8] CUNHA, Euclides da. *Os sertões*, p. 580.
[9] Ibidem, p. 559.

dos. Não o encobriam. *O quadro que se lhes oferecia imortalizava os vencidos.*[10] (grifo nosso).

Com todas as suas contradições ideológicas, a obra de Euclides representa um momento crucial na consciência da raiz intrinsecamente mestiça da realidade social brasileira. A intuição poética dos romances míticos de Alencar parece ganhar, nos sertanejos de Canudos, uma confirmação trágica, com a variante apenas de que, neles, ao branco e ao índio alencarinos vem-se somar também o componente africano.

No período que medeia da Proclamação da República até o início do Modernismo, na década de 1920, aparecem muitos escritores notáveis que, pelo nível de sua realização, contribuem, a par de Machado de Assis e de Euclides da Cunha, para mostrar a inanidade das teorias racistas: entre eles, o grande poeta negro Cruz e Souza (1861-1898) e o romancista Lima Barreto (1881-1922), mulato revoltado, que em seus romances desenvolve agudo questionamento crítico sobre a condição do homem de cor em uma sociedade marcada pelo preconceito racial.

A ascensão do mestiço e, mais particularmente, do mulato, na sociedade e no meio intelectual brasileiro, conquanto árdua e cheia de obstáculos, constituiu, como constatamos, um processo ininterrupto desde os tempos coloniais, e fez-se, mais de uma vez, objeto da atenção dos escritores. Houve, contudo, que esperar o advento do Modernismo para que a literatura passasse a enfocar o problema da mestiçagem também sob o ângulo da cultura. Esclarecendo melhor: o mulato de Aluísio Azevedo, ou ainda o do próprio Lima Barreto, é valorizado a partir da consciência de sua não-diferença com relação aos brancos da classe dominante, pois, na medida em que ambos são igualmente aptos para absorverem os padrões europeus de educação e de formação intelectual, não existe qualquer fundamento para se estabelecer a superioridade de uns sobre os outros. A igualdade

---

[10] Ibidem, p. 544.

postulada se estabelece, pois, neste caso, em termos da cultura européia. Apenas a partir do Modernismo a literatura começa a debater e a salientar a formação mestiça da própria cultura brasileira.

## O modernismo

Uma das principais linhas de força do Movimento Modernista, deflagrado no Brasil a partir da década de 1920, foi a do questionamento radical das bases culturais do país. O início do século, espécie de *belle époque* brasileira, havia-se caracterizado por forte conservadorismo artístico, combinado a um ecletismo europeizante, de origem, sobretudo, francesa. A geração modernista volta-se contra ambas as tendências e, retomando a preocupação nacionalista tão atuante no Romantismo (mormente em José de Alencar), promove ampla revalorização das raízes mais autênticas da cultura brasileira. Dentro do espírito de irreverência típico desta fase, Oswald de Andrade (1890-1954), uma de suas figuras mais características, vai lançar um movimento, a "Antropofagia", cuja idéia central é a de que os "selvagens" brasileiros podem e devem "devorar" os valores europeus, contanto que estes sejam transformados em algo novo e incorporados à própria carne dos "antropófagos", como a carne do inimigo devorado incorporava-se à substância mesma do indígena. A influência externa, submetida a reprocessamento inventivo, pode tornar-se fonte de criações novas e originais.

De um modo geral, a idéia da assimilação de etnias e culturas, conjugada à consciência da necessidade de o Brasil afirmar valores próprios, está presente em vários escritores da primeira geração modernista, mas foi Mário de Andrade (1893-1945), com *Macunaíma* (1928), quem lhe deu a formulação mais ampla e rica de conseqüências. O romance, que foge totalmente aos parâmetros da narrativa realista (o autor a classifica de "rapsódia"), representa uma tentativa ficcional de definir o que constituiria o perfil moral, psicológico e cultural do brasileiro. Para tanto, Mário de Andrade se vale de amplo repertório de mitos e lendas indígenas, que se combinam, em menor proporção, a mitos africanos e a temas do folclore nacional. O herói, Macunaíma, inspirado numa entidade indígena com esse nome, é uma personalidade instável, combinação desconcertante de virtudes e fraquezas, com um comportamento sempre contraditório e imprevisível. O autor, em uma carta, tentando definir a natureza do livro, assim se exprime:

> Um poema herói-cômico, caçoando do ser psicológico do brasileiro, fixado numa figura de lenda, à maneira mística dos poemas tradicionais. O real e o fantástico fundidos num mesmo plano. O símbolo, a sátira e a fantasia livre, fundidos. Ausência de regionalismos pela fusão das características regionais. Um Brasil só, e um herói só.[11]

Como projeto intelectual, *Macunaíma* se relaciona às tentativas nacionalistas do Romantismo – do indianismo de Alencar em particular – de fixar miticamente a identidade do brasileiro. Apenas, neste caso, o traço heróico e sublime da visão romântica é substituído por um enfoque intencionalmente anti-heróico e paródico, expresso já no subtítulo da obra: *o herói sem nenhum caráter*. O problema, tão importante para os modernistas, da afirmação de uma cultura autêntica e original, resistindo à cópia servil dos modelos europeus, se manifesta, na narrativa de *Macunaíma*, sob duas formas diversas: de um lado, através do complexo tecido de mitos e lendas, que afirmam a *diferença* no plano cultural; de outro, pela sátira impiedosa da inautenticidade e do mimetismo, que podem comprometer as bases ainda frágeis do *ethos* nacional. Mas, se a ausência de ca-

---

[11] Carta a Souza da Silveira (26/04/1935). In: ANDRADE, Mário de. *Macunaíma: o herói sem nenhum caráter*. Ed. crít. Telê Porto Ancona Lopes. São Paulo: LTC, 1978, p. 279.

ráter do herói referida no subtítulo aponta para a correspondente ausência de uma personalidade estável, de um perfil psicológico e moral definido no brasileiro, isso não implica, por parte do autor, uma visão pessimista. Comentando em outra carta o seu romance, afirma:

> Sempre imaginei fazer um poema se ocupando dos homens sem caráter nenhum, produto mesmo do caos humano, mexendo-se no abismo brasileiro, reflexo de elementos disparados na arritmia gostosa a indicar o maravilhoso destino de nossa gente.[12]

A certa altura da narrativa, o herói deve abandonar suas terras, "no fundo do mato-virgem", para ir a São Paulo recuperar um precioso talismã que perdera, e que caíra em poder do gigante Piaimã – representado na história por um imigrante italiano rico e poderoso. O conflito que se abre, então, entre Macunaíma e o gigante pode ser entendido, num plano simbólico, como o choque entre o brasileiro e o europeu, entre os valores do país e os de importação, do mesmo modo que a conquista do talismã simbolizaria, por parte do brasileiro, a conquista do seu ser autêntico (uma fusão "antropofágica" entre diferentes etnias e culturas). A vitória do herói, que retorna triunfante ao seu universo de posse do troféu, reafirma, por assim dizer, a confiança de Mário "no maravilhoso destino de nossa gente"...

Com *Macunaíma* o problema da mestiçagem extrapola do plano da reflexão social ou sociológica estrita para, num nível simbólico, englobar a realidade brasileira como um todo. Não importa que, para tanto, Mário se tivesse valido sobretudo de mitos indígenas, pois, como no caso de Alencar, o alvo final a ser atingido era o brasileiro em geral, esse fruto de caldeamentos tão complexos e variados.

A partir de 1930 o romance brasileiro toma inflexão diferente, mais diretamente comprometida com o social, e, para

---
[12] Carta a Ademar Vidal (20/04/29). Ibidem, p. 267.

tanto, retoma procedimentos narrativos característicos da geração realista, que os modernistas da primeira hora haviam rejeitado. Entre os grandes romancistas dessa geração, Jorge Amado é quem irá conferir lugar de destaque à problemática da mestiçagem, sobretudo na vertente afro-brasileira.

A rigor, antes mesmo de o escritor baiano lançar-se a fundo na carreira de romancista, já o notável antropólogo e ensaísta Gilberto Freyre (1900-1987) havia, em *Casa-grande e senzala* (1933), reformulado totalmente a visão preconceituosa a que nos referimos a propósito de *Os sertões*, e que dominara até então os meios científicos, com relação ao papel do negro na formação da família e da sociedade brasileiras. Pela primeira vez fez-se plena justiça à notável contribuição cultural do africano, entendendo-se cultura em sua acepção mais ampla: modos de viver e de sentir, sexualidade, religião, música, culinária etc.

As raízes da ficção de Jorge Amado são, contudo, bastante diversas das que alimentaram a obra de Gilberto Freyre. Este último adquiriu, nos Estados Unidos e na Europa, sólida formação acadêmica, antes de lançar-se aos trabalhos históricos e antropológicos que o notabilizaram, havendo inclusive estudado, em Columbia, com Franz Boas, um dos fundadores da moderna antropologia. Jorge Amado, em contraste, teve formação muito mais empírica e instintiva, fruto de suas experiências, na fase decisiva da adolescência e da mocidade, no meio popular de Salvador, cidade que fora capital do Brasil até fins do séc. XVIII, e onde mais intensa e profundamente se realizou o caldeamento racial e cultural de africanos e portugueses; Salvador e as regiões circunvizinhas (o chamado Recôncavo Baiano) tornaram-se um verdadeiro laboratório natural para a experiência da mestiçagem, que ali alcançou resultados surpreendentes: uma cultura autenticamente afro-brasileira, com alto nível de diferenciação e originalidade.

Antes de Jorge Amado o negro e o mulato já haviam merecido um lugar na ficção brasileira, mas enfocados sobretudo, como salientamos, pelo ângulo da dificuldade de ascensão social em um meio dominado pelo preconceito: os referenciais permaneciam europeus. Com Jorge Amado, pela primeira vez, a cultura afro-brasileira vai ocupar posição central no universo narrativo, e a condição mestiça do brasileiro será objeto de afirmação positiva e apaixonada: "É mestiça a face do povo brasileiro e é mestiça a sua cultura",[13] afirma Pedro Archanjo, o mulato protagonista de *Tenda dos Milagres* (1969), obra em que Jorge Amado mais radicalmente assume a defesa da mestiçagem. O tema aparece, pela primeira vez, em *Jubiabá* (1935), romance que tem um negro por herói, e cujo título remete à figura de um pai-de-santo, que representa, na narrativa, os valores da cultura afro-brasileira. Até então nenhum escritor, mesmo simpático à condição social do mestiço, ousara levar a sério, e muito menos defender, uma cultura encarada como primitiva e atrasada. Esta a grande ruptura promovida pela obra amadiana.

A partir de *Jubiabá* o universo afro-brasileiro vai alimentar, com maior ou menor intensidade, toda uma vertente da ficção de Jorge Amado, mas é em *Tenda dos Milagres* que se encontram desenvolvidas, de modo mais completo, as idéias do escritor sobre o problema.

> [*Tenda dos Milagres*] é uma reescrita de *Jubiabá*, mas com uma conotação diferente. É o problema da formação da nacionalidade brasileira, da miscigenação, da luta contra o preconceito, sobretudo o preconceito racial, e contra a falsa ciência, contra uma falsa erudição europeizante. [...] Dentre os meus livros é o que prefiro, aquele cuja temática me toca mais. E talvez Pedro Archanjo seja, de todos os meus personagens, o mais completo.[14]

O romance narra a história de Pedro Archanjo, mulato pobre, nascido e criado no meio popular de Salvador, que, por

---
[13] AMADO, Jorge. *Tenda dos milagres*. São Paulo: Martins, 1969, p. 165.
[14] AMADO, Jorge. *Conversations avec Allice Raillard*. Paris: Gallimard, 1990, p. 203 (tradução nossa).

esforço autodidata, se torna notável etnólogo e profundo conhecedor da realidade cultural baiana, sobre a qual publica obras de fatura modesta, mas da maior relevância. Para compor o protagonista, Jorge Amado inspirou-se livremente num modelo real, Manuel Querino (1851-1923), negro, modesto professor e etnólogo amador, que nas décadas iniciais do séc. XX publicara alguns livros significativos sobre os africanos e seus costumes no Brasil. Além disso, o romancista projeta no herói muitos de seus próprios valores, fazendo dele como que um duplo imaginário, e conferindo à narrativa interesse todo particular para aqueles que desejem conhecer melhor suas coordenadas ideológicas.

O antagonista intelectual de Pedro Archanjo, o professor Nilo Argolo, catedrático de Medicina Legal na Faculdade de Medicina da Bahia, foi igualmente calcado pelo romancista – de modo livre – em outra figura histórica, Nina Rodrigues (1862-1906), que ocupara de fato, na Faculdade de Medicina da Bahia, o cargo atribuído ao personagem. Nina Rodrigues, célebre médico-legista baiano e pioneiro respeitado dos estudos etnológicos sobre o negro (*Os africanos no Brasil* é o título de sua obra principal, de publicação póstuma), defendia contudo a tese "científica" da época, que afirmava a inferioridade moral e intelectual dos negros e mestiços, aos quais era atribuída inclusive propensão à criminalidade. São estes traços ideológicos que o escritor aproveita do modelo real para compor o personagem ficcional – figura pernóstica e autoritária, que encarna na narrativa a ideologia do racismo.

O romance se desenvolve em dois planos temporais diferentes: um deles constitui uma sátira deliciosa do meio político e cultural brasileiro da época em que o livro foi escrito (1969); o outro, que forma o corpo principal da obra e transcorre na Salvador das primeiras décadas do séc. XX, tem por núcleo a vida de Archanjo; como pano de fundo, mas em íntima conjugação com a carreira do propagonista, aparecem as lutas intensas, travadas por uns poucos elementos lúcidos e corajosos, na defesa dos valores da cultura popular afro-brasileira, ameaçados então por violenta e sistemática campanha repressora por parte das autoridades locais, que viam naquelas formas de cultura a expressão do primitivismo degenerado de negros e mestiços. Em nome da preservação de uma pretensa pureza "latina" da civilização brasileira, a polícia proibia todas as manifestações culturais com raízes africanas, dos ranchos carnavalescos às manifestações religiosas nos terreiros de candomblé[15]. Nilo Argolo aparece na narrativa como o inspirador indireto dessas medidas odiosas, tacitamente apoiadas pela imprensa e pela sociedade da época.

Pedro Archanjo, num pólo contrário a Argolo, encarna a resistência moral contra o racismo, e, neste sentido, faz-se porta-voz de algumas das teses mais caras ao próprio autor. Nenhuma fórmula sintetiza de modo mais admirável a sua posição sobre o tema do que a seguinte afirmativa, atribuída, na narrativa, a um dos livros de Archanjo:

> Se o Brasil concorreu com alguma coisa válida para o enriquecimento da cultura universal, foi com a miscigenação – ela marca nossa presença no acervo do humanismo, é a nossa contribuição maior para a humanidade.[16]

Com Jorge Amado, por assim dizer, chega a termo, na literatura, um longo processo de tomada de consciência do caráter mestiço da realidade brasileira – tanto humana como cultural. Não é um acaso que este papel tenha cabido a um escritor baiano, pois, como vimos, a Bahia foi o solo privilegiado onde a experiência da mestiçagem se tornou amálgama para uma cultura nova e original. Hoje, no Brasil como um todo, essa experiência se ampliou enormemente, e aos componentes iniciais da mistu-

---

[15] Como na composição de certos personagens, também na fabulação de *Tenda dos Milagres* o autor se utiliza de fatos históricos; assim, as medidas policiais repressoras das manifestações afro-brasileiras ocorreram efetivamente na Bahia daquele tempo.
[16] AMADO, Jorge. *Tenda dos Milagres*. São Paulo: Martins, 1969, p. 141.

ra – portugueses, índios e africanos – vieram somar-se outros: italianos, alemães, árabes, japoneses e tantos mais, cuja fusão incessante constitui a melhor garantia daquele "maravilhoso destino de nossa gente", de que falava Mário de Andrade.

markgraph

Rua Aguiar Moreira, 386 - Bonsucesso
Tel.: (21) 3868-5802   Fax: (21) 2270-9656
e-mail: markgraph@domain.com.br
Rio de Janeiro - RJ